Köbi Gantenbein, Marco Guetg und Ralph Feiner (Hrsg.)

Himmelsleiter und Felsentherme

Köbi Gantenbein, Marco Guetg
und Ralph Feiner (Hrsg.)

Himmelsleiter und Felsentherme

Architekturwanderungen in Graubünden

Fotos von Ralph Feiner

Rotpunktverlag

Der Verlag dankt den folgenden Institutionen und Stiftungen für die finanzielle Unterstützung:

KULTURFÖRDERUNG
KANTON GRAUBÜNDEN

Stiftung Stavros Niarchos
Graubündner Kantonalbank
Stiftung Dr. M. O. Winterhalter
Rhätische Bahn
Stadt Chur
Gemeinde Davos
Corporaziun dals cumüns concessiunaris da las ouvras Electricas d'Engiadina
Pro Rätia
SIA Sektion Graubünden
Regionalverband Pro Prättigau
ewz, Elektrizitätswerk der Stadt Zürich
Schweizer Jugendherbergen

www.rotpunktverlag.ch

Umschlagfoto: Ralph Feiner, Viamala mit Traversinersteg.
Bildrecherche: Anina Weber
Gestaltung: Ulrike Groeger
Routenskizzen: Rolle-Kartografie, Holzkirchen, www.rolle-kartografie.de
Druck und Bindung: CPI – Clausen & Bosse, Leck
ISBN 978-3-85869-396-9

2. Auflage 2010

Inhalt

Anhang

Vorwort

Zu Fuß zum Bau

Der Mensch sieht mit den Füßen – also hingehen zum Haus, von weither seine Lage in der Landschaft, im Dorf und der Stadt sehen und beurteilen. Rätselraten, weshalb ein Haus so schief dasteht. Und weshalb eine Fassade auftrumpft oder sich kleinmacht. Und dann vom Außen- in den Innenraum treten, die Raumfolge durchschreiten, das Licht sehen, die Materialien in die Finger nehmen: Wie ist was gemacht? Warum ist das »gut« und jenes »schlecht«? Vor allem aber: Hingehen und nicht der Bilderflut vertrauen, die das Reden, Loben und Tadeln von Welt, Architektur und Gestaltung seit dreißig Jahren so eindrücklich prägt.

Also ist dieses Buch ein Werkzeug, die zeitgenössische Architektur Graubündens kennenzulernen. In dieser Region der Schweiz ist in den letzten dreißig Jahren eine bemerkenswerte Dichte an guten Bauten entstanden. Außer ein paar Berghütten und Alpställen – ebenfalls exemplarische Bauten – stehen die Häuser dort, wo die Menschen leben und arbeiten. Und die Wanderungen zwischen ihnen führen nicht durch Berge und Wälder zu Wasserfällen, sondern durch malerische und gepeinigte Dörfer, entlang von Kuhpfaden, aber auch von Autostraßen. Wir lernen so mit den Füßen sehen, wie vielfältig und folgenreich der Kanton Graubünden mit der Welt und der Gegenwart verknüpft ist – wir sehen von nah nicht nur den Eisvogel und den Apollofalter, sondern auch die wuchtigen Installationen, über die wir als Auto- oder Postautofahrerin sonst hinwegbrausen.

Also gibt es radikale Wanderungen wie die von Bellinzona nach Thusis, dem Transitkorridor der A 13 entlang. Sie

Steinweg zum restaurierten Maiensäß Li Mason am Berninapass mit Sassal Mason, Piz Cambrena und Piz d'Arlas (von links).

steht für das Programm des Buches. Es stellt mitten in einem Stück Schönschweiz ein Stück Gebrauchsschweiz vor – benutzte, misshandelte und ausgebeutete Landschaft, ihre Bauten und Installationen. Doch das Buch ist kein Tränenvergießer, seine Autorinnen und Autoren sind frohgemut. Sie wissen wohl, dass bauen immer auch zerstören heißt, sie gehen aber neugierig und zu Fuß auf die Suche nach den Orten, wo mit Verstand zerstört worden ist. Und weisen darauf hin, dass solches Bauen die Kraft hat, das Drama zu wenden. Die Albulabahn, die einst die Landschaft radikal umgepflügt hat, ist heute Unesco-Weltkulturerbe. Die Schmuckstücke und Solitäre der Könner unter den zeitgenössischen Architekten und ihrer mutigen Bauherren bereichern da und dort natürliche Gegebenheiten, ja sie machen sie erst zur uns lieb gewordenen Schönheit.

Die 13 Wanderungen haben je ein Thema, das die Lebensformen Graubündens prägt: Erstens sind das ökonomische und soziale Geschichten und Entwicklungen wie der Tourismus, mit ihm verbunden die Eisenbahn und die Straße, die Stromwirtschaft, die Berglandwirtschaft oder das verstädterte Dasein im Bergkanton, wo auch der hinterste Weiler online ist. Zweitens sind es Materialien wie das Holz oder das Wasser. Und drittens sind es kulturelle Prägungen wie die Religion, die Geschichte und viertens die Topografie. »Perlen« heißen die Bauten, die dem Thema, das die Route erzählt, architektonischen Ausdruck geben, wobei sich die Autorinnen nicht um wissenschaftliche Stringenz scheren, sondern da und dort Bauten zu Perlen erklären, die mit dem Thema der Route nichts zu schaffen haben, aber den Besuch unbedingt lohnen. Nebst den so entlang der 13 Routen über 55 aufgeschnürten Perlen weisen die Autorinnen auf »Marksteine« hin, die ihnen unterwegs begegnen und die sie als Beleg für die vielfältige Baukultur Graubündens sehen, die mit Verstand die Umwelt zerstören – Marksteine in der Gebrauchsschweiz eben, eine Dichte von 100 Stück.

Also führen die 13 Wanderungen durch besiedelte, belastete und kultivierte Landschaften, einige werden begleitet vom Sound des im Kanton Graubünden hoch verehrten Automobils. Die Wanderungen sind sportlich bekömmlich, meist führen sie über Fahrwege und kleine Pfade, so wenig wie möglich über versiegelte Hartwege. Die Wanderer brauchen kein GPS, oft nicht einmal eine Karte, denn noch dichter als das Straßen- führt kreuz und quer durch den Kanton das Netz der Wanderwege mit seinen gelben Zeigern – wir benutzen es und die Autorinnen machten es sich zum Vergnügen, da und dort einen Pfad einzuflechten, den die Wanderwegmacher nicht in ihr Inventar aufgenommen haben.

Der Mensch, der mit den Füßen sehen will, braucht Zeit. Deshalb haben wir die Zeitangaben großzügig bemessen und die Etappen so gewählt, dass nebst Zeit auch Muße und Kraft übrig bleiben, die meist öffentlich zugänglichen Bauten zu betrachten und in stiller Eintracht hinein zu sitzen, den Raum zu spüren, das Licht zu sehen, die Töne zu hören und die Gerüche einzuatmen.

Es haben sich viele Menschen diese Ratschläge zu Herzen genommen, denn die erste Auflage von *Himmelsleiter und Felsentherme* war innert neun Monaten ausverkauft. Wie schön! Und in der Welt der Architekten und Planerinnen hat das Buch Neugier geweckt und in deren Zeitschriften viel Zuspruch gefunden. Wie gut!

Und also freuen wir uns, hiermit die zweite Auflage in gleicher Form und Schönheit zu präsentieren; ein paar Fehler galt es zu verbessern und ein paar Irrtümer zu korrigieren. Zudem haben wir einige Aktualisierungen vorgenommen.

Köbi Gantenbein, Marco Guetg, Ralph Feiner
Februar 2010

Die Geschichte, der Ort und der Eigensinn

Ein Essay über das Neue Bauen in Graubünden

Von Köbi Gantenbein

Zum Kanton Graubünden gibt es unterschiedliche Karten. Ausgezeichnete für uns Wanderer, gut eingerichtete für Museumsfreundinnen, solche mit blau eingezeichneten Routen für Skitourenfahrer, Karten, nur von Geologinnen lesbar, mit Gesteinsformationen und geheim anmutenden Zeichen, und die offiziellen Karten der Schweizerischen Landestopografie. Sie zeigen, eng schraffiert und unbestechlich, wie und wo die Abgründe in die Ruinaulta im Bündner Oberland stürzen, wie die Straße über den Malojapass ins Bergell schlängelt, wie von Domat-Ems bis Landquart eine Bandstadt dem Rhein entlangwächst und wo der Kesch, die Sulzfluh und das Chilchalphorn sind.

Eine neue Karte legt dieses Wanderbuch vor. Sie versammelt 13 Routen durch 13 Landschaften und führt hin zu 55 Perlen und 100 Marksteinen der zeitgenössischen Architektur in Graubünden. Eindrücklich auch ein Blick ins Namensregister auf Seite 463: 370 Architektinnen und Architekten, Ingenieure und Planer sind verzeichnet, die die zeitgenössische Architektur Graubündens gebaut haben. Welche Dichte, welcher Überschwang! Es sind nicht nur Routen zu Baukunststücken – Architektur ist gebunden an die Gesellschaft. Es sind auch 13 Routen zu ökonomischen Kraftakten und sozialen Zuversichten. Und wie

Wasser und Stein – Therme Vals (Architektur: Peter Zumthor).

jede touristische Karte sagt auch diese zu den ausgewählten Bauten: »Du bist eine Sehenswürdigkeit! Bravo! Marco Guetg, Ralph Feiner und Köbi Gantenbein haben Dich aus den Hundertschaften ausgewählt.« Zur Lektüre der dreizehnteiligen Karte sind acht Erläuterungen und fünf Postulate nötig.

1. Die Dichte in Graubünden

Natürlich regiert der Normalfall auch den Kanton Graubünden: Das Bauen stemmt Kubikmeter und erfüllt Bedürfnisse, nicht künstlerische Ansprüche. Bedürfnisse nach trockenen Stuben, nach Profit oder nach Zeichen, mit denen ein Protz seine eigene Größe darstellen und zurücklassen kann. Wie überall, werden auch in Graubünden viele architektonische Tränen geweint mit Häusern, die besser hätten gebaut werden können, schöner, radikaler und anspruchsvoller. Dennoch: Es gibt starke Ortsbilder, unverwechselbar und eigensinnig, voll kulturellem Überschuss und Schönheit der Geschichte. Und es gibt Architekten, Bauvorsteherinnen, Bauherren und Baumeister, die diese Orte mit Neugier und Können weiterbauen. Der landläufigen Bauerei zum Trotz. Die bemerkenswerte Dichte guten Bauens hat auch mit topografischen Gegebenheiten zu tun – eine dramatische Schlucht verlangt eine dramatische Brücke; ein Berg ist ein Maßstab für einen guten Architekten. Immer wieder nötigt das Drama der Landschaft dem einen oder andern Bautäter etwas Ehrfurcht ab.

2. Die Betonisten

Die Architektur in der Nachkriegszeit und der Hochkonjunktur haben das Gesicht des Kantons geprägt. In der Menge – von den ersten Besiedlungen Graubündens bis 1939 wurde insgesamt nicht so viel gebaut wie zwischen dem Zweiten Weltkrieg und 1975. Und in der Güte – vorzügliche Autorinnen und Autoren wie Jachen Ulrich Könz, Bruno Giacometti, Andres Liesch, Thomas Domenig, Hanspeter

Menn, Robert Obrist, Richard Brosi oder Monica Brügger haben viel und gut gebaut. Für die öffentliche Hand, für Firmen, für Spekulanten und für Private. Tourismus- und Kraftwerkanlagen, Militärlandschaften und Seilbahnstationen, Wohnüberbauungen und Einfamilienhäuser. Beton war ihr wichtiges Material, deshalb heißen sie landläufig »die Betonisten«. Die baukulturellen Leistungen für den Gemeinde- und Schulhausbau etwa sind fast auf allen Routen eindrücklich zu sehen. Zahlreiche nützliche, günstige und wuchtige Häuser für Gemeindeversammlung, Turnerinnen, Musikanten, Kinder und Lehrer. Starke Zeichen in der Landschaft für den Glauben an Aufstieg dank Bildung und Kultur. Optimistisch und heiter. Die Betonisten liebten das Volumen, dem sie Masse und plastische Kraft gaben – weite Gänge, dunkle Farben und ein Terrazzoboden mit großen, geschliffenen Steinen in grünen, grauen und braunen Farben. Nachdem die Moderne der 1930er-Jahre in Graubünden außer in Davos und beim Kantonsspital in Chur kaum Spuren hinterlassen hatte, sind in der Nachkriegsmoderne etliche Bauten von nationalem Rang entstanden. So die Kraftwerkzentrale Zervreila von Jachen Ulrich Könz, die Kraftwerkstation in Safien von William Dunkel, die Ensembles von Rudolf Olgiati in Flims oder das Konvikt der Churer Kantonsschule von Otto Glaus und Sep Marti. Das Lehrerseminar von Andres Liesch oder die Hochhaussiedlung Lacuna von Thomas Domenig, beide ebenfalls in Chur. Das heute ruinierte Hallenbad in St. Moritz von Robert Obrist und Alfred Theus oder Ernst Gisels Kongresshaus in Davos.

Viele dieser Bauten kamen aus einem Architekturwettbewerb. Schon lange bevor es Brauch und Sitte war, haben die Kantonsbaumeister Architektur mit dem Wettbewerb gefördert. Und daraus wuchs auch eine Kultur: Im einen Wettbewerb saß ein Architekt in der Jury. Er trommelte erfolgreich für einen ihm im Geist Verwandten. Der gewann und saß dann am andern Ort in der Jury, wo er seinen Trommler auf den ersten Platz setzte. Denn man kannte sich ja am prägnanten Stil. Das sorgte für eine ästhetische und baukulturelle Kontinuität, wie gut gewalkter Filz auf kunsthistorisch heißt. Es ist dringend nötig, ihren Marksteinen und Perlen ein Archiv zu widmen, ihre Geschichte zu schreiben und ihre Güte zu propagieren – eine Arbeit, an der zurzeit Carmelia Maissen sitzt, die Autorin der Wanderung durch die obere Surselva. Und es ist wichtig, die in die Jahre gekommenen Bauten sorgsam zu pflegen, so wie es mit dem Schulhaus von Splügen kürzlich geschah oder mit der Kantonsschule Chur.

Wie wichtig dabei Aufklärung, Propaganda und Öffentlichkeit sind, zeigte die Kantonsschule Chur von Max Kasper, die der Kanton niederreißen wollte. Erst breiter Widerstand, angeführt von Jürg Ragettli als Präsident des Bündner Heimatschutzes, zwang die Regierung zum Umdenken. Sie verlor die Volksabstimmung und machte sich nach dem Kater auf, die alte Kantonsschule mustergültig zu renovieren.

3. Der Generationenwechsel

In den 1980er-Jahren kam ein Generationenwechsel in Gang. Und eine Ideologiedebatte: Kritik an der Moderne und ihrem als blind geltenden Fortschrittsglauben wurde laut. Es gab Widerstand gegen den Umbau der Landschaften zu Stauseen oder zu riesigen Freizeitanlagen. Zur grundlegenden Skepsis setzten jüngere Architekten künstlerische Kritik am ritualisierten Funktionalismus etlicher Bauten der Nachkriegsmoderne. Sie gärte an der ETH Zürich. Fabio Reinhart und Mirsolav Šik lehrten an der Architekturabteilung ihre Studenten Experimentierfreude, Architekturgeschichte und Schönheit des Gewöhnlichen. Die Bauten der Antike und der Klassik und die Neugier für den Ort faszinierten. Semiotik und das »offene Kunstwerk« beleuchteten den theoretischen Überbau. Auf den Tischen entstanden malerische Projekte, meisterlich gezeichnet und in Modellen dargestellt. Die »Analogen« hießen die Studenten und »analoge Architektur« ihr Tun.

Unter ihnen waren einige aus Graubünden oder mit dem Kanton verbundene: Conradin Clavuot, Andrea Deplazes, Andreas Hagmann, Pablo Horváth, Paola Maranta, Quintus

Miller, Valerio Olgiati, Jürg Ragettli oder Andreas Scheiwiller. Ihr Ungestüm brachte herausragende Gestalter wie die Architekten Rudolf Olgiati, Bruno Giacometti oder den Brückeningenieur Christian Menn ab und zu in Wallung. Zornig reklamierten sie gegen die Nachstoßenden, die aber erfolgreich waren in Architekturwettbewerben für Gemeinde-, Schulhäuser und Mehrzweckhallen.

Dank der Wettbewerbsgewinne konnten sie ihre Büros einrichten. Heute gibt diese Generation den Ton an. Deren Nachstößerinnen und -stößer haben nicht so günstige Bedingungen wie sie einst: Erstens gibt es kein kulturelles Unbehagen, das nach neuen Bildern und Entwürfen riefe, zweitens haben Kanton und Gemeinden viel weniger Bauaufgaben zu erledigen, und drittens ist die Generation der seinerzeit Aufbegehrenden heute um die Fünfzig und gut im Saft. Bemerkenswert immerhin, dass mit Corinna Menn seit langer Zeit wieder einmal eine Frau mit einem eigenen Atelier und eindrücklichem Können an die Sonne drängt – mit Wettbewerbsgewinnen selbstverständlich.

4. Peter Zumthors Weltluft

Neben Bewegungen, die Generationenwechsel einläuten oder die ideologische Wetterlage prägen, sind immer auch einzelne Figuren maßgebend. Für Graubündens zeitgenössische Architektur war und ist das Peter Zumthor. Er gründete 1979 in Haldenstein sein Architekturbüro, nachdem er jahrelang für die Denkmalpflege Siedlungen inventarisiert hatte. Sein Atelier wurde zu einem Ort für ambitionierte junge Architekten. Zumthor setzte in den 1980er-Jahren mit drei Bauten die Fahne des Aufbruchs: Seinem eigenen Atelierhaus in Haldenstein, den Schutzbauten für Römische Funde im Welschdörfli in Chur und der Kapelle Sogn Benedetg oberhalb Sumvitg in der Surselva. Alles Holzbauten.

Ihre Eigenart lässt sich so zusammenfassen: Das Neue und die Tradition formal und konstruktiv verbinden, der Sinnlichkeit der Holzarchitektur das Lob singen, die Details akribisch, ja leidenschaftlich gestalten, das Können der

Handwerker respektieren und herausfordern und das Gute nicht nur tun, sondern darüber auch reden. Zumthor lud den Fotografen Hans Danuser zu einer Carte Blanche ein. »Partituren und Bilder« hießen Ausstellung und Buch, die den Bauten und dem Bauen in Graubünden weltweit zu hoher Beachtung verholfen haben. Ergreifende Schwarzweißbilder, feinsinnige Kompositionen, eigensinnige Fotografien. Zumthors Bauten, seine Arbeitsweise und sein Anspruch als Architekt waren Vorbilder und sein Atelier war Arbeits- und Lehrort: Valentin Bearth, Andrea Deplazes, Andreas Hagmann machten dort ebenso Station wie der Ingenieur Jürg Conzett oder die Innenarchitektin und Designerin Marion Klein.

Peter Zumthor ist nicht nur ein herausragender Architekt. Wie kaum einer versteht er es auch, seine Arbeit zu beschreiben. So das Gewicht, das der Ort für ihn hat: »Ich arbeite in Graubünden, in einem Bauerndorf, umgeben von Bergen, arbeite aus diesem Ort heraus, wohne dort. Manchmal frage ich mich, ob diese Tatsache meine Arbeit beeinflusst, stelle mir auch nicht ungern vor, dass dem so sein könnte.« Aber Peter Zumthor ist kein Ideologe der Nähe oder der Region: »Schöpft ein Entwurf allein aus dem Bestand und der Tradition, wiederholt er das, was sein Ort ihm vorgibt, fehlt mir die Ausstrahlung des Zeitgenössischen. Erzählt ein Stück Architektur nur Weltläufiges und Visionäres, ohne ihren konkreten Ort zum Mitschwingen zu bringen, vermisse ich die sinnliche Verankerung des Bauwerks an seinem Ort, das spezifische Gewicht des Lokalen.«

5. Die Altvorderen

Das Gespür für den Ort und die Welt, die Übersetzung traditioneller Bilder auf neue Bedeutungen und Formen, das Wissen um Möglichkeiten der Materialien und Konstruktionen und das Können im Umgang damit – all das ist nicht zeitgenössisch allein. Es verbindet das Bauen der letzten Jahre mit dem »Bündner Heimatstil«, einer Epoche, die Graubündens Bauten vor gut hundert Jahren beeinflusste.

Truppenkantine der Militärkaserne St. Luzisteig (Architektur: Jüngling und Hagmann).

Die Bauten: zum Beispiel der Sitz der Kantonalbank und jener der RhB in Chur, die Kraftwerkzentrale von Küblis, das Segantini-Museum und die Hotels Suvretta House oder La Margna in St. Moritz. Ihre Architekten hießen Hartmann, Koller, Schäfer und Risch, Koch und Seiler. Sie waren die Vorgänger der Betonisten aus den Nachkriegsjahren. Sie kümmerten sich um das, was da war. Sie nahmen es auf und übertrugen traditionelle Formen auf neue Bauaufgaben. Sie waren Bilderproduzenten, die aus dem Ort und seiner Geschichte schöpften, sie waren Ideologen der Form, die neue Produktionsbedingungen mit traditionellen Mustern zu einem malerischen, plastisch starken Bau verbinden konnten.

Sie waren damit Teil einer europaweiten Bewegung, der Suche nach nationalen und regionalen Eigenheiten in Kunst und Architektur. Wie etliche Intellektuelle aus Graubünden besuchten die Architekten um die Wende vom 19. zum 20. Jahrhundert Hochschulen in Deutschland statt in Zürich. Sie studierten zum Beispiel bei Theodor Fischer in München. Wären sie an der ETH in Zürich bei den Nachfolgern Sempers gewesen, sähe Graubünden anders aus. Bei Fischer mussten sie den Ort erforschen, bevor sie ihn traktierten. Semper dagegen baute für den Zöllner Garbald eine Villa im Bergell, ohne je dort gewesen zu sein.

6. Gion Caminadas Dorflabor

Was Zumthor feinsinnig mit dem Ort, seiner Geschichte, der Welt und seinem künstlerischen Anspruch zur Rede stellt, bringt Gion A. Caminada als soziales und kulturelles Programm auf den Bauplatz: den Fall Vrin. Ohne den Überbau der »analogen Architektur« oder der »Wiedergeburt der Nähe« probiert er an seinem Wohn-, Arbeits- und Lebensort pragmatisch, handfest und heiter die Schönheit des Ortes aus.

Zu Beginn steht das Drama vieler alpiner Regionen: Die Jugend wandert weg, die Alten werden alt und schwach, das Dorf zerfällt, die Zuversicht schwindet. Was kann da ausrichten, wer das idyllische Dorfbild mit architektonischen

Eingriffen weiterbauen will? Seit Jahren ist der Architekt Caminada also auch Bau- und Kulturpolitiker. Er half mit, zusammen mit dem Ökonomen Peter Rieder, Ideen zu entwickeln, wie aus Vrins wirtschaftlicher Basis Zukunft blühen könnte. Er half mit, dafür planerische und baurechtliche Grundlagen zu legen, und wuchs zum Architekten, der all diesen Ideen Bilder und Konstruktionen gab. Schreiner von Beruf, wie übrigens Peter Zumthor, tastete er sich Bau um Bau voran, studierte Siedlung und Geschichte, verbesserte die Produktionsbedingungen und trug das »Vriner Modell« auch rhetorisch geschickt ins Unterland und in die Welt.

Im Laufe von zwanzig Jahren entstand ein eindrückliches Ensemble vom Umbau des Gemeindehauses bis zur neuen Mehrzweckhalle, von neuen Wohnhäusern bis zur Totenstube. Er baute Ställe und eine Metzgerei, die Sägerei und sogar eine skurrile, aus Holz gestrickte Telefonzelle am Dorfplatz.

7. Valerio Olgiatis reine Architektur

Im Sommer 2008 schlug ein Meteorit am Rand von Zernez ein. Ein weißer, markanter, ungemütlicher Kubus: das Besucherzentrum für den Nationalpark, entworfen von Valerio Olgiati. Dieser Architekt denkt anders als die ortsforschenden Architekten Graubündens, anders als Gion Caminada mit seinem großen Feldversuch in Vrin. Olgiati erkundet die auf sich selber bezogene Architektur. Als Gegenteil zum Sakrament des Ortes sieht er grundlegende Typologien wie Tempel der Antike oder Kirchen und schöpft daraus Saft und Kraft für formale und räumliche Erfindungen.

So sind Olgiatis Bauten oft auf Autonomie bedachte Solitäre, die dem Ort Eigenheit geben. Sie suchen nicht den Kontext, sondern die Bauaufgabe und die Abstraktion. So in Zernez, wo sein betonierter Monolith sich weder vom Schloss noch von regionalen Eigenarten etwas sagen lässt, sondern ganz auf sich vertraut: »Ich bin der Ort. Ich bin die Lösung der Bauaufgabe. Dank Technik und Kunst. Raffiniert mit meinen Grundrissen und Treppenfolgen, denen es egal ist, ob sie in Zernez oder New York derart kühn über die Etagen führen.« Eigenartig aber treffen sich die Anliegen der Orts- mit denen des Prinzipienforschers: Sorgfalt führt in jedem Fall zu einem besseren Ort. Bei dieser Haltung kommt einem wieder Gottfried Semper in den Sinn, der dem Zöllner Garbald in Castasegna eine Villa hingestellt hat, die weder mit dem Dorf noch mit dem Bergell noch mit der Zöllnerkultur etwas zu schaffen hatte. Sie formte einen markanten Ort, den über hundert Jahre später die Architekten Quintus Miller und Paola Maranta renoviert haben – mit einer Haltung, die dem Kontext viel Gewicht gibt.

8. Die Tränen der Architektur

Dichte von Marksteinen und Perlen in Graubünden? Radikale Architektur mit Weltluft? Bauen am Ort und für den Ort? Wer von Zernez durchs Oberengadin wandert, wird mich bald auslachen. Wo der Tourismus baut, der wichtigste Bauherr des Kantons, geht es rund. Mit Blick auf den stattlichen Kranwald von S-chanf, Zuoz, Celerina oder St. Moritz denkt der Wanderer an die Kurdirektoren, die die hehre Gebirgslandschaft als Daseinsgrund ihres Geschäfts preisen. Doch hier finden die Weltmeisterschaften im Betonwuchten und Ziegelschichten statt. Das Milliardengeschäft, mit dem die Landschaften und die Dörfer des Oberengadins, aber auch von Davos, Flims oder Arosa, mit Zweitwohnsitzen eingerichtet werden, trägt zur Baukultur Graubündens eine aparte Note bei. Hier regieren Anspruch auf Darstellung neureicher Herrschaften, frohes Babylon aller verfügbaren Formen und Materialien in Land-, Raum- und Energieschleudern.

An den Ferienorten ist eine in sich geschlossene Welt entstanden, die mit den vielfältigen historischen und zeitgenössischen Baukulturen nur wenig Berührung hat. Nehmen wir Ansprüche wie Ort oder radikale Baukunst als Maßstab, so werden wir hier selten fündig. Technisch und wirtschaftlich sind die Fremdenlandschaften eindrücklich, im Raum- und Energieverschleiß sind sie maßlos. Nirgends ist Graubünden so eng dem Zeitgeist der nackten Gier verbunden wie in den Fremdenlandschaften. Nirgends ist die wirtschaftliche Abhängigkeit der Bevölkerung, vor allem aber des Baugewerbes, von einem prekären Wirtschaftszweig so fatal wie in den Fremdenverkehrslandschaften. Zäh wehren sich die einheimischen Gewerbler dafür, mit dem Bau und Handel von Zweitwohnungen Geld verdienen zu können, auch wenn sie wissen, dass diese Wirtschaftsform in einer Sackgasse steckt. Hier bestimmt der schrankenlose Konsum von Vergnügen die Form und Konstruktion von allem. Nirgends in der Schweiz werden so hohe Bodenpreise realisiert wie am Suvrettahang von St. Moritz. Skipisten werden schon lange nicht mehr der Topografie gemäß gebaut, sondern entworfen nach Rhythmen und Mustern der Sportdesigner, und mit Schneekanonen gegen die Zumutung abgesichert, dass es im Dezember noch keinen Schnee hat. Die Bauten und Installationen, die für die Versorgung und Entsorgung des Luxus im Kanton stehen, reichen für das Dreifache seiner Einwohner.

Das technische, logistische und landschaftsarchitektonische Können aber, mit dem die »Weiße Arena« in Flims und Laax ausgebaut wird, setzt Maßstäbe. Weltweit. Und architektonisch apart sind die neuen Hotelbauten des Resorts. Das Riders Palace verknüpft Lifestyle, Design und Energievernunft, das Rock Resort in seiner Nachbarschaft will mit strikter Bewirtschaftung von Zweitwohnungen ein neues Modell probieren.

Nachdem wir also die Postordnung verlesen haben und der Gier die Türe gewiesen, wollen wir auch neugierig sein, wenn die bisher auf sich bezogene Baukultur des Tourismus sich vorsichtig öffnet. Ein Aufbruch war Vals, die Therme, die Peter Zumthor entworfen hat. Ein volkseigenes Bad, das 1997 zu einem Leuchtturm des Tourismus wurde. Mit dem Umbau der Ferienwohnungen zu Hotelzimmern und bald mit dem Weiterbau des Hotels mit einem Turmhaus eröffnet diese Anlage Aussichten. Die Köfferlikonsulenten des Fremdenverkehrs waren sich zwar ganz sicher, dass das Vorhaben nie aufgehen würde – heute muss früh buchen, wer in Vals ein Zimmer haben will.

Ein Aufbruch waren auch die Kultur- und Sporthäuser, die Annette Gigon und Mike Guyer für Davos gebaut haben. Nach und nach entdecken die Hoteliers die Geschichte ihres Berufs – sie waren einst wegweisende Bauherren. Paradebeispiel ist die Sorge, mit der die Familien Dietrich und Kienberger ihr Luxushotel Waldhaus in Sils-Maria pflegen. Sie laden in einen Parcours ein durch die Architekturgeschichte vom Pomp der Belle Epoque über das Hallenbad der Nachkriegsmoderne bis zum subtilen Können der analogen Architekten. Bemerkenswert schließlich ist ein wichtiger, aber stiller Mitspieler im Tourismus. Die Jugendherbergen, die tausende Logiernächte ins Gebirge schaffen, haben in Davos, auf der Lenzerheide und in Scuol Hotels aufgebaut – anspruchsvoll in Architektur, Betrieb und regionalökonomischer Wirkung.

Eine heitere Aussicht

Perlen, Marksteine und Tränen – die Karte mit den 13 Routen stimmt zuversichtlich: welche Vielfalt, welcher Witz, welche Irritationen, welche Anstrengung, welche konstruktive Klugheit und welche wirtschaftlichen Erfolge. Doch damit alles gut wird, braucht es Aussicht in die Zukunft und also fünf Postulate zum Bauen in Graubünden – und anderswo.

Erstens: Ich fordere Energievernunft. Der Klimawandel verschluckt die Gletscher! Nebst dem ästhetischen Raffinement müssen Energiekennzahlen die Baukultur beschäftigen. Auch die in Graubünden. Sie werden zwar die Gletscher nicht wieder bringen, aber uns trösten, dass der Untergang der Alpen in Rüfen und Murgängen sich bremsen lässt, wenn wir weniger statt immer mehr Energie verbrauchen. Der Sitz der Krankenkasse in Landquart, das neue Seminar im Sand in Chur, der Baumarkt von Josias Gasser in Punt Muragl oder das Sonnenklavier der Holzbaufirma Ruwa in Küblis stehen für die Architektur des Energiesparens. Sie zeigen, was möglich ist, und legen klar: Das Passiv-Haus muss zu einem gesetzlichen Standard werden. Aber Technik

Birnbaum mit Prättigauer Holzzaun, Pragg-Jenaz.

genügt nicht – vernünftiges Brauchen ist nötig: Ich hab's gut in meinem steinalten Haus in Fläsch ohne Lüftungsmaschine und dreifach verglaste Fenster. Ich sitze am Abend neben dem Kachelofen, ziehe einen Pullover an und lege den Chriesimann ins Ofenrohr. Das ist Lebensglück und nicht Komfortverzicht.

Zweitens: Ich fordere das Ensemble. Öffentliche Räume und Zwischenräume in den Dörfern Graubündens müssen erhalten werden. Sie machen den Charme der Dorfbilder aus. Verdichten ist gut, aber heikel, und im Zweifelsfall ist der Freiraum besser. Nicht nur der einzelne Bau, sondern auch der vor, hinter und neben ihm braucht Sorgfalt. Wichtig ist auch das Ensemble des Gestern mit dem Morgen – der neugierige Weiterbau am Bestehenden. Die Aufgabe beginnt an Details eines alten Hauses, wo grobe Eingriffe das Ganze zerstören, und geht bis zur Reparatur von Gesamtkunstwerken wie der A 13 oder der RhB.

Drittens: Ich fordere die Bauherrensteuer. Alle loben die Architekten. Der Bauherr aber entscheidet, ob das Haus gelingt oder nicht. Er muss sich wehren gegen die Bank, mit dem Denkmalpfleger, gegen die Nachbarn, mit dem Baumeister, für den Architekten und je nachdem gegen ihn. Das ist harte Arbeit. Wer sie gut macht und das heißt: zum Wohl der Allgemeinheit und der baukulturellen Blüte, braucht einen Lohn. Nicht nur der Abzocker, die Erbin oder der Spekulant – auch der gute Bauherr soll sein Engagement in der Steuererklärung geltend machen können – als guten Abzug. Damit der Staat kein Geld verliert, gilt das Gegengleich: Der schlechte Bauherr muss Ablass bezahlen für seine baukulturellen Sünden.

Viertens: Ich fordere Ehre für die Bauzonen. Bauen ist mehr als ein privates Vergnügen und eine Geldquelle für Landbesitzerinnen und Baumeister – bauen verändert die Landschaft und den Raum. Die gehören uns allen. Der hartnäckige Widerstand der Oberengadiner im Zweitwohnungsdrama in den letzten Jahren ist beispielhaft für einen politischen Kampf um Baukultur und Landschaft. Gute Architektur braucht politischen Verstand und Bedingungen, die dem Guten helfen gegen die Gier. Also müssen wir auch die Attacken auf das Raumplanungsgesetz parieren. Und es gilt: Die Bauzonen sind zu groß. Außerhalb der Bauzone darf nicht gebaut werden – und wenn das allgemeine Interesse es nötig macht, nur mit guten Architektinnen und gegen Auskauf von anderswo eingezontem Land.

Fünftens: Ich fordere Demut, Neugier und Wissen. Architektur ist öffentlich. Und alle reden mit. Wie gut! Beim Wein und beim Essen ist es selbstverständlich, dass wir zwischen gut und schlecht unterscheiden lernen müssen. Das ist uns nicht in die Wiege gelegt. Bis jemand einen Blauburgunder aus Fläsch blind erkennen kann, muss er viel trinken und viel lernen. Bei Architektur ist jeder ein Experte, er weiß alles und fällt das Urteil schnell. Architektur ist aber mehr als eine Geschmacksfrage. Man soll nicht grad aus der Hüfte heraus in den dunklen Wald schießen: »Eine Zumutung, dieses Haus. Anzünden!«, sondern zuhören, zuschauen, abklären, lernen, Freude haben, offen sein – und wandern.

Literatur

Erwin Bundi, *Raum Graubünden. Dokumentation Raumplanung und Raumentwicklung,* Verlag Südostschweiz, Chur/Glarus/Zürich 2007.

Conradin Clavuot, Jürg Ragettli, *Die Kraftwerkbauten in Graubünden,* Verlag Bündner Monatsblatt, Chur 1991.

Leza Dosch, *Kunst und Landschaft in Graubünden. Bilder und Bauten seit 1780,* Verlag Scheidegger & Spiess, Zürich 2001.

Köbi Gantenbein, *Bauen in Graubünden. Ein Führer zur zeitgenössischen Architektur,* Verlag Hochparterre, Zürich 1996, 2001, 2006.

Carmelia Maissen, Köbi Gantenbein, *Der Kanton Graubünden baut – eine Jahrhundertreise,* Beiheft zu *Hochparterre,* Verlag Hochparterre, Zürich 2007.

Diego Giovanoli, *Alpschermen und Maiensäße in Graubünden,* Verlag Haupt, Bern 2003.

Bündner Rheintal – Chur

Im Stadtland

Bad Ragaz–Fläsch–Malans–Mastrils–Haldenstein–Chur

Die Dörfer im Rheintal wachsen zur Rheintalstadt zusammen. Chur ist ihr Kern, die Autobahn, die SBB und die RhB sind die Adern. Die weiten Wiesen, Weinberge, Auen und Wälder sind ihr Park, durch den der Rhein fließt. Die Stadtwanderung beginnt in Bad Ragaz, führt durch den prächtigen Stadtgarten Bündner Herrschaft, durch den Park der Infrastrukturen von Landquart bis nach Chur, der einzigen, ursprünglichen Stadt Graubündens.

Von Jürg Ragettli

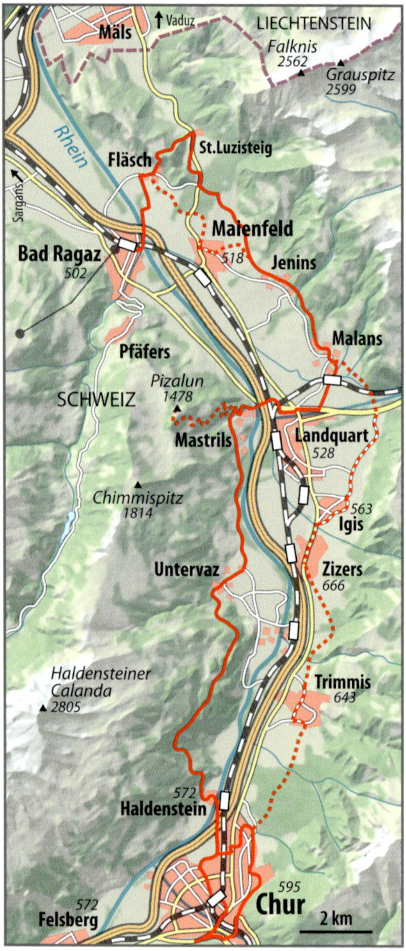

Bahnhof Bad Ragaz–Fläsch–Vorderer Ochsenberg–St. Luzisteig–Jenins–Malans	4 h 30
↗ 380 m ↘ 320 m	
Malans–Landquart–Mastrils–Untervaz–Haldenstein–Chur Bahnhof	6 h
↗ 689 m ↘ 715 m	
Stadtwanderung durch Chur	3 h
↗ 90 m ↘ 90 m	

Charakter

Abwechslungsreiche Wanderung mit zahlreichen architektonischen Höhepunkten auf markierten, teils aber nicht gut beschilderten Wegen.

Beste Jahreszeit

Jede Zeit hat ihren Reiz; am üppigsten ist das Bündner Rheintal im Herbst.

Verkehrsmittel

SBB, Rhätische Bahn und Postauto. Von Montag bis Freitag fährt der Bus im Stundentakt von 7 bis 20 Uhr in beide Richtungen Landquart–Herrschaft–Bad Ragaz. Für Gäste, später unterwegs, gibt es in der Herrschaft einen Rufbus, 079 349 19 49 (ab 22 Uhr).

Varianten

1. Alternative für den steilen Aufstieg zur St. Luzisteig über den Ochsenberg ist der einfachere Weg ab oberem Dorfausgang von Fläsch über die Fläscher Allmend und durch einen Mischwald bis zur Passstraße.
2. Ohne Aufstieg auf die St. Luzisteig ist die Wanderung durch die Bündner Herrschaft ein längerer Spaziergang, in den man auch das Städtchen Maienfeld einschließen kann.
3. Der Weinwanderweg führt von Fläsch über Maienfeld, Jenins, Malans, Landquart, Zizers und Trimmis nach Chur. Informationen auf www.graubuendenwein.ch
4. Bei Mastrils ist ein Ausflug in die Höhe möglich, auf den Pizalun, einen mächtigen Felsen im Wald, der auf 1478 m eine großartige Sicht auf das Stadtland bietet. Mit dem Postauto nach Mastrils, Trätsch. Von dort aus Richtung Jägeri–Pizalun 1 h 30 bergauf, Abstieg auf der gleichen Route.

Übernachten und essen

Hotel Restaurant Rössli, Bad Ragaz, 081 302 32 32, www.roessliragaz.ch, So und Mo Ruhetag
Restaurant Adler, Fläsch, 081 302 61 64, adler.flaesch@bluewin.ch, Mi und Do Ruhetag
Restaurant Mühle, Fläsch, 081 330 77 70, www.muehle-fläsch.ch
Ernas Törkali, Fläsch, 081 302 33 41, Fr bis So geöffnet
Landgasthof St. Luzisteig, Maienfeld, 081 302 72 22, www.gasthof-luzisteig.ch, Mi Ruhetag
Weinstube Alter Torkel, Jenins, 081 302 36 75, www.torkel.ch, Mai–Nov.: sieben Tage offen, März/April und Dez.: Di und Mi Ruhetag, Jan. und Feb. geschlossen
Gasthof zur Bündte, Jeninserstraße 6, Jenins, 081 302 12 23, www.zurbuendte.ch, April–Okt.: durchgehend geöffnet, durchgehend warme Küche, Nov./Dez./März: Mo und Di Ruhetag; Jan.-März: nur Gewölbekeller geöffnet
Landgasthof Krone, Malans, 081 322 14 55, www.krone-malans.ch, Mi und Do Ruhetag
Hotel Restaurant Zunfthaus zur Rebleuten, Pfisterplatz 1, Chur, 081 255 11 44, www.rebleuten.ch, Mo bis So geöffnet, warme Küche: Mo bis Fr mittags und abends, Sa nur abends, So Küche geschlossen
Hotel Marsöl, Süsswinkelgasse 25, Chur, 079 204 02 85, www.marsoel.ch, durchgehend geöffnet
Hotel JBN Chur, swiss backpackers hotel, Welschdörfli 19, Chur, 081 284 10 10, www.extrabar.ch/justbenice/web/facts/, durchgehend geöffnet

Einkaufen

In allen Dörfern des Bündner Rheintals hat es Läden.

Museen, Besichtigungen

Militärmuseum St. Luzisteig, Öffnungszeiten: Anfang Mai–Ende Okt., Sa, 13–17 Uhr, 081 300 40 20, www.luzisteig.ch
Bündner Kunstmuseum, Postplatz, Chur, 081 257 28 68, www.buendner-kunstmuseum.ch
Rätisches Museum, Hofstraße 1, Chur, 081 254 16 40, www.raetischesmuseum.gr.ch
Bündner Naturmuseum, Masanserstraße 31, Chur, 081 257 28 41, www.naturmuseum.gr.ch

Information

Chur: Chur Tourismus, 081 252 18 18, www.churtourismus.ch
Chur: Graubünden Ferien, 081 254 24 24, www.graubuenden.ch
Bad Ragaz: Heidiland Tourismus, 081 720 08 20, www.heidiland.com

Karten

Landeskarte, 1:50 000, Blatt 248 (Prättigau); Blatt 247 (Sardona), Blatt 237 (Walenstadt)

Hitsch Gantenbein schneidet Chardonneytrauben im Fläscher Feld.

Von der Kantonsgrenze bis in die Hauptstadt führt die Wanderroute durch das Bündner Rheintal, in der Ebene, gesäumt von steilen Bergen, mit Abstechern auf abgelegene Anhöhen, von der Weinkulturlandschaft und den Dörfern der Bündner Herrschaft bis in die Stadt Chur. Der Einfluss des städtischen Zentrums reicht weit über seine eigentliche Ausdehnung hinaus. Zum engeren Umfeld gehört die Region zwischen Reichenau, Chur und der Bündner Herrschaft. Es ist das am dichtesten besiedelte Gebiet Graubündens. Hier liegen auch die industriellen Schwerpunkte des Kantons. Die Anbindung ans Städtenetz der Schweiz ist spürbar. Einzelne Ortschaften behaupten zwar ihre Eigenständigkeit, funktionieren aber immer mehr im Verbund. Symbiose und Synergie; Stadt und Agglomeration; Stadt und Land oder schon Stadtland?

Im Bündner Rheintal gibt es zauberhafte Weinberglandschaften, immer noch ausgedehnte landwirtschaftliche Felder und Äcker sowie die fortschreitende Besetzung der Ebene mit Gewerbe- und Industrieanlagen entlang der Eisen- und Autobahn, historische Ortschaften und enorme Siedlungserweiterungen des Baubooms der letzten Jahrzehnte. Der baulichen Gleichförmigkeit von Einfamilienhaus- und Gewerbequartieren der Agglomeration weicht die vorgeschlagene Route zwar nach Möglichkeit aus, lässt uns aber doch nicht ganz die Augen verschließen vor Problemen und Konflikten der Zersiedelung und des Landverschleißes. Auch im Churer Rheintal sind solche Entwicklungen zu beobachten. Allerdings offenbaren Landschaften und Siedlungen mancherorts eine erstaunliche Eigenständigkeit, ausgezeichnet durch zahlreiche Baudenkmäler und herausragende Werke der neuen Bündner Architektur.

Die Magie der Weinlandschaft statt Heidiland

Vom Bahnhof Bad Ragaz aus betritt man Bündner Territorium beim Überqueren des hier schon stattlich breiten Rheins auf der Eisenbahnbrücke (Abzweigung gleich nach der Unterführung nicht verpassen!). Die eng beieinanderliegenden Anlagen von Eisenbahn, Autobahn und Stromfernleitungen machen die dichte Vernetzung des Bündner Rheintals mit dem Schweizer Mittelland deutlich. Einen neuen Eingang zu Graubünden bildet an dieser Stelle die Autobahnraststätte Heidiland. Sie führt aber ein architektonisches Trauerspiel auf. Den Bauwerken der Autobahn sind auf banale Weise architektonische Zitate von Herrschaftshäusern aufgesetzt. »Visit Heidi, Geissenpeter and Alpöhi!« – »Besuchen Sie das authentische Heididorf/Heidihaus!« werden Gäste aufgefordert. »Heidiland« ist ein Abklatsch einer hochstilisierten Bergidylle. Heidibrunnen, Heididorf, Heidimuseum und Heidialp! Inszenierungen der Heidi-Geschichte, in denen das Bild der Bergwelt zur inhaltslosen Maske verbrämt wird, belästigen uns auf unserem Weg

Dreistufung: Weingut Gantenbein, vor Fläscherberg, vor Falknis.

mehrmals. Welch magischen Zauber verströmen demgegenüber die authentischen Kulturlandschaften der Weinberge und die historisch gewachsenen Siedlungen der Bündner Herrschaft, die nun vor uns liegen!

Noch wenige Schritte und eine Welt geht auf. Der Weg öffnet sich zu den weiten, sanft ansteigenden Hängen der Fläscher Weinberge mit den zahllosen Reihen von Rebstöcken. Zur Rechten befindet sich das Weingut Davaz mit dem schlicht gestalteten, langgestreckten Ökonomiegebäude; zur Linken erkennt man in der Ferne das Weingut Gantenbein mit dem spektakulären Neubau. Die erste Etappe der Wanderroute führt durch die Bündner Herrschaft, den »Garten Bündens«, das größte zusammenhängende Weingebiet der deutschen Schweiz, wo dank des milden Klimas im Schutz des Falknismassivs, dank des warmen Föhns als »Traubenkocher« und des Qualitätsbewusstseins der Winzer Weine von nationalem Ruhm und gar Weltrang gekeltert werden, Weine mit den klingenden Namen ihrer Weinbäue-

Häuslicher Monolith. Das Wohnhaus Meuli steht am Dorfrand direkt an der Gasse. Es vereint das Traditionelle, Gewöhnliche des Dorfes mit scharfkantiger plastischer Form, geboren aus dem spitzwinkligen Grundstück und den Zwängen der Bauordnung, gebaut mit einschaligem 50 Zentimeter starkem Misapor-Dämmbeton.

Haus Meuli, Bovel 25, Fläsch, 2001
Bauherrschaft: Claudia und Andrea Meuli
Architektur: Bearth & Deplazes, Chur

rinnen und Kellermeister: Gantenbein, Grünenfelder, Hermann, Obrecht, Studach, Wegelin und viele mehr, Pinot noir vor allem, dann auch Pinot gris, Chardonnay und die steinalte Traubensorte Completer.

Das dörfliche Kleinod Fläsch

Die erste Station unsrer Wanderung ist Fläsch, ein bauliches Kleinod. Da es keine Brücke über den Rhein gab, fristete das nördlichste Dorf Graubündens lange Zeit ein ruhiges Dasein. Im Vergleich zu den benachbarten Ortschaften ist Fläsch in der Vergangenheit von einer starken Zersiedelung verschont geblieben. Mächtige Steinhäuser und nicht mehr gebrauchte Ställe mit großartigen Dächern sind an die Gassen gebaut. Die 2008 abgeschlossene Revision der Ortsplanung will verhindern, dass die Gemeinde von der Agglomerations-Einfamilienhaus-Welle überrollt wird, und hat Grundlagen geschaffen, dass die weitgehend intakte Dorf-

Alt und neu. Neben dem alten Weinbauernhaus steht anstelle des hölzernen, grau-silbern-schwarzen Stalls der neue Hausteil aus schwarzem Beton. Das Paar verbindet ein Zwischenbau mit Eingang und Bad; im alten Haus sind die Details liebevoll restauriert, im neuen gibt es große, zweigeschossige Räume.

Casascura, Hinterdorf, Fläsch, 2008
Bauherrschaft: Marilies und Kurt Hauenstein
Architektur: Atelier-f, Fläsch, Kurt Hauenstein

Mauern vom Roboter

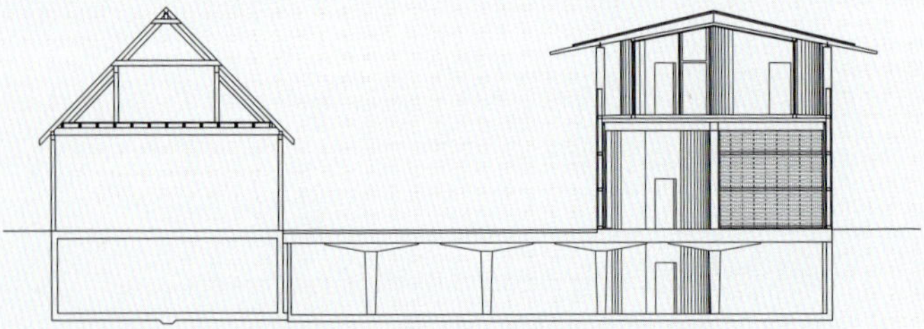

Weingut Gantenbein, Fläsch, 2007

Bauherrschaft: Daniel und Martha Gantenbein

Architektur: Valentin Bearth, Andrea Deplazes und Daniel Ladner, Chur

Fassadenausführung: Fabio Gramazio und Matthias Kohler, Lehrstuhl Digitale Fabrikation ETH Zürich; Keller Ziegeleien, Pfungen

Direktauftrag

Das Weingut von Daniel und Martha Gantenbein, auf dem sie die Reben für ihre erlesenen Pinot-Noir-, Chardonnay- und Riesling-Weine anbauen, liegt südlich des Dorfes Fläsch, jenseits einer schmalen bewaldeten Rüfe. Der Neubau erweitert das bestehende Weingut mit Schuppen und ergänzt die winkelförmige Anlage zu einem offenen Hof, der als landwirtschaftlicher Werkplatz dient und trotz seiner Bescheidenheit auch wie ein Cour d'honneur wirkt. Der Erweiterungsbau ist Ökonomiegebäude und Schmuckstück. Im Neubau sind vier verschiedene Räume angelegt: In der Säulenhalle im Untergeschoss sind Zwischenlager und Spedition, daneben in den Boden gegraben der Weißweinkeller; in der Halle im Erdgeschoss lagern die großen runden Kelterbehälter aus massiver Eiche, in denen die Trauben vergären; im Saal unter dem Dach werden Degustationen und Festmähler zelebriert. Die Architektur des Neubaus veredelt die einfache Konstruktion des bestehenden Gebäudes mit Betonskelett und Ausmauerung. Die spektakuläre Klinkerstein-Fassade ist eine Zusammenarbeit der Architekten Valentin Bearth, Andrea Deplazes und Daniel Ladner mit dem ETH-Lehrstuhl für Digitale Fabrikation von Fabio Gramazio und Matthias Kohler. Der Computer hat die Lage der Steine und die Zwischenräume berechnet, der Roboter hat sie aufgemauert und miteinander verklebt. Mit digitalen Mitteln entstand ein Mauerwerk, wie es auf herkömmliche Weise von Hand nicht machbar wäre. Das durchlöcherte Klinkerstein-Mauerwerk temperiert das Raumklima; es ist Konstruktion und Ornament. Es bildet ein flirrendes Spiel von Licht, Form und Bedeutung. Aus der Ferne verbindet sich das Mosaik von Steinen und Fugen zum kugelförmigen Muster – wie überdimensionale Trauben und Früchte.

Baum- und Weingarten im Dorf

Ortsplanungsrevision Fläsch, 2008

Bauherrschaft: Gemeinde Fläsch, Gemeindepräsident Lieni Kunz

Architekten: Christian Wagner, Roger Boltshauser, Maurus Frei, Andreas Hagmann, Norbert Mathis, Studiengang Bau und Gestaltung der Hochschule für Technik und Wirtschaft HTW Chur

Planer: Christian von Ballmoos, Lutz Schmid Ingenieure, Chur; Büro Donatsch, Landquart

Die Ortsplanungsrevision der Gemeinde Fläsch zeigt, dass Raumplanung nicht einfach als Organisation von Nutzungsflächen zu verstehen ist, sondern als architektonisches Projekt, um landschaftliche, räumliche und bauliche Qualitäten einer Ortschaft zu gestalten. Erklärtes Ziel ist, den Charakter des Weinbaudorfs zu bewahren und eine gelassene Weiterentwicklung zu ermöglichen. In den Prozess waren die Bevölkerung, engagierte Dorfpolitiker, Architektur- und Raumplanungsfachleute und die gesamte Architekturabteilung der Hochschule für Technik und Wirtschaft HTW Chur involviert. Der Bauberater der Gemeinde, Christian Wagner, der auch den Studiengang Bau und Gestaltung der Hochschule leitet, schlug vor, die Fläscher Bauordnung zum Thema eines Forschungsprojekts zu machen. Also analysierten rund sechzig Studierende und vier Dozenten die Grundrisse von Häusern und Ställen, Dachformen, Mauern und Hecken, den Baumbestand, den Verkehr und vieles mehr; sie untersuchten die Folgen des Wandels vom Bauern- zum Weinbauerndorf und stellten Überlegungen zur Bauordnung an. Und schließlich entwarfen sie über dreißig städtebauliche Projekte für die zukünftige Dorfentwicklung. Man kam zum Schluss, dass die Wein- und Obstgärten im Herzen des Dorfes von Bebauung frei bleiben und dieses Bauland an anderer Stelle kompensiert werden soll. Aus dem breiten Ideenfächer kristallisierte sich der Zonenplan mit neuen Baugebieten am Dorfrand heraus. Dabei bleibt der Freiraum um das Dorf herum erhalten und stößt weiterhin an mehreren Stellen bis in den Kern vor. Die Bemühungen der Gemeinde Fläsch wurden belohnt: 2010 erhielt sie für ihre modellhafte Ortsplanung den renommierten Wakkerpreis des Schweizer Heimatschutzes.

Blick auf Fläsch. Dank der Ortsplanung werden die Baum- und Weingärten im Dorf vor Überbauung geschützt. Am rechten und linken Rand können Wohnhäuser nach einem Gestaltungsplan gebaut werden.

struktur und die charakteristischen Wingerte und Obstgärten innerhalb der Ortschaft Bestand haben. Neubauten sollen den Charakter des Dorfs stärken. Vorbilder dafür geben herausragende Neubauten wie das Wohnhaus Meuli der Architekten Valentin Bearth, Andrea Deplazes und Daniel Ladner, ein wuchtiges Gebäude aus einschaligem Dämmbeton, das wie die historischen Häuser direkt an der Gasse steht; die Casascura, das Wohnhaus, das der Architekt Kurt Hauenstein für seine Frau und sich gebaut hat: Er hat dafür ein altes Weinbauernhaus restauriert und es anstelle des Stalls mit einem dunkel eingefärbten Sichtbetonbau ergänzt; das Schulhaus von Pablo Horváth am Dorfeingang, dessen Formen, Materialien und Proportionen dem Bauwerk eine Gelassenheit geben, die in der gegenwärtigen Architektur selten ist; oder das Haus von Elly und Walter Süsstrunk, für das der Architekt Kurt Hauenstein einen Stall mitten im Dorf zu einem Wohnhaus umgebaut hat und damit ein Beispiel gibt, was mit den gut vierzig leer stehenden Ställen und Scheunen im Dorf passieren könnte.

Unspektakulär und doch prägnant, bescheiden und doch stattlich, gewohnt und doch außergewöhnlich. Das Schulhaus von Fläsch scheint dem Archetypus eines vertrauten Dorfschulhauses zu entsprechen. Die großen gerahmten Fenster geben dem Innern eine ungewöhnliche Großzügigkeit und Helle.

Schulhaus, Fläsch, 1999
Bauherrschaft:
Gemeinde Fläsch
Architektur:
Pablo Horváth, Chur

Der historische Zugang auf der St. Luzisteig

Im Rücken des Dorfes ragen die schwarzen und steilen Wände des Fläscherbergs in den Himmel, dahinter liegt die St. Luzisteig. Der eine anspruchsvollere und steilere Weg dahin beginnt im Wald zuoberst im Dorf. Es gilt nun, den recht steilen Aufstieg durch den Laubwald Richtung Regitzer Spitz zuerst über lange und dann kurze Kehren zu erklimmen; an manchen exponierten Stellen sind kleine Aussichtsstellen mit Geländer eingerichtet, die den dramatischen Tiefblick ins Tal und auf Fläsch ermöglichen. Auf der Anhöhe öffnet sich der Waldweg zu den freien Wiesen mit einzelnen Baumgruppen; hier teilen sich die Wege. Ein Ausflug auf den Regitzer Spitz und zurück ist schön, denn die Aussicht von dort oben über das Stadtland Rheintal ist großartig. Wer nicht ausfliegen mag, wird direkt die Fahrstraße hinunter zur Festung St. Luzisteig nehmen. Einzelne versteckte Militärbauten verraten, dass das Sträßchen durch das Gelände des Waffenplatzes führt.

Am Grenzübergang von der Schweiz ins Fürstentum Lichtenstein, auf der kleinen Passhöhe St. Luzisteig, über die der historische Verkehrsweg vom Bodensee und dem süddeutschen Raum nach Chur und weiter über

Fläsch mit dem Haus Meuli im Vorder- und Pizalun im Hintergrund.

Die alte Festung und der neue Campus der Armee auf der St. Luzisteig.

die alpinen Pässe führte, befindet sich der ehemalige Eingang zu Alt Fry Rätien. Der heutige Waffenplatz ist ein einmaliges Ensemble von historischen Bauwerken und neuer Architektur. Die Talsperre zwischen Falknis und Fläscherberg besteht aus der Schanze und dem Graben aus dem 18. Jahrhundert zum Ausland und aus der Befestigungsanlage, die ab 1831 gebaut wurde, zur Schweiz hin orientiert. Nach einem Plan von Peter Zumthor haben die Architekten Dieter Jüngling und Andreas Hagmann für die Truppenunterkunft und -verpflegung neue Militärhäuser als lang gestreckte Betonriegel fächerartig gestaffelt ins Terrain eingebettet. Die Hauptstraße führt schnurstracks auf die engen Portale der Sperrmauern und durch die Festung hindurch. Der Marsch geht noch zehn Minuten weiter bis zum Landgasthof, wo wir uns nun gerne mit Speis und Trank stärken. Und wer zur Geschichte dieser Festung Genaues wissen will, findet in einem skurrilen Haus, dem ehemaligen, um 1860 erbauten Arsenal nahe bei der Wirtschaft, das Militärmuseum.

Etappenziel Malans

Der weitere Weg durchzieht die sanft fallenden Hänge der Weinberglandschaft. Wir streifen durch Mischwald, haben Freude an einem Park mit mächtigen Eichen oberhalb von Maienfeld, marschieren vorbei am Bildungszentrum Holz, der abseits gelegenen ehemaligen Försterschule, die die Architekten Reto Zindel und Placi Rageth im Büro von Rudolf Fontana in Domat/Ems – natürlich vollständig in Holz – geplant haben. Die nächste Station ist Jenins, wo man beispielsweise in der Weinstube zum Alten Torkel, die mitten in den Reben liegt, vergnügt einheimischen Wein zu einem Salsiz mit Alpkäse zechen kann. Jenins, Maienfeld und Malans mit ihren neuen Einfamilienhausquartieren sind stark vom Siedlungsdruck und Bauboom der letzten Jahrzehnte bedrängt, zeigen aber doch noch kleinstädtische und dörfliche Strukturen von hoher Qualität.

Ein spezielles Gebäudeensemble ist der Hof des Weinguts Sonne der Winzerfamilie Christian und Francisca Obrecht,

Der Pass St. Luzisteig ist seit Jahrhunderten eine Grenzgarnison. Bis heute fahren die Autos durch die schmalen Torbogen in den Festungsmauern von der Schweiz ins Ausland und zurück. Im Laufe der letzten Jahre wuchs ein einmaliges Ensemble aus historischen Militäranlagen und zeitgenössischer Architektur.

Militäranlagen, St. Luzisteig, 2005
Bauherrschaft: Bundesamt für Bauten und Logistik, Bern
Architektur: Jüngling und Hagmann, Chur

der an der Hauptstraße am Dorfeingang von Jenins Richtung Malans steht. Die Architekten Valentin Bearth, Andrea Deplazes und Daniel Ladner haben dem stattlichen alten Haus einen eleganten Neubau zur Seite gestellt und den neuen Eingang und Degustationsraum teils in den Erdboden eingelassen. Der schmale hohe Anbau mit weiß gestrichener Holzfassade und mit rundum laufenden Fensterbändern schließt räumlich den Innenhof der Ökonomiegebäude und stößt mit seinem runden Kopf wie ein Erker in den davor liegenden Baumgarten vor.

Aus dem gut erhaltenen Ortsbild von Malans ragen die bedeutenden Aristokratenhäuser heraus: Das Schloss Bothmar oberhalb des Dorfs ist ein verwinkelter Gebäudekom-

Bodenständig und elegant. Einst war das Haus zur Sonne eine Taverne an der Hauptstraße vom Deutschen Reich Richtung Splügen oder Septimer nach Italien. Dann bot es seinem Weinbauern Hof und Haus. Der Anbau, der wie ein Schiff am herrschaftlichen Haus anlegt, bildet einen neuen Eingang, Degustationsraum und Gartensaal.

Weingut zur Sonne, Malanserstraße 2, Jenins, 2008
Bauherrschaft: Francisca und Christian Obrecht
Architektur: Bearth & Deplazes, Chur

plex mit imposanter barocker Gartenanlage; die ehemaligen Plantahäuser im Dorfkern, Sitz der Familie Planta im 17. Jahrhundert, die der Architekt Rudolf Olgiati 1974 umgebaut und purifiziert hat, dominieren den Hauptplatz des Dorfes. Neubauten, deren Architektur die ländliche Situation interpretieren, sind die Wohnhäuser Wegelin und Walther der Architekten Valentin Bearth, Andrea Deplazes und Daniel Ladner. Bemerkenswert ist auch ein Gebäudeensemble im unteren Dorfteil, wo in den letzten Jahren Schulhaus, Turnhallen und jüngst ein Kindergarten gebaut worden sind.

Die Agglomeration Igis-Landquart

Die Route des zweiten Tages führt von Malans über Landquart, Mastrils, Untervaz und Haldenstein in die Hauptstadt Chur. Zuerst brechen wir nach Landquart auf, einer Fraktion der politischen Gemeinde Igis. Landquart ist ein Beispiel dafür, wie die Verkehrsachsen der Eisenbahn, der

Aristokratenhäuser prägen das Zentrum von Malans. In der Mitte des 17. Jahrhunderts baute Ambrosi von Planta hier den Stammsitz einer der mächtigsten Familien Graubündens vom Mittelalter bis ins 19. Jahrhundert. Drei Jahrhunderte später restaurierte Rudolf Olgiati den heruntergekommenen Palast und baute sieben Wohnungen ein.

Plantahaus, Umbau, Dorfplatz, Malans, 1974
Bauherrschaft:
Gesellschaft für gute alte Architektur
Architektur:
Rudolf Olgiati, Flims

Das Schloss Bothmar in Malans hat einen prächtigen barocken Garten. Man kann nicht darin lustwandeln, aber ihn von außen gut betrachten.

Kantonsstraße und der Autobahn die Siedlungsentwicklung einer Region prägen. Der Ortsteil entstand erst 1858, als die Linie St. Gallen–Chur der Vereinigten Schweizerbahnen eröffnet wurde und in der Folge sich die Ortschaft um den Bahnhof entwickelte. Mit dem Bau der Schmalspurbahn nach Davos 1890 und vor allem mit der Verlegung der RhB-Hauptwerkstätten nach Landquart im Jahre 1895 entwickelte sich die Station zu einer Bahnarbeiter-Siedlung. Von den 37 Wohnhäusern der RhB-Siedlung stehen heute nur noch wenige, und auch die einstigen Hotels sind längst verschwunden. Grundlage für die bauliche Entwicklung des Bahnhofplatzes und der Bahnhofstraße in den letzten 25 Jahren zu einem Zentrum um den neuen, von den Vogt Landschaftsarchitekten Zürich gestalteten »roten Platz« ist ein Quartierplan von Peter Zumthor.

Aus den neuen Geschäfts- und Wohnhäusern sticht das Gebäude der Öffentlichen Krankenkasse ÖKK heraus. Die ausgefeilte Gestaltung der Glasfassade der Architekten Bearth & Deplazes ist auch eine ausgeklügelte energietechnische Lösung, um die einstrahlende Sonnenwärme zu nutzen und in der Baumasse zu speichern. Als urbanes Zeichen von Weitem sichtbar und das ganze Tal überblickend, steht am Bahnhof das solitäre 50 Meter hohe Hochhaus, das der Architekt Thomas Domenig 1973 erbaute und das auf dessen in den 1960er-Jahren erbautes Lacuna-Quartier in Chur verweist. Auf der andern Seite des Bahnhofs breitet sich das »Alpenrhein Outlet Village« aus, dessen bauliche Lösung Fragen über die zukünftige landschaftliche und bauliche Erscheinung des Churer Rheintals aufwirft. Gerahmt von weiträumigen Parkplätzen wird eine über 400 Meter lange Einkaufsstraße als Kulissendorf mit biederen Einfamilienhäuschen mit Giebeldächern und Balkonen aufgebaut.

Mastrilser Auenlandschaft

Von Landquart wechseln wir auf die andere Seite des Rheins. Vom Bahnhofplatz führt der Weg über einen seitlichen Steg an der eisernen Fachwerkbrücke der SBB-Linie. Möglichst

Der langgestreckte, holzverkleidete Pavillon befestigt den unteren Rand der Schulanlage. Die drei Kindergärten sind wie an einer Kette längs aufgereiht; die niedrigen Nebenräume umarmen die hohen Haupträume. Große Fenster schaffen Bezüge nach außen und zur offenen Veranda. Und im Hui wird das Kinder- zum Gartenzimmer.

Kindergarten, Eschergut, Malans, 2009
Bauherrschaft:
Gemeinde Malans
Architektur:
Roman Singer, Rafael Ruprecht, Zürich

schnell bringen wir die unangenehme Querung der stark frequentierten Autostraßen beim Autobahnanschluss hinter uns. Die Tardisbrücke versinnbildlicht den historischen Zugang von Zürich und Walenstadt nach Graubünden. Vor Kurzem ist die schmale Eisenfachwerkbrücke von 1892 durch eine neue breite Betonbrücke ersetzt worden.

Die Häuser von Mastrils liegen weit verstreut am Abhang; ein Dorfzentrum ist aus der Ferne nicht auszumachen. Das mächtige Bauvolumen des Schulhauses sticht jedoch schon von Weitem hervor und setzt ein Zeichen. Wir steigen die Treppe dem Schulhaus entlang in die Höhe und setzen nach der Besichtigung des Gebäudes den Weg hinauf bis zur exponierten Kirche und dem Gasthaus Tanne fort. Von hier aus verläuft der Wanderweg langsam ins Tal hinunter zu den Mastrilser Auen, wo der Rhein noch ruhig fließt und sich durch das breite Flussbett schlängelt. Bei Hochwasser überflutet er die Auenwälder, sucht neue Flussarme und

Das Verwaltungshaus der Krankenkasse ÖKK ist ein Sonnenofen. Grosse Fenster fangen die Wärme und speichern sie in dicken Betonwänden und -decken. Haustechnik lüftet, spendet Schatten und hält Wärme beisammen. Das Krankenkassenhaus verbraucht weniger als die Hälfte der Energie landläufiger neuer Bürogebäude.

Verwaltungshaus ÖKK, Bahnhofstraße, Landquart, 2002
Bauherrschaft: ÖKK Öffentliche Kranken- und Unfallversicherungen
Architektur: Bearth & Deplazes, Chur
Ingenieur: Andrea Rüedi, Chur (Energie)

lässt Altwasserläufe und Tümpel zurück. Das Gebiet gilt als die letzte naturnahe Auenlandschaft am Rhein zwischen Reichenau und dem Bodensee.

Der Alpenrhein zwischen Mastrils und Untervaz ist eine aufwendig gepflegte, wilde Naturlandschaft.

Doch wie sieht das Stadtland aus der Vogelschau aus? Wer das wissen will, möge in Mastrils die Schuhe schnüren und statt dem Rhein nach zu wandern in die Höhe steigen. Der Weg beginnt in der obersten Haarnadelkurve der Hauptstraße unmittelbar am Dorfeingang. Er steigt gemächlich an durch den Wald zur »Jägeri«, einem Naturfreundehaus, und von dort in kurzer Zeit zu einem großen Felsklotz. Wir klettern die Eisentreppe hoch und stehen auf dem Pizalun. Von dieser Landschaftskanzel aus sehen wir die Verflechtungen des Stadtlandes im Rheintal. Wir sehen auch, wie es ausgreift im Norden über Sargans zum Walensee und dem Rhein entlang zum Werdenberg, dem Fürstentum Liechtenstein und ins Vorarlberg. Eine Siedlung wie ein Teppich, zusammengehalten vom Rhein, der in aufwendiger Manier aus dem Kanal gehoben wird und durchädert von Dorf-, Kantons- und einer Nationalstraße. Zwischen Chur und Landquart sind die Siedlungsränder verschwunden, in der Bündner Herrschaft greifen die Einfamilienhäuser aus bis an die Waldränder und in die Weinberge. Vom Pizalun wagen wir auch einen Blick südwärts auf die schroffen Felsen des Calanda.

Das Kaskadenschulhaus

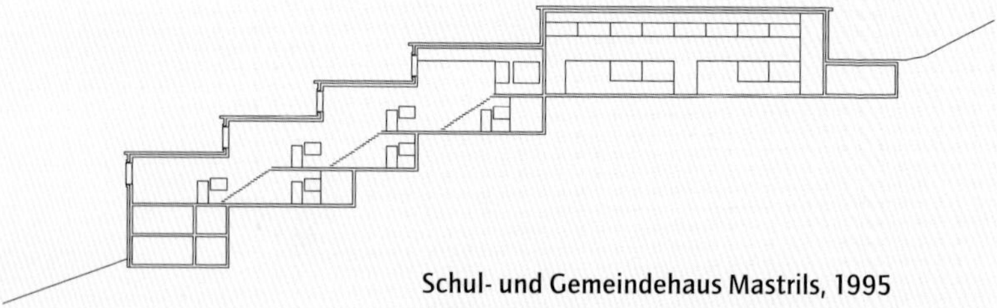

Schul- und Gemeindehaus Mastrils, 1995
Bauherrschaft: Gemeinde Mastrils
Architektur: Jüngling und Hagmann, Chur
Bauingenieure: Conzett, Bronzini, Gartmann, Chur
Wettbewerb

Das Schul- und Gemeindehaus von Dieter Jüngling und Andreas Hagmann ist eine eindrückliche Interpretation der Bauaufgabe und der landschaftlichen Bedingungen des Standorts. Die Bauform vereint Kleinmaßstäblichkeit und große architektonische Geste. Durch die lineare Anordnung in der Falllinie des Hangs und der dem Gelände folgenden gestuften Komposition wird aus dem einfachen Haus am Fuße der Anlage eine imposante Kaskade von Gebäuden. Die flach geneigten Satteldächer aus Beton haben etwas Gewöhnliches und werden durch die Aufeinanderschichtung dramatisch. Die tektonische Gliederung mit groben, gestockten, dunklen Betonoberflächen und hellen horizontalen Betongesimsen eint das Gebäude und betont das Aufeinandergeschichtete. Das Gebäude liegt an einem Fußweg, der dem Schulhaus entlang nach oben führt und die seitlichen Eingänge erschließt. Ort, Gelände und Bauwerk sind eins. Außen und innen bestimmt das steile Gelände die Bauform, außen als aufeinandergeschichtete Häuservolumen und innen als eine grandiose Treppenanlage. Der Haupteingang des Schulhauses liegt zuoberst und führt in das Foyer der auch als Saal nutzbaren Turnhalle. Von hier aus führt die Treppenkaskade über vier

Geschosse nach unten. Rechts und links sind die Schulzimmer angeordnet. Innen sind die Wände aus Sichtbacksteinen mit dicken Lager- und Stoßfugen gemauert.

Untervazer Industrielandschaft und Steinbrüche

Die Ebene zwischen Untervaz und Trimmis prägen Industriebetriebe und Abbaugebiete von Stein, Kies und Sand: das Kieswerk, daneben die Anlagen der Catram für die Produktion von Straßenbelägen, die Bauten der Kehrrichtverbrennungsanlage Gevag, wo der Abfall aus halb Graubünden vernichtet wird, und die Holcim-Zementwerke. Die Domenig Architekten inszenieren die Technik theatralisch: Der 38 Meter hohe kantige Produktionsturm der Catram steht leicht schief; das Stahlskelett ist mit großen, leicht gebeulten, glänzenden und schillernden Aluminiumplatten verkleidet, und das Schrägdach hebt sich ab. Der Turm ist eines von drei Catram-Gebäuden im Kanton. Die beiden anderen stehen in Reichenau und Samedan. Es ist ein bemerkenswertes Beispiel, wie eine Firma Ausdruck sucht mit Architektur. In der Nachbarschaft befinden sich die ausge-

Inszenierte Technik. Das Stahlskelett des 38 Meter hohen schiefen Turms ist mit großen, rohen, schimmernden Aluminiumplatten verkleidet; die Stahlkonstruktion des Dachs ragt dramatisch vor. Das Haus ist mehr Gerät als Gebäude. Es verbirgt und schützt die Maschinen, mit denen Material für den Sraßenbau aufbereitet wird.

Catram, Kieswerkstraße, Untervaz, 2002
Bauherrschaft: Catram
Architektur: Domenig Architekten, Chur

Faszination der technischen Stadtlandschaft und ihrer Infrastrukturen. Die Anlagen der Holcim am Fuße der Steinbrüche bei Untervaz sind das größte Schweizer Zementwerk.

dehnten Industrieanlagen der Holcim – am Fuße großer Steinbrüche, wo mächtige Felsen langsam abgebaut werden – mit riesigen Schuppen, mächtigen Dächern, Förderbändern, hohen Silos und Kaminen. In diesem größten Schweizer Zementwerk mit etwa 110 Mitarbeitern werden jährlich je über 800 000 Tonnen Zement und Klinker produziert. Auch die großen Baustellen der Steinbrüche, in denen das als Rohmaterial notwendige Kalkgestein gewonnen wird, gehören zur Landschaft des Bündner Rheintals.

Von Untervaz aus gibt es zwei Routen nach Haldenstein. Auf dem Weg entlang der Calanda-Felswände des Rheinufers muss ein Abschnitt zwischen den Industrieanlagen und Oldis wegen eines Steinbruchs der Holcim umgangen werden. Der Weg führt an der Ruine Neuenburg und einer neuzeitlichen Festung vorbei hinauf zum Steinbruch auf dem mächtigen Felsmassiv und danach in einem steilen und schmalen Abstieg hinunter zum Rhein. Dann geht es über Wiesen und durch Auen nach Haldenstein. Man kann in dieses Dorf aber auch über einen Höhenweg gelangen. Dafür muss man zuerst über die Landstraße nach Untervaz marschieren und dort über einen gut markierten Pfad bis auf 1000 Meter aufsteigen. Durch einen verwunschenen Wald, weitab von der Idee Stadtlandschaft, führt die Wanderung in drei Stunden nach Haldenstein.

Das Satellitendorf Haldenstein

Die ersten Vorboten der Ankunft in Haldenstein sind die Burgen Lichtenstein, Haldenstein und die verborgene Grottenstein. Die Ortschaft liegt am Fuß des mächtigen 2806 Meter hohen Calanda auf der linken Seite des Rheins, der eine starke Grenze zur nahen Stadt zieht. So hat das einstige Bauerndorf, obwohl ganz nach Chur orientiert, doch ein gutes Stück seiner kleinteiligen räumlichen und baulichen Strukturen bewahren können. Gerade die herausragenden Neubauten thematisieren diese ländliche Atmosphäre.

Die Burgruinen thronen auf exponierten, hohen Felsen. Dominierend vor dem ehemaligen Bauerndorf steht das Schloss mit seiner von einer Ringmauer umgebenen hohen Gartenterrasse. Dreigeschossige Gebäude mit den beiden Treppentürmen in den Ecken gruppieren sich um den Schlosshof. Das im frühen 16. Jahrhundert anstelle eines älteren Steinhauses errichtete Schloss hat 1544 bis 1548 der

Was leicht schief aussieht, hat System. Mitten im Haus ist eine Treppe, ihr entlang angeordnet in Quadraten auf elf Ebenen sind die Kammern, Stuben und Zimmer. Und so sieht man von außen, wie innen alles leicht und spielerisch verschoben ist bis hin zu den zwei leicht voneinander abgesetzten Haushälften.

Haus Clavuot, Haldenstein, 2002
Bauherrschaft: Ursula und Jörg Clavuot-Merz
Architektur: Conradin Clavuot, Chur

Mailänder Edelmann Johann Jacob von Castion, französischer Gesandter bei den Drei Bünden in Chur, erweitert und prunkvoll ausgestattet. Seit 1966 gehört das Schloss einer Stiftung.

Haldenstein ist auch ein Anziehungspunkt der Gegenwartsarchitektur als Arbeitsort eines der international bedeutendsten zeitgenössischen Architekten: Peter Zumthor. An der Süesswinggelgasse stehen in der Nähe des Ateliers auch seine ersten Neubauten, das 1976 erstellte Wohnhaus Dierauer und das Wohnhaus Räth von 1983 am nördlichen Ende des Dorfes. Ein weiteres bemerkenswertes Gebäude an dieser Gasse ist ein kleines Wohnhaus von Architekt Conradin Clavuot, das im Innern mit sprialförmiger Anordnung der Zimmer einen Raumkosmos birgt; und im Dorfzentrum gegenüber dem Schloss steht die mehrteilige Wohnüberbauung von Miroslav Šik, die anstelle von mehreren Ställen erstellt wurde, eingebettet in den Bestand, und darin mit engen Gassen und Durchgängen, einem intimen Hof und einem Laubengang verwoben.

Auf einer Landwirtschaftsbrache aus Ställen und Scheunen baute Miroslav Šik ein Mehrfamilienhaus in den Dorfkern. Aufgeteilt unter sechs Satteldächern, ist die regelmäßige Figur der Hofanlage nicht erkennbar. Die raue Betonfassade erweckt den Eindruck, die Häuser stünden schon lange da.

Wohnhaus, Haldenstein, 2007
Bauherrschaft:
Bürgergemeinde
Architektur:
Miroslav Šik, Zürich

Die Welt im Dorf

Atelier- und Wohnhäuser Zumthor, Haldenstein, 1986 und 2004

Bauherrschaft und Architekt: Peter Zumthor, Haldenstein

Bauingenieure: Conzett, Bronzini, Gartmann, Chur

Das Gebäudeensemble der zwei Atelier- und Wohnhäuser von Peter Zumthor zeigt räumlich präzises und stimmungsvolles Weiterbauen. Weiterbauen und kunstvolle Neuprägung des ländlichen Dorfs. An der Straße steht das alte Wohnhaus, ein Bauernhaus, das Zumthor umbaute, als er noch bei der Denkmalpflege arbeitete. Gegenüber in einem Baumgarten steht das erste Atelierhaus. Es ist wie ein gewöhnliches Ökonomiegebäude aus Holz erstellt, doch fein wie eine Möbelschreinerarbeit. Die Fassade aus dünnen Lärchenlatten mutet japanisch filigran an. Das zwanzig Jahre später gebaute Atelier- und Wohnhaus ist in Beton konstruiert. Die silbern schimmernde Oberfläche der Betonwände wirkt weich, aus der Nähe fast textil. U-förmig umgibt es einen dicht bepflanzten Gartenhof. Der eine Schenkel fasst den zweigeschossigen

Wohnhausteil mit Satteldach, der andere den eingeschossigen Büroteil mit Flachdach. Das erste Gebäude ist ein Zeugnis des Aufbruchs – Zumthors Atelierhaus ist ein Leitbau der neuen Bündner Architektur und des zeitgenössischen Holzbaus. Sein zwanzig Jahre später gebautes Atelier- und Wohnhaus ist eine Meisterleistung, reif und abgeklärt, selbstverständlich und ungezwungen, sinnlich, akribisch kontrolliert und aus einem Guss. Die beiden so unterschiedlichen Gebäude zeugen doch von gleichen Themen und Interessen: Einzigartigkeit des Ortes, sinnliche Kraft von Raum und Material, Materialsorgfalt und sublime Detailgestaltung; räumliche Kompositionen von Enge und Weite sowie Verbindung von Innen und Außen.

Die Stadtlandschaft

Den weiteren Weg nach Chur weisen die Hochhäuser der Siedlung Lacuna. Der von Thomas Domenig nach städtebaulichen Prinzipien der Moderne der 1960er-Jahre geplante Stadtteil mit Hochhäusern und langgestreckten Wohnblöcken prägt die Silhouette von Chur zur Rheinebene hin und hat viele weniger überzeugende Nachahmer gefunden. Wir laufen durch die Agglomeration nach Chur oder nehmen von Haldenstein aus den Stadtbus und denken über die zwei Tage Wanderung nach.

Wir haben marschierend erfahren, wie die Gegensätze zwischen Stadt und Land in der Stadtlandschaft aufgehen. Stadt gegen Land und umgekehrt prägte einst das Selbstverständnis der Schweiz. In der schweizerischen Wahrnehmung war eine Stadt immer überschaubar, und das Land begann da, wo die Stadt aufhörte. In den vergangenen Jahrzehnten hat sich diese Situation verändert. Der enorme gesellschaftliche, technische, wirtschaftliche und kulturelle Wandel im 20. Jahrhundert manifestiert sich auch in gewaltigen Umwälzungen im Raumgefüge von Landschaften und Siedlungen. 70 Prozent der Bevölkerung leben heute in größeren und kleineren urbanen Ballungsräumen, in der Agglomeration. Das Siedlungswachstum mit hohem Bodenverbrauch ist ungebremst und oft auch unkoordiniert: Fast ein Quadratmeter pro Sekunde wird in der Schweiz neu überbaut.

Kernstädte und ihre Agglomeration sind im Verbund zu sehen. Im alltäglichen Leben spielen politische Grenzen eine zunehmend untergeordnete Rolle. Die eigentliche Stadt ist die Stadtregion. Die Stadt Chur mit etwa 35 000 Einwohnerinnen und Einwohnern umfasst eine Agglomeration mit etwa 80 000 Leuten. Der Siedlungsbericht Graubünden 2007 ordnet gar die gesamte Region des Rheintals vom Domleschg bis zur Bündner Herrschaft dem städtischen Raum zu. Die zentrale Funktion der Hauptstadt Chur als Arbeitsort belegen die großen Pendlerzahlen von Erwerbstätigen, Schülern und Studentinnen. Für die Infra-

Stadtkonzept der Moderne. Die Hochhäuser der Churer Neustadt prägen die Silhouette vor dem Dreibündenstein.

strukturen des öffentlichen Verkehrs, der Abfallentsorgung, der Spitäler usw. sind längst regionale und überregionale Lösungen verwirklicht.

Das Churer Rheintal ist an das Schweizerische Städtenetz, an die Metropolitanregion Zürich und auch an die Rheintalstadt, die bis an den Bodensee reicht, angebunden. Ballungsräume, Durchgangskorridore und großartige Landschaften verschränken sich ineinander. Das Zusammenwachsen der Städte und Vororte zu Stadtregionen und die parallele Aufhebung von Stadt und Umland ergeben einen neuartigen Zustand der Siedlungslandschaft. Der Stadtplaner Thomas Sieverts prägte 1997 dafür den Begriff »Zwischenstadt« – eine regionalisierte Stadt in Form »der verstädterten Landschaft oder der verlandschafteten Stadt«. Angelus Eisinger und Michel Schneider etablierten den Begriff »Stadtland Schweiz« – die durch »neuartige räumlich-multifunktionale Gebilde« geprägte »schweizerische Siedlungsrealität«, die sich als »Collage städtischer, vorstädtischer und ländlicher Elemente« beschreiben lasse.

Die Verfasser des städtebaulichen Porträts der Schweiz (ETH Studio Basel), Roger Diener, Jacques Herzog, Marcel Meili, Pierre de Meuron und Christian Schmid, verabschieden sich vollständig vom traditionellen Stadtbegriff und entwerfen das Bild der Schweiz als »ein vollständig urbanisiertes Land, in dem neue, grenzüberschreitende urbane Landschaften entstanden sind, die nichts mehr mit den klassischen Stadtformen gemein haben«. Alle Gebiete der Schweiz sehen sie als urban: »Es macht keinen Sinn mehr, Stadt und Land oder Agglomeration und ländliche Gebiete voneinander zu unterscheiden: Die gesamte Schweiz ist urbanisiert. [...] Ein flächendeckender Urbanisierungsprozess bedeutet jedoch nicht, dass alle Gebiete gleichartig werden. Im Gegensatz zur verbreiteten Vorstellung, dass das ganze Land von einer homogenen ›urbanen Grauzone‹ überzogen sei, sind differenzierte urbane Landschaften mit höchst unterschiedlichen Dynamiken und Problemlagen entstanden, die es zu entdecken und zu analysieren gilt.«

Die Wanderung durch das Churer Rheintal zeigt das Potenzial einer so vernetzten und doch landschaftlich und baulich differenzierten Situation auf; den herausragenden Protagonisten der zeitgenössischen Baukunst gelingt es, solche vielfältigen Eigenheiten und Qualitäten der Orte aufzunehmen und mit ihren Bauwerken zu bereichern.

Literatur

Roger Diener, Jacques Herzog, Marcel Meili, Pierre de Meuron, Christian Schmid, *Die Schweiz. Ein städtebauliches Portrait*, Birkhäuser, Basel 2005.

Angelus Eisinger, Michel Schneider (Hrsg.), *Stadtland Schweiz. Untersuchungen und Fallstudien zur räumlichen Struktur und Entwicklung in der Schweiz*, Birkhäuser, Basel 2003.

Armon Fontana, *Chur. Der Stadtführer*, Desertina, Chur 2003.

Ursula Jecklin (Red.), *Churer Stadtgeschichte, Bd. 1: Von den Anfängen bis zur Mitte des 17. Jahrhunderts, Bd. 2: Von der Mitte des 17. Jahrhunderts bis zur Gegenwart*, Verlag Bündner Monatsblatt, Chur 1993.

Der bischöfliche Hof thront über der Churer Altstadt; die Neustadt weitet sich in die Rheinebene aus.

Stadtwanderung Chur

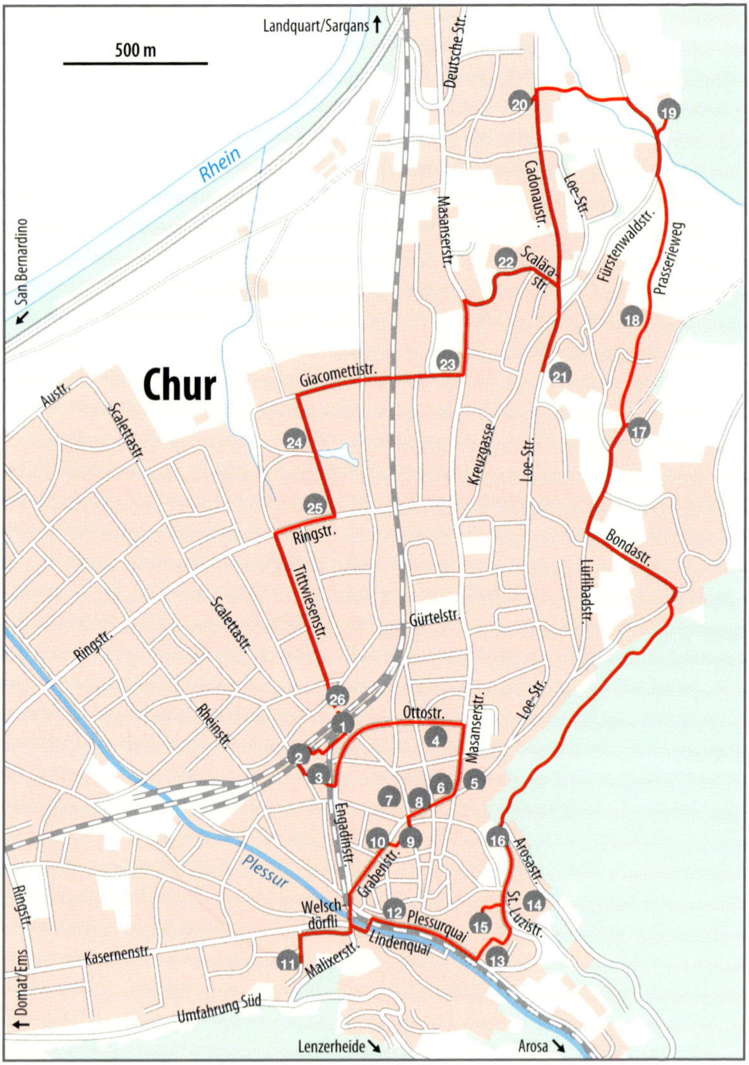

1 **Bahnhof Chur,** 1878; Annexbau und Neugestaltung Bahnhofplatz: Conradin Clavuot, 2008.

2 **Postautoplattform**, Ove Arup Ingenieure/Robert Obrist/Richard Brosi, 1992.

3 **Wohnhäuser Tivoli**, Tivolistraße 3–9/Engadinstraße 2–8, Umbau Dieter Jüngling und Andreas Hagmann, 1999 (Altbauten 1942).

4 **Geschäftshaus Ottoplatz**, Ottostraße 22–24, Dieter Jüngling und Andreas Hagmann, 1999.

5 **Stadt- und Medienhaus**, Masanserstraße 2, Astrid Staufer und Thomas Hasler, 2006.

6 **Eingang des Großratsgebäudes,** als Zeughaus 1863 erbaut von Johannes Ludwig, 1959 von Martin Risch zum kantonalen Parlamentsgebäude und Stadttheater umgebaut, neuer Zugang von Valerio Olgiati, 2009.

7 **Take-away-Bar Mühlbach**, Bahnhofstraße 22, Conradin Clavuot, 2009.

8 **Bündner Kunstmuseum, ehem. Villa Planta**, Postplatz, Johannes Ludwig, 1876; Peter Zumthor, Peter Calonder, Hans-Jörg Ruch, 1989.

9 **Graubündner Kantonalbank Hauptsitz**, Postplatz, Hauptbau 1911: Otto Schäfer und Martin Risch; Erweiterung Dieter Jüngling und Andreas Hagmann, 2006.

10 **Fontanapark**, Grabenstraße/Klostergasse, Guido Hager, 2006.

11 **Schutzbauten Römische Funde Welschdörfli**, Seilerbahnweg 17, Peter Zumthor, 1986.

12 **Plessurquai**, Jürg Conzett, 2006; **Zschalerhaus**, Plessurquai/Obere Gasse 31, Umbau Rudolf Olgiati, 1977.

13 **Bündner Kantonsschule (ehem. Seminarschulhaus)**, Plessurquai 63, Andres Liesch, 1965; **Neubau Naturwissenschaft**, Münzweg 11, Valentin Bearth, Andrea Deplazes und Daniel Ladner, 1999.

14 **Bündner Kantonsschule,** Arosastraße 2, Neubau 1971, Max Kasper; Umbau/Sanierung 2009 Dieter Jüngling und Andreas Hagmann; Konvikt Otto Glaus, Ruedi Lienhard und Sep Marti, 1969.

15 **Kathedrale (1154–1276)**, Hof 18, Restaurierung: Gioni Signorell/Rudolf Fontana, 2006.

16 **Haldenhüttli**, Arosastraße, 1879.

17 **Siedlung Böschengut**, Böschenstraße 1–17, Quartierplan Bearth & Deplazes; Bauten Patrick Gartmann; Valentin Bearth, Andrea Deplazes, Daniel Ladner u.a., 2003–2007.

18 **Siedlung Braun'sches Gut**, Prasserieweg/Ruchenbergstraße 20–75, Richard Brosi, 1990.

19 **Friedhof Waldhaus**, Fürstenwaldstraße 90, Urs Zinsli/Kienast Vogt, 1997.

20 **Wohnhaus für Betagte**, Evangelische Alterssiedlung Masans, Cadonaustraße 69, Peter Zumthor, 1993.

21 **Kantonsspital Bettentrakt D**, Loestraße 170, Silvia Gmür, Livio Vacchini, 2000.

22 **Pädagogische Hochschule (ehem. Frauenschule)**, Scalärastraße 17, Robert Obrist, 1983.

23 **Heiligkreuzkirche**, Masanserstraße 161/Giacomettistraße, Walter Förderer, 1969.

24 **Siedlung Lacuna I**, Giacomettistraße/Aspermontstraße/Belmontstraße, Thomas Domenig, 1964–1972.

25 **Geschäftshaus Würth**, Aspermontstraße 1, Dieter Jüngling und Andreas Hagmann, 2002.

26 **Bildungs-, Medizinisches und Dienstleistungs-Zentrum HW Areal D**, Gürtelstraße 42–46, Maurus Frei, 2008.

(11) Schutzbauten Römische Funde (Peter Zumthor)

»Die älteste Stadt der Schweiz« haben sich gewitzte Tourismusleute als großspurigen Slogan für Chur einfallen lassen, weil archäologische Funde auf eine weit zurückreichende Besiedlung in ur- und frühgeschichtlicher Zeit verweisen. Vom 1879 als Aussichtspavillon im Schweizer Holzstil gebauten Haldenhüttli aus hat man eine schöne Übersicht über die kompakte historische Altstadt und die Stadterweiterungen im 19. und 20. Jahrhundert zur Rheinebene hin.

Neue Architektur als eindrückliches Weiterbauen und sensibles Ergänzen historischer Bauten und Orte gibt es auf der Stadtwanderung zu entdecken. Die römischen Funde im Welschdörfli, die durch die filigranen Holz-Pavillons von Peter Zumthor geschützt werden, sind Hinweis auf die einst ausgedehnte römische Siedlung in diesem Gebiet. Die zwischen 1154 und 1270 erbaute Kathedrale, die über der Stadt auf dem Hoffelsen thront, mit dem spätgotischen von Jakob Russ geschnitzten Hochaltar von 1492, ist von Gioni Signorell und Rudolf Fontana zwischen 2001 und 2006 umfangreich restauriert und mit der neuen Orgel und Kirchenbänken ergänzt worden.

(6) Eingang Großratsgebäude (Valerio Olgiati)

Die Residenz des Bischofs und im Hintergrund die Bünd-

(1) Bahnhof Chur (Conradin Clavuot)

(2) Postautoplattform (Ove Arup, Richard Brosi und Robert Obrist)

(10) Fontanapark (Guido Hager)

(12) Plessurquai (Conzett, Bronzini, Gartmann)

(13) Kantonsschule Plessurquai (Valentin Bearth, Andreas Deplazes, Daniel Ladner)

(19) Friedhof Waldhaus (Urs Zinsli, Kienast Vogt)

ner Kantonsschule und die Kirche St. Luzi krönen die Stadt wie eine kleine Akropolis. Zur Kantonsschule gehört das ehemalige Lehrerseminar unterhalb des Hoffelsens an der Plessur, dessen spröde Sichtbetonarchitektur von Andres Liesch der gläserne Naturwissenschaftstrakt von Valentin Bearth und Andrea Deplazes ergänzt.

Am Hauptzugang zur Altstadt, beim Postplatz, haben Dieter Jüngling und Andreas Hagmann den Hauptsitz der Graubündner Kantonalbank, ein Schlüsselwerk des Bündner Heimatstils der Architekten Otto Schäfer und Martin Risch von 1911, erweitert, Bestand und Neubau eng miteinander verbunden und alte Ornamente neu interpretiert. Die Heimatstil-Architektur antwortete als Gegenbeispiel auf den gegenüberliegenden Neurenaissance-Bau der Hauptpost von 1904, ein mächtiges Beispiel eidgenössischer Postarchitektur der Zeit um 1900.

(15) Kathedrale (Rudolf Fontana, Gioni Signorell)

Das Kunstmuseum in der Villa von Planta mit neuen Wintergärten und Passerelle von Peter Zumthor erinnert an die einstige Villenbebauung mit großen Gärten außerhalb der Stadtmauer im 19. Jahrhundert. Alt- und Neubauten zeigen die 150-jährige Geschichte des Bahnhofs, der 1858 weit außerhalb der Stadt angelegt wurde und die neuere städtebauliche Entwicklung einleitete. Heute bildet das Ensemble des historischen Aufnahmegebäudes, der gläsernen Halle der Londoner Ingenieure von Ove Arup und des Ausbaus von Conradin Clavuot mit Annexgebäuden und zwei neuen Geschäfts- und Wohnhäusern ein urbanes städ-

(20) Wohnhaus für Betagte, Masans (Peter Zumthor)

(25) Geschäftshaus Würth (Jüngling und Hagmann)

(24) Siedlung Lacuna I (Thomas Domenig)

tebauliches Zentrum und einen Knotenpunkt des nationalen und regionalen öffentlichen Verkehrs.

Aus der breiten Masse der Wohnquartiere stechen das in den 1960er-Jahren von Thomas Domenig geplante moderne Stadtquartier Lacuna mit Hochhäusern, langen und punktförmigen niedrigeren Blöcken und aus jüngster Zeit die Bebauung an der Böschenstraße nach einem Quartierplan von Bearth und Deplazes sowie die etwas ältere Siedlung auf dem Braun'schen Gut von Richard Brosi heraus. Der Stadtrundgang führt vom Stadtzentrum mit Bürogebäuden zum Beispiel für die Sozialversicherungsanstalten von Jüngling und Hagmann und dem Stadthaus von Astrid Staufer und Thomas Hasler bis zum neuen Friedhof am äußersten Punkt der Stadt am Fuße des Fürstenwalds.

Und wieder zurück in der Stadt ist ein Besuch in der aparten Take-away-Bar Mühlbach an der Bahnhofstraße zu empfehlen. In eine enge Lücke zwischen den hohen Geschäftshäusern hat Architekt Conradin Clavuot einen schmalen, ungewöhnlich hohen Raum gesetzt, mit blauen Wänden wie von Yves Klein, Holzböden und Holztäfer aus Eiche und einem großen weißen runden Loch als Oberlicht in der Decke. Am Abend macht der Hausherr Roni Merz aus dem Take-away-Restaurant eine gediegene Bar.

(26) Bildungs-, Medizinisches und Dienstleistungs-Zentrum HW Areal D (Maurus Frei)

Schanfigg

Bauern, Kurgäste und ein Gesamtkunstwerk

Lüen–Pagig–St. Peter–Langwies–Arosa und Weisshorn

Das Schanfigg ist eines der stotzigsten Täler Graubündens. Es hat keine Talsohle. Zuhinterst wuchs aus einem einst nur zeitweise bewohnten Weiler der Kur- und Ferienort Arosa. Auch dank der Arosa-Bahn – einem Gesamtkunstwerk mit kleinen hölzernen Bahnhöfen, eleganter Linienführung in der Landschaft und einem großen Viadukt. Die Wanderung erkundet das Bauen der Bauern, der Eisenbahn und des Fremdenverkehrs.

Von Monika Suter und Peter Jann

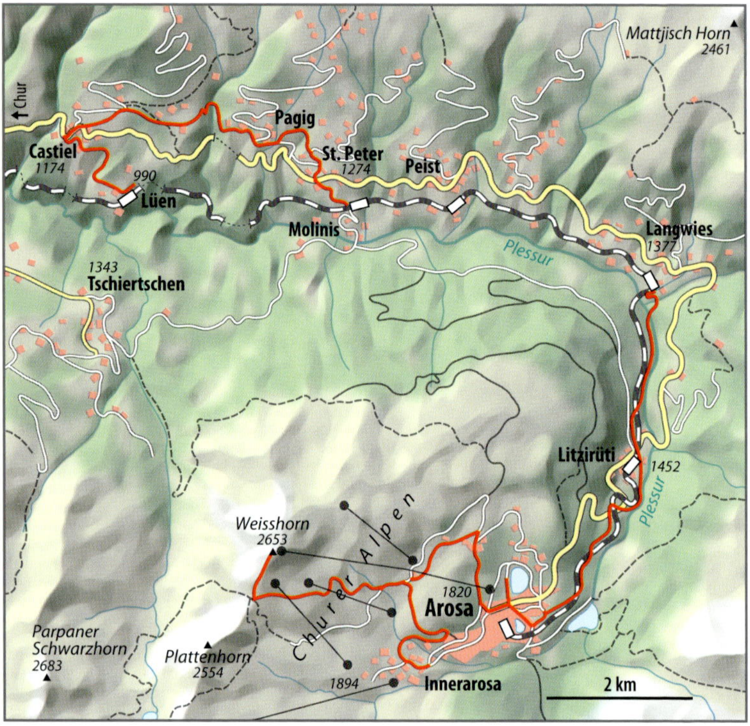

Lüen–Castiel–Parvig–Pagig–St. Peter–Bahnstation St. Peter-Molinis	3 h 30
↗ 480 m ↘ 260 m	
Bemerkung: Der Wegabschnitt Parvig (P. 1382)–Clasaurer Tobel–Pagig ist teilweise neu erstellt und markiert, zum Zeitpunkt des Redaktionsschlusses aber noch nicht im aktuellen Kartenmaterial aufgeführt.	
Langwies–Dürrboden–Litzirüti–Brünst–Ronggried–Arosa	2 h
↗ 478 m ↘ 60 m	
Bahnhof Arosa–Mittelstation LAW	1 h 30
Weisshorn–Carmennapass–Mittlere Hütte–Innerarosa	2 h 15
↗ 270 m ↘ 835 m	

Charakter

Die Wanderung verläuft auf unterschiedlichen Wegen, von Teerstraßen über schöne neue Fußwege bis zu steilen Bergwegen. Gutes Schuhwerk ist erforderlich.

Beste Jahreszeit

April bis November
Arosa–Weisshorn: Juni bis Oktober

Verkehrsmittel
Bahn: Chur–Arosa (Stundentakt)
Postauto: Chur–Castiel–St. Peter–Peist (5 Fahrten pro Tag)
Ortsbus: Innerarosa–Obersee–Untersee–Prätschli (Halbstundentakt, gratis mit Arosa-Card)
Luftseilbahn: Arosa Untersee–Mittelstation–Weisshorn (8 CHF)

Varianten
1. Etappe: Postauto ab Chur nach Castiel.
2. Etappe: Wer lieber auf- als absteigt, kann die Etappe auch auf umgekehrtem Weg begehen. Ortsbus bis Prätschli.

Übernachten und essen
Hotel Restaurant Pagiger Stübli, Pagig, 081 374 15 57, www.pagigerstuebli.ch. Von der Terrasse Blick auf den Neubau »Gartjn« und Offenverkauf von Glacé über die Gasse
Restaurant Rathaus, Hauptstraße 10, St. Peter, 081 374 11 44, So Ruhetag
Hotel und Gasthaus zum Bahnhof, Langwies, 081 374 17 77, www.gasthaus-langwies.ch (Achtung: nicht beim Bahnhof!), Juni–Okt. und Dez.–April: Di bis So geöffnet, ab Weihnachten 7 Tage geöffnet
Hotel Alte Post, Am Platz, Langwies, 081 356 58 00, altepost@arosa.com (günstige Zimmer, Küche steht zum Selbstkochen zur Verfügung), durchgehend offen
In Arosa stehen diverse Hotels und Restaurants in allen Preisklassen zur Auswahl.
Empfehlenswert: Hotel Hohenfels, Arosa (gegenüber der katholischen Kirche), 081 378 56 56, www.hohenfels.ch (erbaut 1896, erneuert 1931 mit typischen Elementen der Moderne), Dez.–April und Mitte Juni–Mitte Sept. geöffnet
Tschuggen Grand Hotel, Sonnenbergstraße, Arosa, 081 378 99 99, www.tschuggen.ch, ein Luxushotel mit direktem Zugang zur Bergoase, Mitte April–Ende Juni geschlossen
Backpackers Arosa, Arosa, 081 378 84 23, www.backpackers-arosa.ch, Dez.–April: geöffnet, Mitte Juni–Mitte Okt.: nur für Gruppen geöffnet

Einkaufen
Volg in St. Peter (Di- und Sa-nachmittag und über Mittag geschlossen)
Dorflädeli in Langwies (Di- und Sa-nachmittag und über Mittag geschlossen)
Diverse Einkaufsmöglichkeiten in Arosa

Museen, Besichtigungen
St. Peter: Besichtigung von Schule und Mehrzweckanlage. Mit einer Führung. 081 374 14 80 Kosten 80 CHF.
Arosa: Bergkirchli, Innerarosa, die beliebteste Hochzeitskirche weitherum.
Arosa: Heimatmuseum Schanfigg-Arosa, www.arosa-museum.ch; Öffnungszeiten: Mo-, Mi- und Fr-nachmittag während der Sommer- und Wintersaison

Information
Schanfigg: Schanfigg Tourismus, Tschiertschen, 081 373 10 10, www.schanfigg-tourismus.ch
Arosa: Arosa Tourismus, 081 378 70 20, www.arosa.ch

Karten
Landeskarte 1:25 000, Blatt 1196 (Arosa); 1:50 000, Blatt 248 (Prättigau);
Wanderkarte Kümmerly + Frey, 1:60 000, Blatt 13 (Davos-Arosa; Lenzerheide-Prättigau)

Obwohl bekannt durch die Tourismusdestination Arosa, ist das Schanfigg in weiten Teilen ein ursprüngliches Bergtal geblieben, geprägt durch steile Tobel, sanfte Wiesen und sonnengeschwärzte Bauerndörfer. Verbindendes Element ist die Chur–Arosa-Bahn, die sich wie im Eisenbahnmodell über kühne Brücken und durch unzählige Tunnels das Tal hinaufschlängelt.

Das Besondere am Schanfigg beginnt auf dem Bahnhofplatz in Chur. Dort steigt der Wanderer um von der Normalspur der SBB auf die Schmalspur der Rhätischen Bahn Richtung Arosa. Diese Bahn hält das Tal zusammen und verbindet seine Dörfer mit der Welt. Wie in einem Tram geht es zuerst mitten durch die Stadt Chur; kurz darauf werden die Häuserfassaden von den schroffen Felswänden aus Bündner Schiefer, dem grauen Wasser der Plessur und dunklen Fichtenwäldern abgelöst. Das nächste Zeichen menschlichen Schaffens ist ein schmucker Holzbau auf der linken Seite, der Bahnhof von Lüen-Castiel. Hier steigen wir aus und machen uns auf den Weg Richtung Lüen. Der Bahn und dem Erbauer des Bahnhofs werden wir uns in der zweiten Etappe zuwenden.

Bäuerlich geprägtes Tal

In Lüen angekommen, erkennen wir in den hölzernen Strickbauten unschwer die Vorbilder für die Bahnstation. Ihre sonnengeschwärzten Fassaden mit den bunten Läden und Sinnsprüchen sorgen zusammen mit den Ställen aus Rundhölzern, der Dorflinde und den Gemüsegärten für ein Dorfbild wie im Bilderbuch. Der Baustil deutet auf die Walserkultur dieser Gegend hin, gleichzeitig verweist die Anordnung als Haufendorf auf die romanische Besiedlung des Tals. Die Walser wanderten im 14. Jahrhundert von Davos her kommend ins Schanfigg ein und haben sich vor allem in den weidereichen Seitentälern Fondei, Sapün und Arasen niedergelassen, am liebsten in Streusiedlungen. Im vorderen Teil des Tals hielt sich die romanische Kultur mit den Haufendörfern länger.

Abgesehen von einigen weniger gelungenen Umnutzungen von Ställen ist Lüen ein baukulturelles Schmuckstück. Noch heute dominiert die über Jahrhunderte durch Anpassungen an das harsche Bergklima und die landwirtschaftliche Tätigkeit gewachsene Architektur. Wie in einem solchen Ortsbild zeitgenössisch gebaut werden kann, demonstriert das Atelier- und Wohnhaus Schenk. Um es zu sehen, wenden wir uns beim Dorfbrunnen nach links (Wegweiser Richtung EW Lüen, Praden), entdecken nach rund 50 Metern einen Stall und versteckt dahinter das kleine Gebäude. Anstelle des ehemaligen Pferdestalls schufen Jüngling und Hagmann ein Atelier und Wohnhaus, das ohne Sehnsucht nach der Vergangenheit auskommt und bescheiden, aber bestimmt ausdrückt: Hier steht gute Architektur.

Zurück beim Dorfplatz, steigen wir auf steilem Weg nach Castiel auf. Dazu gibt es zwei Varianten: Geübte Kartenleser biegen beim Dorfausgang links auf einen Feldweg und folgen diesem bis zur Überquerung des Schelmentobels.

Im Hofstattrecht, also in der Kubatur des alten Gebäudes, ist dieses Atelier für den Fotografen Schenk entstanden. Im Erdgeschoss der Arbeits-, im Obergeschoss der Wohnraum. Der Stall im Hintergrund ist nach Brauch und Sitte rundgetröhlt gestrickt; das neue Haus setzt sich mit einer Schalung aus Schwartenbrettern ab. Ohne Lärm, aber mit dem Bewusstsein, dass Holz vielfältig und nicht nur heimelig ist.

Atelier Schenk, Lüen, 1996
Bauherrschaft: Stephan Schenk und Madlaina Campell
Architektur: Jüngling und Hagmann, Chur

Nun geht es über die Wiese steil nach Nordwesten bis auf die Höhenlinie 1020, danach links, auf gleicher Höhe, bis zu den verstreuten Heuställen und, dem Hangrücken folgend, nordwärts nach Castiel. Diese Variante sollte allerdings nur gewählt werden, wenn die Wiesen gemäht sind. Außerhalb dieser Zeit und weniger anspruchsvoll, aber mühsam auf Asphalt, folgen wir der Verbindungsstraße von Lüen nach Castiel.

In Castiel fällt uns das Podestà-Haus oberhalb der Hauptstraße mit dem halbrunden Treppenturm auf, erbaut im Jahre 1619 vom Landamman Anton Schmidt. Es war während dieser Zeit das einzige Bürgerhaus im ansonsten ausschließlich landwirtschaftlich geprägten Schanfigg. Podestà-Häuser gibt es weitherum im Kanton. Sie waren oft der Sitz von Familien, deren Oberhäupter sich bis Ende des 18. Jahrhunderts als Vögte im Veltlin bereichern konnten und dies dann auch zur Schau stellten. Seither hat sich im Tal allerdings einiges geändert. Zuhinterst entstand Arosa als Wintersportort, und im vorderen Teil sind Dörfer wie Castiel Wohnorte

Die Leute von Castiel tagen und festen in einem lichtdurchfluteten Saal, der kühn über eine Hangkante kragt. Außergewöhnlich ist die Konstruktion des Hauses. Die Schanfigger sind zwar weltoffen, mögen aber den Beton nicht. Also haben die Architekten eine mehrteilige hölzerne Kiste in ein minimiertes Tragwerk gestellt.

Gemeindezentrum, Castiel, 2002
Bauherrschaft: Gemeinde Castiel
Architektur: Jüngling und Hagmann, Chur

für die Leute geworden, die auf dem Land leben und in Chur arbeiten. Die Gestaltung des Gemeindehauses, das zweite auffällige Gebäude unterhalb der Hauptstraße, zeigt diese Entwicklung. Im Gegensatz zum holzverkleideten Bau in Lüen wählten die Architekten Dieter Jüngling und Andreas Hagmann hier eine außergewöhnliche Kombination von Holz und Stahlbeton. Beton fällt auf und wird, wie in anderen Bergdörfern auch, nicht von allen geschätzt.

Verstreute Heuhütten, wie die Walser sie hier errichtet haben.

Beim Gemeindehaus zweigt der Wanderweg links Richtung Pagig ab. Auf einem kleinen Fußweg steigen wir den Hang hinauf und folgen einem Sträßchen. Der Ausblick öffnet sich und bietet nun mit den verstreut liegenden Heuhütten das typische Bild eines von Walsern besiedelten Bergtals. Die Überquerung des Clasaurer Tobels auf der neuen Hängebrücke aus Stahltrossen und Holzbrettern ist abenteuerlich.

Pagig hat mit Überalterung und Bevölkerungsrückgang zu kämpfen. Gleichzeitig ist es für interessierte Familien schwierig, im Dorf geeigneten Wohnraum zu finden. Ein altes Wohnhaus mit Stall im Gemeindebesitz war eine Möglichkeit, dagegen etwas zu tun. Den Auftrag für den Umbau erteilte die Gemeinde den beiden jungen Architekten Joos Gredig und Peter Walser, die familiäre Wurzeln im Dorf ha-

Versetzt gestapelt

Wohnhaus Gartjn, Pagig, 2008
Bauherrschaft: Gemeinde Pagig
Architektur: Joos Gredig, Peter Walser, Bad Ragaz
Direktauftrag

An zentraler Lage besaß die Gemeinde Pagig ein sanierungsbedürftiges Wohnhaus mit einem Stall. Das Haus prägt aufgrund seines Alters (17. Jahrhundert), der außergewöhnlichen Größe und der erhöhten Lage das Dorf. Die Gemeinde entschied sich für eine sanfte Renovation. Der Stall (1931) dagegen wich einem Neubau mit gleicher Kubatur. Im Ganzen entstanden fünf neue Wohnungen mitten im Dorf.
Wie in der ursprünglichen Anordnung stehen die beiden neuen Häuser eng beieinander. Dazwischen eingeschoben erschließt der offene, weiß und leicht wirkende Treppenturm die Wohnungen in den oberen Geschossen.
Bei der Sanierung des Altbaus haben die Architekten darauf geachtet, die fast 400-jährige Geschichte des Hauses wo immer möglich zu respektieren; so haben sie abgetretene Türschwellen nicht ersetzt und Schnitzereien im Holzgebälk nicht abgeschliffen. Die Schindelhaut hingegen ist neu.

Der Neubau ist ein traditioneller Strickbau. Von außen an der Fensteranordnung gut erkennbar ist das aus dem Strickbau aufgenommene Grundprinzip des »versetzten Stapelns«. Auch das Innere prägt die Konstruktion des Strickens.
Den Architekten gelingt es auf engstem Raum exemplarisch zu zeigen, dass »erhalten« und »gestalten« keine Gegensätze sind. Das Wechselspiel lässt den Blick immer wieder zwischen dem traditionellen und dem neuen Strickbau hin und her wandern. Alles gut und schön bis auf die Umgebungsgestaltung. Sie ist misslungen. Die komplette Bodenversiegelung erinnert an eine mittelländische Vorortsgemeinde und hat weder mit Sitten und Bräuchen vor Ort noch mit einer pfiffigen Neuerung etwas gemein.

ben und die im Rahmen ihres Studiums auch in ortsplanerischen Fragen mitgewirkt hatten. Ihr Strickhaus und der renovierte Wohnbau mit frischen Schindeln fallen dem Wanderer schon von Weitem auf.

Zum Resultat meint der ehemalige Gemeindepräsident: »Eine glatte Sache, ein mehrheitsfähiges Gebäude, weder abstrakt noch exklusiv, das auf gute Art und Weise alt und modern miteinander verbindet.« Tatsächlich ist es den beiden Architekten gelungen, den Geist eines 400 Jahre alten Wohnhauses zu erhalten und den Ansprüchen an das heutige Wohnen gerecht zu werden. Auch die anfänglich umstrittene Entscheidung zugunsten einer Holzschnitzel- statt der Ölheizung war klug und richtig.

Beim Brunnen biegen wir links ab und steigen hinauf zum Wegweiser St. Peter Postauto, dann rechts und über zum Teil unwegsames Gelände dem Hang entlang nach St. Peter. Vom Dorfrand aus werfen wir aus der Ferne einen ersten Blick auf die Schul- und Mehrzweckanlage von Conradin Clavuot. Wir steigen ins Dorf hinunter und wenden

Von unten monumental, von oben eingebettet: Die Schulanlage St. Peter.

uns auf der Hauptstraße nach rechts, um diese Architekturperle etwas genauer zu betrachten.

Aus der Nähe beeindruckt die Schul- und Mehrzweckanlage nicht nur durch ihre Zurückhaltung und die geschickte Einpassung ins Gelände, sondern auch durch ihre für einen Strickbau ungewöhnliche Größe, die großen Fenster und zahlreiche Details. Diese kommen allerdings erst richtig zur Geltung, wenn man sich in eine der als Bänke ausgestalteten Fensternischen setzt und eine kurze Beobachtungspause einlegt. Clavuot hat sich mit dem Ort, der Region, den Menschen und ihrer Lebensweise auseinandergesetzt, die traditionelle Bauweise aufgenommen und in den beiden Bauten spielerisch weiterentwickelt. Dies ist ihm so gut gelungen, dass inzwischen immer mehr Architekturtouristen vorbeikommen und die Abwartin zunehmend Führungen machen kann – gegen ein Entgelt von 80 Franken, das sie mit einem offiziellen Stempel quittiert.

Zum Abschluss der ersten Etappe führt uns die Straße hinunter zum Bahnhof St. Peter-Molinis. Wenn die Zeit

Mit vorgefertigten Elementen und vor Ort aufgebauten Holzteilen steht das Gemeindezentrum von Molinis auf einem Betonsockel: Vier Zimmer für die Schule, ein großer Gemeindesaal und die Abwartswohnung. Molinis verfügt wie viele Gemeinden über viel Wald. Also wird das Zentrum mit Holz beheizt.

Gemeindezentrum, Molinis, 1996
Bauherrschaft: Gemeinde Molinis
Architektur: Martin Heim, Chur

Ein Hauch Stadt im Dorf

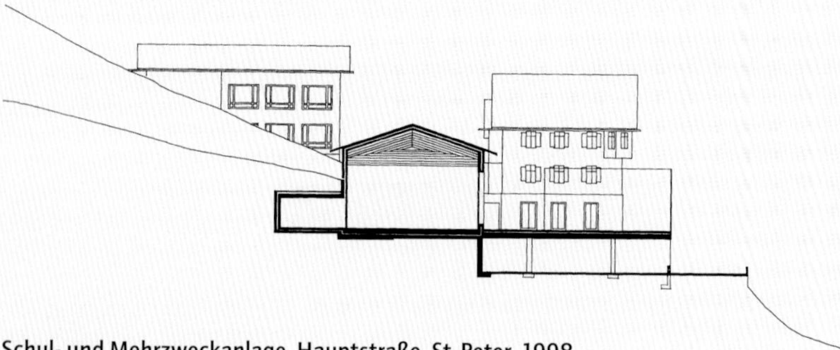

Schul- und Mehrzweckanlage, Hauptstraße, St. Peter, 1998

Bauherrschaft: Gemeinden St. Peter und Pagig

Architektur: Conradin Clavuot, Chur

Ingenieure: Conzett, Bronzini, Gartmann, Chur

Wettbewerb

Neben dem alten Post- und Gemeindehaus von St. Peter hat Conradin Clavuot das neue Schulhaus und die Mehrzweckhalle geschickt ins steile Gelände und die bestehende Siedlung eingepasst. Beide Gebäude sind teilweise in den Hang hinein versenkt. Der Architekt hat aus der Not eine Tugend gemacht und schwingt die betonierte Sockellinie elegant dem Hügelverlauf nach. Die Folge von verschiedenen Aufgängen und Plätzen zwischen alten und neuen Gebäuden verleiht dem Schulensemble einen dörflichen Charakter, kontrastiert vom städtischen Hauch zeitgenössischer Architektur.

Die beiden Neubauten nehmen die Strickbauweise auf und entwickeln sie weiter. Die Sport- und Mehrzweckhalle übertrifft mit 35 Metern Länge die üblichen Maße herkömmlicher Holzbauten bei Weitem. Die großen Fenster – im Erdgeschoss tief in die Fassade versetzt mit breiten Brüstungen, die gleichzeitig als Pausenbänke dienen – geben der alten Konstruktionsweise eine ungewohnte Leichtigkeit und Transparenz.

Ebenfalls ungewöhnlich ist die »umgekehrte« Anordnung der mit Lärchenbrettern verkleideten Wärmedämmung auf der Außenseite und die Blockwand auf der Innenseite. Die filigranen Eckverzahnungen der äußeren Verkleidung verleihen den Bauten eine besondere Leichtigkeit, die Holzverfärbungen schon einen Hauch Geschichte.

Mittlerweile ist die Anlage weit über das Schanfigg und die Schweiz hinaus bekannt und lockt viele Architekturtouristen an.

Langsam zerrieselt das Schanfigg.

reicht, lohnt es sich, nach den Bahngleisen noch 100 Meter weiter zur ersten Kurve zu marschieren. Von dort hat man einen guten Blick auf das Gemeindezentrum von Molinis, einen weiteren zeitgenössischen Bau im Tal.

Kühne Bahnbauten sorgen für den Aufschwung

Für die zweite Etappe steigen wir an der Station St.Peter-Molinis in die Eisenbahn und fahren nach Langwies. Der Bau der Chur–Arosa-Bahn zu Beginn des 20. Jahrhunderts markiert einen Wendepunkt in der Geschichte des Tals und den Beginn des Aufstiegs von Arosa vom Weiler zum Luftkur- und später Wintersportort. Dieser in den ersten Jahren des Jahrhunderts rasant zunehmende Fremdenverkehr im Alpenraum, die entsprechend gesteigerte Bautätigkeit und die damit verbundenen gesellschaftlichen Veränderungen waren die wichtigsten Gründe für die Schaffung des Schweizer Heimatschutzes. Seine Protagonisten – Lehrer, Pfarrer, Architekten – waren kritische Beobachter der neu entstehenden Bauwerke. Sie propagierten die Chur–Arosa-Bahn nach der Vollendung als gelungenes Beispiel, das die Gebirgslandschaft nicht nur schone, sondern deren Schönheit erst recht erschlossen habe, wie Benedikt Hartmann in seinem Artikel im Heft *Heimatschutz* vom Juni 1915 schreibt. Speziell hervorgehoben wurden die Stationsgebäude, die Alfons Rocco in Anlehnung an die Wohnbauten als »durch und durch sachliche Strickbauten« erstellt hat, die da »lauter predigen von der Schönheit der Bündner Holzhäuser, als alle Sommerfrischehäuser, die da und dort im sogenannten Chaletstil erstellt werden«.

Daneben lobte Pfarrer Hartmann aber auch die Ingenieurbauten für ihre technische und ästhetische Qualität, allen voran den Langwieser Viadukt. Auf diesen schauen wir nun mit der angemessenen Ehrfurcht vom Bahnhof aus. Wir können verstehen, dass Hartmann im gleichen Artikel schreibt, der Viadukt sei dazu angetan, »den Laien zum Umdenken seiner hergebrachten Schönheitsschemas in die modernen Baumittel zu zwingen«.

Für eine nähere Betrachtung folgen wir den Bahngeleisen entlang dem Wegweiser Richtung Litzirüti und stehen schon bald unterhalb des Viadukts. Bei seiner Eröffnung 1914 war er mit 100 Metern die weitestgespannte Eisenbahnbrücke der Welt aus Stahlbeton und eine Meisterleistung der Ingenieurskunst. Noch heute imposant und ästhetisch beeindruckend, ist er ein ingenieurtechnisches Baudenkmal und ein Symbol für den Fortschritt, den die Bahn Anfang des 20. Jahrhunderts ins abgelegene Bergtal gebracht hat.

Langwies mit dem Viadukt der Chur–Arosa-Bahn.

Um auf 25 Kilometern Distanz einen Höhenunterschied von 1150 Metern zu überwinden, waren für den Bau 41 Brücken und 19 Tunnels notwendig. Das wilde Tal mit seinem Untergrund aus lockerem Bündnerschiefer und mächtigen Moränen-Kiesablagerungen hat den verantwortlichen Ingenieuren wohl manche schlaflose Nacht

Die Weltpremiere

Langwieser Viadukt, Langwies, 1914
Bauherrschaft: Chur–Arosa-Bahn
Ingenieur: Hermann Schürch, Zürich

Obwohl für den Bau 41 Brücken notwendig waren, überquert die Bahn erst nach Langwies das erste und einzige Mal die Plessur. Der Langwieser Viadukt ist das bedeutendste und wohl bekannteste Bauwerk nicht nur auf der Bahnstrecke, sondern im gesamten Schanfigg. Es war bei seiner Eröffnung 1914 die weitestgespannte Eisenbahnbrücke der Welt aus Stahlbeton. Der Viadukt hat eine Bogenspannweite von 100 Metern, ist 287 Meter lang und 62 Meter hoch. Ingenieurtechnisch gesprochen besteht die Brücke aus einem eingespannten, in zwei Rippen aufgelösten Hauptbogen mit aufgeständerter Fahrbahn und zwei Anschlussbrücken. Für eine bessere Stabilisierung der Hauptöffnungen gegen Schwankungen sind die Bogenrippen in der Mitte seitlich über die Fahrbahn hochgezogen. Trotz des neuartigen Materials erinnert die Konstruktion mit dieser klaren Trennung von Bogen, Fahrbahn und Seitenöffnungen an das »klassische« Bild gemauerter Bogenbrücken aus dem 19. Jahrhundert.
Die Wahl der damals noch ungewohnten Stahlbetonkonstruktion hatte verschiedene Gründe. Einerseits fehlte in der Gegend von Langwies Bruchstein in der notwendigen Qualität, dagegen war erstklassiger Kies für den Stahlbetonbau vorhanden. Andererseits hatte die mit dem Bau betraute Firma Edouard

Züblin & Cie in Siebenbürgen (Rumänien) kurz zuvor schon Eisenbetonbrücken errichtet. Auf diese Erfahrungen konnte sie für den Bau des Langwieser Viadukts zurückgreifen.

verursacht und beschäftigt die Verantwortlichen bei der RhB noch heute.

So wird der Langwieser Viadukt seit 2003 saniert. Auf der gesamten Oberfläche wird als Schutz Spritzbeton aufgebracht. Noch ausstehend ist die Sanierung des Bogens, gut zu erkennen an den schwarzen Verfärbungen. Im Gegensatz zu dieser Sanierung werden andere Brücken – zum Beispiel diejenige über das Farbtobel bei Peist – vollständig neu erstellt. Anders als bei der Albulabahn mit ihren Bruchsteinbauwerken wurden auf der Arosalinie je nach Untergrund und Situation verschiedene Materialien (Beton, Bruchstein, Stahl) und Konstruktionen gewählt.

Wir folgen dem Weg hinunter ins Tobel, über den Sapüner Bach und die Plessur. Von beiden Brücken sehen wir die filigrane Konstruktion des Langwieser Viadukts in nochmals anderem Licht. Auf einem schmalen Fußweg steigen wir gemächlich Litzirüti entgegen, am Bahnhof vorbei und weiter Richtung Arosa, immer dem Wegweiser Richtung Arosa Untersee folgend. Rund einen halben Kilometer nach

Die hölzernen Stationsgebäude der Chur–Arosa-Bahn sind die architektonischen Schmuckstücke des Schanfiggs. Raffiniert verbanden die Bahnpioniere ihre hochmoderne Eisenbahnanlage mit einer populären Fantasie: dem reich verzierten und blumenbehängten Chalet als urwüchsigem Haus der Bergler.

Station Langwies, 1914
Bauherrschaft: Chur–Arosa-Bahn (heute RhB)
Architektur: Alfons Rocco, Arosa

Litzirüti erwartet die Freundin bahntechnischer Erfindungen eine kleine Überraschung. Um die rund 100 Höhenmeter der nächsten Steigung zu bezwingen, führen die Schienen nicht wie ursprünglich geplant durch einen Kehrtunnel, sondern über eine doppelte Kehrschleife.

Beim Aroser Untersee angelangt, begrüßen uns Hotels und Jumbochalets, wie sie in jedem beliebigen Tourismusort in den Alpen stehen. Bevor wir auf dem Weg zum Bahnhof in dieses bauliche Durcheinander eintauchen, gönnen wir uns noch eine Pause und besuchen die Badeanstalt am Untersee. Nicht um des Badens willen, dazu sind die Wassertemperaturen für Zauderer mit rund 16 Grad selbst im Juli zu tief, sondern um die schlichte, einfache Holzkonstruktion des schon erwähnten Bahnhofbauers Rocco zu betrachten.

Das Postgebäude von Arosa ist ein prächtiges Beispiel, wie Architekten die strengen Prinzipien der klassischen Moderne – scharfer Kubus, flaches Dach, Bandfenster, hohe Disziplin – volksverträglich gemacht haben. Sie nahmen Tuffstein, heiterten die Strenge mit Sgrafitto und unterschiedlichen Fenstern auf. Diesen Schwung trägt die Post bis ins 21. Jahrhundert.

Post, Bahnhofplatz, Arosa, 1948
Bauherrschaft:
Schweizerische Post-, Telephon- und Telegraphengesellschaft
Architektur:
Georg Brunold, Arosa

Der Weg zum Arosa-Untersee führt an wenig erfreulichen Bauten vorbei. Umso idyllischer wirkt diese Enklave.

Der mit dem Bau der Bahn 1914 begonnene touristische Aufschwung erreichte einen ersten Höhepunkt in den 1930er-Jahren. Als einer von mehreren einheimischen Architekten gestaltete der bautechnische Allrounder Alfons Rocco Arosa maßgeblich mit. Prägend für diese Zeit war das unbekümmerte Nebeneinander von traditioneller und moderner Architektur – teilweise von den gleichen Architekten errichtet. Während sich Wohnbauten noch länger an die bäuerlichen Strickbauten anlehnten, wählten die Baumeister für neuartige Aufgaben wie Sanatorien oder Badeanstalten einen von der Moderne beeinflussten Stil. Dessen Konstruktions- und Gestaltungsprinzipien passten besser zu den Forderungen nach Licht, Hygiene und Gesundheit, denen sich auch das Tourismusmarketing von damals verpflichtet fühlte.

So entstand in Arosa dank der relativ späten Boomphase eine einmalige Dichte an Bauten der Moderne; ein baukulturelles Erbe, dessen Potenzial Arosa aber nicht nutzt, wie wir in der nächsten Etappe sehen werden.

Perlen zwischen Pisten, Chalets und Wasserreservoirs

Nun werden wir auf einem Grat wandern, zwischen Kommerz, anspruchsvoller Architektur und Landschaftsschutz. Ausgangspunkt dazu ist Arosa. Vorweg dies: Fortschrittlich ist der Tourismusort nicht in der Baukultur, sondern im Umweltschutz. So hat die Gemeinde schon 1973 ein Nachtfahrverbot für den motorisierten Verkehr erlassen, und 2006 hat der wirblige Kurdirektor Hans-Kasper Schwarzenbach, der heute Davos vermarktet, das Angebot »klimaneutrales Pauschalarrangement« erfunden.

In seiner Baukultur aber hat es Arosa nicht verstanden, sich aus dem Mittelmaß alpintouristischen Einerleis hervorzuheben. Dies ist umso bedauerlicher, als mit den zahlreichen Bauten der Moderne aus den 1930er-Jahren ein für die Schweiz einmaliges Potenzial vorhanden wäre. Das Feingespür für die Bauzeugen aus dieser Zeit, die auf den ersten Blick eher unscheinbar und gewöhnlich wirken, fehlte und fehlt. Statt renoviert wird zerstört. Ein Beispiel für einen unsensiblen Umgang erblicken wir gleich zu Beginn der dritten Etappe beim Bahnhof, wo das Posthotel (Alfons Rocco, 1936) durch Umbauten und Fassadenbemalung seinen Charakter eingebüßt hat.

Wir wollen aber nicht jammern und den Unterlassungen nachtrauern, sondern unsere Aufmerksamkeit den Perlen der Gegenwart widmen, die da und dort zwischen sommerkahlen Pisten, Häusern im Zillertaler Jodelstil und Wasserreservoirs für Schneekanonen entstanden sind. Vom Bahnhof Arosa folgen wir der Hauptstraße etwa 500 Meter bis zur Busstation Casino, biegen dort rechts ab (Wegweiser katholische Kirche) und steigen steil zur Kirche hinauf. Ein Besuch lohnt sich, gehört diese doch zu den wegweisenden Bündner Kirchenbauten des 20. Jahrhunderts. Aus der Kirche tretend, wenden wir uns nach links und marschieren durch den Wald auf bequemem Weg zum Prätschli hinauf. Eine blaue Schraffur auf der Karte und Binsengewächse in der Wiese deuten 300 Meter weiter oben auf sumpfiges

Gelände hin. In unmittelbarer Nähe eines Flachmoors ist dort das Wellness-Resort Prätschli, ein Viersterne-Hotel mit 400 Betten, geplant. Die Umzonung begründet die Gemeinde mit der Hoffnung auf wirtschaftlichen Impuls. Der Bündner Heimatschutz kritisierte in einer Stellungnahme aber, dass die Gemeinde nur wirtschaftlichen Interessen folge und ohne Kenntnisse über Aussehen und Einbettung des geplanten Baus die Umzonung nicht machbar sei. Damit der Neubau anständig herauskomme, forderte er deshalb ein fachlich versiertes Begleitgremium. Der Bauherr hat das Anliegen aufgenommen, der Regierungsrat das Projekt bewilligt, und wir lernen daraus: Baukultur muss immer wieder erstritten werden, mit Einsprachen, Vorschlägen, Initiativen, öffentlichem Getöse. Und am Schluss kommt es ab und zu besser, als es geplant war.

Wir folgen nun oberhalb des Parkplatzes dem Weg in westliche Richtung (kein Wegweiser, nur eine Markierungsstange). Nach 500 Metern zweigt ein schmaler Pfad nach rechts ab und führt wild-romantisch zwischen Felsbrocken, Alpenrosen und Fichten hinauf zur Mittelstation der Weisshornbahn. Hier empfängt uns eine Szenerie mit Bauinstallationen, die ohne Schnee trostlos wirkt.

Deshalb kürzen wir ab und lassen uns von der Luftseilbahn bequem auf den Gipfel (2653 m) tragen. Konsequent nutzen wir auch für die letzten Meter die angebotene Rolltreppe, treten hinaus und sind überwältigt von der uns umgebenden Bergwelt.

Hier und jetzt ist genau der richtige Ort und Moment, um über die Frage nachzusinnen, ob großartige Architektur an jedem Ort richtig ist. Oder ob gelebte Baukultur auch dann entsteht, wenn auf Akzente bewusst verzichtet wird.

Die Arosa Bergbahnen planen, das seitlich an der Gipfelflanke gelegene Bergrestaurant durch einen Neubau zuoberst auf der Kuppe zu ersetzen. Ziel war ein prestigeträchtiges Werk, das »das Potenzial hat, sich im Marketing positiv auszuwirken« (Jurybericht). Den Wettbewerb gewann im Jahr 2006 Tilla Theus mit einem kristallinen sechseckigen Baukörper. Die Kritik am Vorhaben richtete sich dann auch nicht gegen den Bau an sich, sondern gegen die bauliche Vereinnahmung des Gipfels und die weitherum sichtbare Beeinträchtigung der umliegenden Bergwelt. Ob und wie das Projekt realisiert wird, ist noch offen und muss vom Bundesgericht geklärt werden.

Bevor wir uns an den Abstieg machen, erkennen wir auf der Südseite Richtung Innerarosa das Hauptziel der heutigen Wanderung: die Talstation der Carmennabahn. Sie erscheint oberhalb der ersten Häuser als Grashügel mit dunkler Öffnung und ist ein Bau der Arosa Bergbahnen – eine »Perle« in der Architektur des Fremdenverkehrs.

Das erste Wegstück hinunter zum Carmennapass ist mühsam, nicht nur für die Gelenke, sondern auch für das Gemüt; Skipisten im Sommer sind kein erfreulicher Anblick. Einzig die farbenfrohe Alpenflora am Pistenrand und der Blick auf die ungewöhnliche Bergstation der Carmennabahn entschädigen für diesen Wegteil.

Das Schanfigg ist protestantisch; der Fremdenverkehr brachte Lungenkranke aus aller Welt nach Arosa. Auch Katholiken. Für sie entstand eine der schönsten Kirchen des 20. Jahrhunderts in Graubünden: eine dreischiffige Anlage mit einer Sonntags- und einer Werkstagskirche. Der Innenraum ist betont rustikal hölzern und großartig beleuchtet. Die Kreuzigungsgruppe über dem Altar schuf Alfons Magg, der Tannenbaum ist vom Christkind.

Katholische Pfarrkirche Mariä Himmelfahrt, Hohe Promenade, Arosa, 1936
Bauherrschaft:
Katholische Kirchgemeinde Arosa
Architektur:
Gebrüder Sulser, Chur

Sportleuchtfeuer

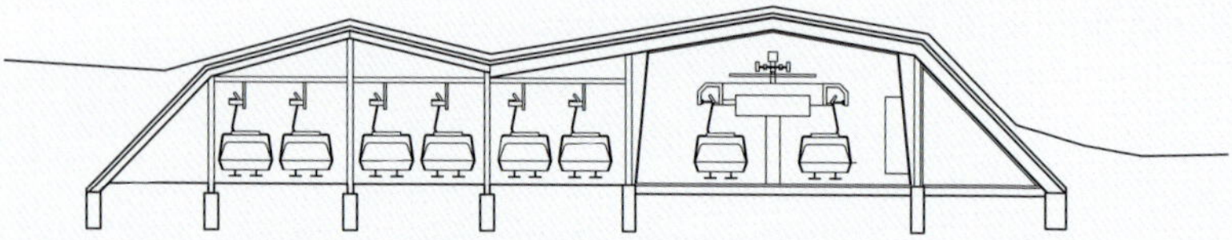

Sesselbahn Carmenna, Innerarosa, 2001
Bauherrschaft: Arosa Bergbahnen, Arosa
Architektur: Valentin Bearth, Andrea Deplazes, Daniel Ladner, Chur
Ingenieure: Ribi + Mazzetta, Arosa; Garaventa, Goldau; Fredy Unger, Chur
Direktauftrag

Trotz unterschiedlicher Ansprüche an Topografie und Lage bilden Tal-, Mittel- und Bergstation der Carmennabahn ein zusammenhängendes Ganzes. Nicht der Kabelstrang ist das eigentlich verbindende Element, sondern die Dominanz des Dachs und das auf die Schutzfunktion reduzierte architektonische Erscheinungsbild der Stationen.

Unauffällig ist die große Talstation in eine Mulde eingebettet. Das mehrfach geknickte Dach gleicht sich der sanften Hügelstruktur der nahen Umgebung an. Im Winter vom Schnee bedeckt, im Sommer mit Gras bewachsen, ist die Anlage mit der Natur eins geworden. Von oben ist die Talstation lediglich an der Ein- und Ausfahrt der Sessel zu erkennen. Auf der Vorderseite dominieren die gefalteten, leicht

durchschimmernden Wände aus Polycarbonat-Doppelstegplatten. Während des Sommers ist die Talstation die Sesselgarage. Exponierter und auffälliger funkelt die Bergstation auf einem Plateau unterhalb des Weisshorns. Schutz bietet hier ein dreieckiger Dachbau aus Aluminiumblech, ein Hochgebirgsbiwak. Inwendig sind die Stahlkonstruktionen der Berg- und der Talstation mit farbigen Holzbrettern verkleidet. Das Neonrot im Tal und das Neongrün auf dem Berg unterstreichen vor allem im Winter Leuchtmarkierungen gleich die Wucht der Anlage. Inzwischen hat sich allerdings gezeigt, dass die für einen technischen Betrieb ungewöhnliche Verwendung von Holz zu deutlich höheren Kosten für Brandschutzmaßnahmen führt.
Der Neubau der Carmennabahn demonstriert auf außergewöhnliche Weise, wie touristische Anforderungen mit den Ansprüchen des Landschaftsbildes spielerisch und zurückhaltend vereint werden können.

Diese leuchtet uns mit ihrem Aluminiumdach schon von Weitem entgegen. Die dreieckige Form fällt auf, ohne aufdringlich zu wirken. Solche technischen Installationen mit eigener ästhetischer Ausstrahlung, die in der Landschaft weder dominieren noch darin verschwinden, sind im Hochgebirge eine Seltenheit.

Kurz unterhalb des Carmennapasses biegen wir links ab Richtung LAW Mittelstation. Wir genießen den Weg abwärts durch die Alpweiden, beobachten die Murmeltiere und gehen bei der Mittleren Hütte nach rechts in Richtung Tschuggenhütte, um von dort nach links auf direktem Weg nach Arosa abzubiegen.

Bald gelangen wir zum Tschuggen Grand Hotel. Die Geschichte des Hotels steht stellvertretend für die touristische Entwicklung Arosas. Kurz nachdem der Kurverein 1884 gegründet worden war, entstand an dieser Stelle das erste Lungensanatorium. Es wurde 1930 im Stil der Moderne vollständig erneuert und zum Tschuggen Grand Hotel ausgebaut. Nach einem Großbrand wurde 1970 das neue Hotel

Wie Haifischflossen ragen und blinken Oblichter im Hinterhof des Tschuggen Grand Hotel aus der Erde. Die raffinierte Lichtführung der Wellness-Station in der Bergoase erinnert an die Zeiten, als Mario Botta einer der besten Architekten weitherum war; der Rest des Bades ist routiniert gemacht und trumpft mit kostbaren Details auf.

Bergoase, Tschuggen Grand Hotel, Arosa, 2005
Bauherrschaft: Karl-Heinz Kipp
Architektur: Mario Botta, Carlo Rampazzi, Fanzun Architekten

im typischen und heute wenig ansprechenden Stil jener Zeit gebaut – als großer Kasten, der weder mit der Tradition des Ortes noch den Sehnsüchten von Feriengästen etwas zu schaffen haben will. 2006 wurde der Klotz saniert und mit einer Bergoase ergänzt. Äußeres Erkennungsmerkmal der Anlage sind die großflächigen, segelartigen Oblichter aus Glas und Stahl, die hinter dem Hotel aus dem Berg emporragen. Mit dieser vom Tessiner Architekten Mario Botta geplanten und 35 Millionen Franken teuren Spa- und Wellnessanlage setzt das Hotel einen klingenden Architektennamen ein, um seiner kultivierten Gästeschar zu gefallen.

Wir verlassen das Palastgebiet und marschieren zur Carmennabahn. Sanft bettet sich die Talstation der Sesselbahn in das alpine Hügelgelände. Auffällig ist einzig die mit Neonorange markierte Ein- bzw. Ausfahrt für die Sessel und der vordere Abschluss aus transparentem Kunststoff. Die Aroser Bergbahnen haben mit dem Auftrag an die Architekten Valentin Bearth, Andrea Deplazes und Daniel Ladner für den außergewöhnlichen Sessellift Mut bewiesen. Ohne auf rustikale Bauformen oder übersteigerte Technik-Inszenierungen zurückzugreifen, erfüllt der Zweckbau einen hohen Gestaltungsanspruch. Obwohl heute die Betriebskosten höher ausfallen als für eine »Talstation ab Stange«, ist die Bauherrin zufrieden mit der damaligen Entscheidung, erfreut die Anlage doch nicht nur die Landschaftsschützer und die Architekten, sondern vor allem die Gäste. Abschließend geht es noch vorbei am Bergkirchlein hinunter nach Innerarosa und entweder zu Fuß oder mit dem Bus zurück zum Bahnhof.

Literatur

Schweizer Heimatschutz (Hrsg.), *Baukultur entdecken. Arosa*, Schweizer Heimatschutz, Zürich 2001 (gratis zu beziehen unter www.heimatschutz.ch).

Marcel Just, Christof Kübler, Matthias Noell, Renzo Semadeni, *Arosa. Die Moderne in den Bergen*, gta Verlag, Zürich 2007.

Benedikt Hartmann, »Chur–Arosa-Bahn«, in: *Heimatschutz*, 6/1915.

Prättigau

Im Holzbauland

Malans–Grüsch–Schiers–Jenaz–Küblis–Luzein–Serneus–Klosters

Knapp ein Drittel des Prättigaus ist Wald. Sägereien, Zimmereien und Schreinereien halten den Profit aus der regionalen Holzkette beieinander. Die Wanderung geht dem Holz nach. Sie beginnt in Malans, dem Dorf vor der Schlucht Klus, die das Prättigau vor der Welt schützt. Sie zieht über gut unterhaltene Geh- und Fußwege bis ins Bad Serneus, in den Schatten der Sunniberg-Brücke und nach Klosters.

Von Köbi Gantenbein

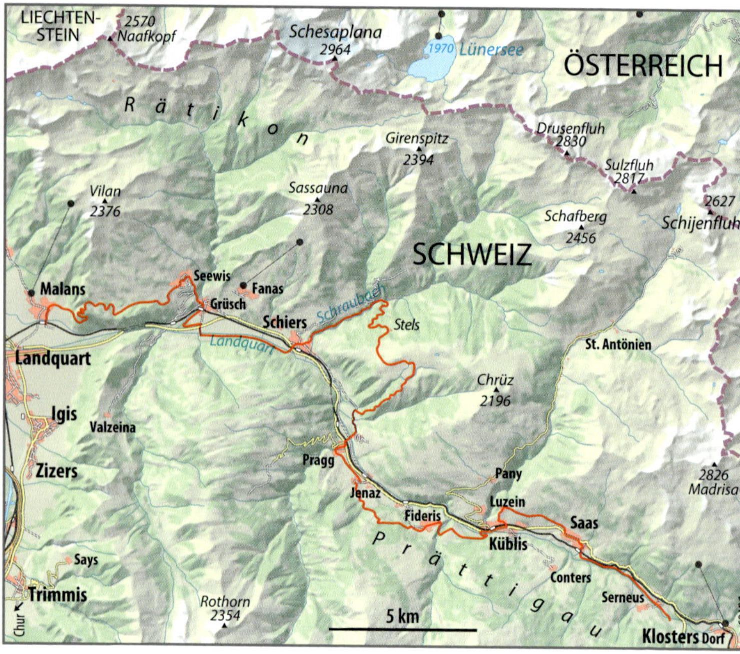

Malans–Fadära–Seewis–Solavers–Grüsch–Schiers ↗ 649 m ↘ 579 m	5 h 45
Schiers–Maria Montagna–Pusserein–Salginatobelbrücke–Schraubachtobel–Veltlinis–Nigglisch Wies–Stels Mottis ↗ 928 m	6 h 15
Stels Mottis–Crals–Pragg–Jenaz–Prafieb–Fideris–Strahlegg–Küblis ↗ 300 m ↘ 873 m	6 h 45
Küblis–Luzein ↗ 198 m ↘ 198 m	1 h 15
Küblis–Tälfsch–Saas–Serneus–Serneus Bad–Klosters ↗ 301 m ↘ 130 m	4 h 15

Charakter

Abwechslungsreiche Wanderung am Hang und im Talboden, durch Wiesen und Wälder. Wenig Hartbelag, gute Wege. Streng allein sind der Aufstieg vom Schraubachtobel nach Mottis und der Abstieg von Mottis nach Pragg. Abendspaziergang von Küblis nach Luzein.

Beste Jahreszeit
Die Wanderung kann außer dem Weg über Stels und von Jenaz über Prafieb nach Fideris das ganze Jahr gemacht werden. Die schönste Wanderzeit: Ende Oktober/Anfang November.

Verkehrsmittel
Rhätische Bahn. Klosters–Serneus Bad mit dem Postauto.

Übernachten und essen
Hotel Alpina, Schiers, 081 328 12 12, www.alpina-schiers.ch, durchgehend offen
Berggasthof Mottis, Stels, 081 328 13 19, www.mottis-stels.ch, Mitte Mai–Ende Okt. und 26. Dez.–Ostern geöffnet, Ruhetage: Mo, Di und So ab 18 Uhr
Hof de Planis, Stels, 081 328 11 49, www.hofdeplanis.ch, grundsätzlich ganzes Jahr offen, allerdings unregelmässige Öffnungszeiten, da Seminarhotel, deshalb telefonisch erkundigen
Landgasthof Sommerfeld, Furna Station, 081 332 13 12, www.sommerfeld.ch, Mitte Mai–Ende Sept. und Anfang Nov.–Mitte April geöffnet
Hotel Restaurant Posthorn, Küblis, 081 300 36 66, www.posthorn.ch, Mo und Di Ruhetag
Hotel Restaurant Chesa Barblan, Küblis, 081 332 12 08, www.chesa-barblan.ch, April und Nov. geschlossen
Hotel Bad Serneus, Serneus, 081 254 32 00, www.badserneus.ch, Ende April–Mitte Mai und Nov.–Mitte Dez. geschlossen

Ferien auf dem Bauernhof gibt es natürlich auch im Prättigau: Zu empfehlen ist der Hof Surri in Stels von Luzi Mathis, 081 328 16 54, im Sommer

Einkaufen
Läden in Malans, Seewis, Grüsch, Schiers, Jenaz, Fideris, Küblis, Saas und Serneus.
Die Route führt an etlichen Bio-Höfen mit Laden vorbei, die allerhand Köstlichkeiten verkaufen.

Museen, Besichtigungen
Alpmuseum Fasons, Seewis, Öffnungszeiten: Mitte Juni–Mitte Sept., je nach Witterung, So 10–16 Uhr, 081 325 16 29, www.seewis.ch
Haus Rosengarten, Grüsch, Öffnungszeiten: Mo, 13.15–15.45 Uhr, Do, 8.30–11.30 Uhr, 081 325 16 82, www.kulturhaus-rosengarten.ch. Der Künstler Peter Trachsel in Küblis ist der Gärtner für die Kunst im Prättigau. Mit seiner Institution »die Hasena« setzt er sich unermüdlich und fantasievoll für zeitgenössische Kunst im Tal ein. www.diehasena.ch
Im Kleintheater »Kulturschuppen« beim Bahnhof Klosters Platz gibts Theater, Jazz, Cabaret und Kino, 081 422 51 64, www.kulturschuppen.ch
Im Kleintheater Rosengarten in Grüsch gibt es regelmäßig Theater und Musik.
Programm: 081 325 35 92, www.kulturhaus-rosengarten.ch

Information
Prättigau Tourismus, Grüsch, 081 325 11 11, www.praettigau.info
Pro Prättigau: 081 332 44 44, www.propraettigau.ch

Karte
Prättigau Wanderkarte 1:50 000. Zu beziehen für CHF 19.80 auf www.propraettigau.ch oder telefonisch unter 081 332 44 44.

Blick beim Aufstieg auf den Fadärastein, auf Malans hinunter und hinaus über das Stadtland.

Zweimal tief durchschnaufen. Endlich, das Bänklein unmittelbar neben dem »Prättigaublick« hinter Seewis. Die dunkelrote Aluflasche aus dem Rucksack packen und den grauen Zapfen abschrauben: drei Schluck Hagebuttentee. Dann das Leibchen wechseln und den Faserpelz überziehen, getrocknete Zwetschgen kauen und die Augen langsam schweifen lassen von den Ausläufern des Rätikons, einem Zipfelchen des Schafbergs, über das Kreuz, hinunter ins Tal und wieder hinauf über den dunkelgrünen Landquartberg nach Danusa und in die Ferne zu den Ausläufern des Glattwangs: überall dieses Holz! Alle Formen der Geometrie: Punkt, Linie, Dreieck, Viereck und Noch-mehr-Eck; Flächen pfeifengrad, gewinkelt, gebogen, schief und gedreht; Quader, Kugeln, Kegel und Kegelstumpfe komponiert zu einer dramatischen Inszenierung. Trotz Rutschgebieten und Murgängen – überall diese Landschaft mit Bäumen. Ein Farbenfest. Es fehlt nicht das saftige Grüngraublau und nicht das zarte Blauweißrot. Ebenso wenig das Weißrotviolett und erst recht nicht das Tannenherbstdunkelgrün mit roten und gelben Sprengseln jetzt Anfang November. Glänzend, matt, pastell, gerieben, gemischt, gewaschen, fett und blass – alle Temperamente kommen zusammen zu einem Farbenkonzert, so anders als das zarte Waldlied der gelbroten Lärchen im Engadin.

Eine ewige Wahrheit – der erste Blick auf die Architektur ist der Blick von Weitem. Mit der Formen- und Farbenbrille auf der Nase. Auf die Landschaft, auf ihre geologischen, botanischen und sozialen Gegebenheiten. Die Wandererseligkeit lässt uns die Landschaft und die Architektur anders wahrnehmen, als wären wir zwischen zwei Geschäftsterminen mit dem Auto zum Bänkli beim »Prättigaublick« gebraust, statt von Malans her über Fadära hierher gestiegen. Oder wenn wir Bauern oder Förster wären, Immobilienhändler oder Architektinnen – mit Blick fürs gute Geschäft sähen wir die Landschaft als Gebrauchs- und Handelsgut, nicht als Genussmittel und Sportgerät. Zum Ausblick rauscht der Sound, der die Wanderer durch das Tal begleitet: ein Geräusch, das zum Brausen, zum Krach, zum Getöse wird und dann wieder abschwillt zum Geräusch. Das Auto regiert das Tal. Sein Klang hat die Musik über dem Prättigau fest im Griff.

Brauch, Sitte, Werkzeuge

Den Einstieg ins Holzbauland Prättigau beginnen wir in Malans, im Steinbauland. Vom Bahnhof gehts langsam über den Schuttkegel die Rüfigasse hinauf, stracks in der Falllinie und bald über dem Dorf in den Wald eingebogen. Weiter über einen stotzigen Weg in weitem Zickzack hinauf zur ersten und bald zur zweiten Aussicht: nach gut einer Stunde ein Vogelblick über den sorgsam gepflegten Dorfkern. Bedächtig wiegt Geschichte über dem Dorf, Architektur der Repräsentation der Salis und Planta von einst mit ihren Palästen und einem Schloss. Alles Stein. Oder hinter Verputz verstecktes Holz. Und ringsum in die Wiesen und Weinberge mäandrierend die Einfamilienhäuser der Lehrer, Prokuristinnen, Direktoren, Lokomotivführer und Architekten in den Neubauquartieren. Selten ist eines der neumodischen Holzfertighäuser zu sehen, kaum ein gestricktes Chalet. Selten eine Siedlung, dafür individuelle Hausträume, die allerdings in der Vogelschau eigenartig gleichförmig sind. Aus den alten Palästen wurden meist Geschosswohnungen.

Fadära – einst Walserhof, heute Gastwirtschaft mit gemütlicher Stube.

Merken wir uns das Bild: die geometrische Anordnung in großen Kreisen, die Materialisierung in Stein oder Stein vortäuschend mit Verputz, die gelassene Heiterkeit und die weite Landschaft. Es ist wie ein Blick in einen Park, keine Wildnis, viel zarte Farbe, alles kultiviert: schöner Wohnen. Wir steigen weiter hinauf auf den Fadärastein zum letzten und grandiosen Vogelblick übers ganze Rheintal, und dann über die Matten zum Weiler Fadära und hinaus durchs Islatal dem Pfad auf der rechten Hangseite entlang zum »Prättigaublick«.

Einzelhöfe in Holz. Einer um den andern. Das Prättigau war Walserland. Verstreut stand seine Wirtschaft auf drei bis vier Stufen. In der Ebene, auf einem ersten und allenfalls zweiten Maiensäß und auf der Alp. Viel extensiv genutzte Architektur. Doch keine Bauernfamilie zügelt heute mehr von einem Sitz zum andern dem Erntestand nach. Ein paar steinalte Großväter und Altledige besorgen noch das Ausfuttern. Was heißt: Die Rinder bleiben so lange auf dem Maiensäß, bis sie das Heu gefressen haben. Doch die Ausfütterer sind rar. Heutransporte, vorab mit Schlitten im Winter sind schon lange Sitte und Brauch und seit vierzig

Jahren führen der Aebi-, der Schilter- und der Rapidtransporter das Maiensäß- und Bergheu im Sommer in den zentralen Stall. Die alten Ställe sind aus Holz konstruiert. Alle in derselben Art gebaut: Stämme, nach Größe ausgewählt, aufeinandergeschichtet, liegen auf einem Fundament aus Bruchsteinen. An den Ecken sind sie rechtwinklig ineinandergefügt, indem jedem Stamm eine Delle für den nächsten eingeschnitten wurde. Verkleidet auf der Wetterseite mit Brettern, die braungrau, grausilbern schimmern. Diese Strickbauten sind ein Archetyp des industrialisierten Bauens: Das Maß des Baumes bestimmt alle Proportionen und Normen. Brauch und Sitte und die Werkzeuge legen die Serie fest. Die Tradition, vom Vater dem Sohn weitergegeben und geprüft im Arbeitsalltag, und die menschliche Körperkraft bestimmen die Montage. Der Reiz: Es sind seriell gedachte Unikate. Blechschilder mit der Aufschrift »Alfa Laval« zeigen, dass die Moderne einzog mit der Melkmaschine. So marschieren wir über die Wiesen zwischen Fadära und Seewis durch die Parade einer untergegangenen Kultur. Sie wird uns begleiten bis nach Klosters.

Unten zwei Abteile für Rinder und Kleinvieh, oben drauf, leicht vorkragend, der Heuboden und zuoberst das Dach, einst geschindelt mit Holz, heute gedeckt mit Blech. Die Balken werden aufeinandergeschichtet und über Eck in tiefen Kerben verschränkt – gestrickt.

Prättigauer Langstall, Seewis, o.J.
Bauherrschaft:
Anonymer Bauer
Architektur:
Zimmermann anonymus

Fabrik ist Fabrik, aber das Wohndorf ...

Wir verlassen den »Prättigaublick«. Am »Hochgerichtsstein« vor Seewis spaziert eine Truppe. Sie lernen wandern, die Patienten aus dem Rehabilitations-Zentrum für Herzinfarkte und dergleichen. Seewis ist nicht nur ein Kur-, sondern auch ein architektonisch außerordentlicher Ort. Sein Ortsbild ist ganz und gar fremd im Prättigau. Straßen entlang der Hangkante schneiden sich rechtwinklig mit kurzen Wegen im Hangfall. Wie La Chaux-de-Fonds oder New York hat Seewis einen Siedlungsgrill. Der Architekt war der Feuerpolizist. Er kam von der Regierung und bestimmte, wie es hier aussehen soll nach der Brandkatastrophe von 1863. Fertig lustig mit den hölzernen Häusern und Ställen, ineinandergeschachtelt in ewigem Weiterbauen. Nur massive Bauten, drei Geschosse, hart bedacht. Wer wie wir durch die malerischen Holzdörfer des Prättigaus wandert, muss wissen, dass heute keines mehr so, in der gemütlichen Verwinkelung und Schönheit, gebaut werden könnte. Abstand verlangen nicht nur Nachbarrechte und Ausnutzungsziffern, sondern auch der Feuerpolizist. Bis Ende des 20. Jahrhunderts war das Bauen mit Holz den Versicherungen nicht lieb. Die Materialforscher haben schließlich die Ideologen überzeugt, sodass Bauen in Holz auch über sechs Geschosse heute keinen Kummer mehr macht.

Strick: eine faustgroße Kerbe, die rund belassenen Balken über Eck ineinandergefügt und aufgeschichtet.

Doch schon liegt Seewis hinter uns. Hei, geht das unmittelbar neben der Kirche steil abwärts! Durch die Herbstfarben der Birn-, Ahorn- und Lindenbäume – oh, dieses Rotrostigbraungrün mit den grauen und schwarzen Flecken der Eichen und das satte Immergrün der Buchen. Nach dem Farbenbad sitzen wir mit schlotternden Knien auf einem Stein vor der Burgruine von Solavers. Der weite Blick wird jetzt näher. Vom »Prättigaublick« aus sahen wir den großen Prospekt mit den steilen Waldhängen und dem hohen Horizont, wie er die Köpfe der Prättigauerinnen und Prättigauer walkt und imprägniert. Hier, vom Sitzstein aus, wird der Blick auf Grüsch präzise: Die Prättigauer haben die Walserart in die Moderne übersetzt. Statt Einzelhof das alleinstehende Einfamilienhaus. Das Mehrfamilienhaus ist ein Minderheitenprogramm – wie für einen Walser ein kollektiver Stall undenkbar war, so siedelt sein Nachkomme in Streubauweise über Land. Pendelten ihre Vorfahren zwischen Tal, Maiensäß und Alp, so pendeln viele Väter heute täglich aus der Siedlung hinaus und am Abend zurück. Die schnurgerade und gut ausgebaute Nationalstraße und das sanft ausfransende Dorfbild sind das Abbild dieser Ökonomie. Und in der Luft also auch hier, am Rand der ruinierten Burg der Grafen von Toggenburg, der Prättigauer Sound aus den Subarus, Fiats und Skodas. Weit gefehlt, den Autolärm den Engadinern und Touristen auf Durchreise zum Vereinatunnel und nach Davos allein in die Schuhe zu schieben – der Prättigauer ist ein Pendler als Angestellter in Chur und Konsumentin – nicht mit der gut ausgebauten RhB reist er, sondern mit dem Auto, für das er unter oder neben dem heimeligen Holzhaus eine Garage zu betonieren pflegt.

Doch was ist das! Fast beim Fluss Landquart, wo das Tal in einen steilen Gegenhang aufsteigt, stehen die massiven Volumen der Firma Trumpf und befestigen mit weinroten Blechkleidern das Dorf von unten her. Weshalb macht der Volksgeschmack keinen Spektakel gegen dieses fremde Bild? Weshalb rumort er, wenn ein kühner Bauherr und ein listiger Architekt ein zeitgenössisches Wohnhaus aufstellen? Wenn aber ein so großes Ensemble entsteht, warum stört dieses ganz und gar Fremde nicht? Das hat natürlich mit zwei Gewohnheiten zu tun, die in eine zusammenlaufen. Überall und also auch im Prättigau: Wir haben uns daran gewöhnt, dass wir in der Welt der Arbeit nicht viel zu sagen haben. Auch nicht dazu, wie die Häuser aussehen, in denen wir arbeiten. Wir sind froh, wenn ein Fabrikant sich ansiedelt, und rücken ihm bei Bedarf die Zonenordnung zurecht. Fabrik ist Fabrik, Bürohaus ist Bürohaus. Das Wohndorf aber und auch die Wohnung betrachten wir als Raum, dessen Form wir mitbestimmen können. Und erfinden seitenweise Vorschriften. Und wer nicht gestaltet, wie es Sitte und Brauch ist, der muss damit rechnen, dass seine näheren und ferneren Nachbarn die Nase rümpfen.

Am Rand der landläufig hingestellten Gebäude sehen wir einen Gesinnungswandel: Das Innovations- und Gründerzentrum derselben Firma Trumpf zeigt, wie eine Fabrik architektonischen Anspruch einlösen kann. Auf einem mächtigen Sockel aus Beton steht um neunzig Grad abgekehrt ein Kubus aus rot schimmerndem Holz. Und in wohlbemessenem Abstand daneben ein ebenso leuchtender Nachbar. Ein Haus, das auf grundlegende Mittel der Architektur setzt, auf Terrain, Form und Farbe, auf Sockel und Geschoss. Auf Raum und Zwischenraum. Und wer von der Ruine Solavers aus das Trumpf'sche Anwesen mit Grüsch vergleicht, sieht im Dorf die alten Bauernhäuser: steinerner Sockel und darauf ein hölzernes Oberhaus.

Holz gegen das Wildwasser

Wir haben einen harten Hintern vom Sitzen und Sinnieren auf dem Ruinenstein, stechen steil hinunter nach Grüsch, spazieren durch den Dorfkern und nehmen ein Auge voll, wie großartig die Aristokraten und Söldnerführer im späten Barock mit Architektur angegeben und einander übertrumpft haben. Dann geht's weiter zum Bahnhof und rechts bei der brach liegenden Mühle auf dem Damm des Taschinasbaches hinunter aufs Fabrikgelände von Trumpf, wo man sich, anders als bei solchen Anlagen üblich, umsehen kann. Von der Fabrikrast ist es ein Katzensprung über die Autostraße zur Brücke nach dem Weiler Überlandquart. Gleich nach Brücke und Eishalle marschieren wir dem linken Ufer der Landquart entlang in den Abend nach Schiers. Auf einfachem Weg gradaus, entlang einer bemerkenswerten Geschichte des Holzbaus. Denn diese Flusslandschaft wird nun zum zweiten Mal mit großem Aufwand an Holz umgebaut. Bis 1900 mäanderte der Bach über die Ebene, eine Auen-, Geröll- und Sandlandschaft, »Uf m Sand« heißt ein Flurname und »Schwellana« heißen die Felder zwischen Grüsch und

Schiers, seit der Fluss mit einem Pharao-Vorhaben in sein Bett gezwängt und 200 Hektaren Wiesen gegründet worden sind. Material für den Tiefbau waren Steine und Holz, in Stämmen und gezimmert zu Kästen. Das Wasserbauvorhaben dauerte über 100 Jahre. Seine tragische Figur heißt Luzius Pol (1754–1828), Pfarrer, Arzt, Insektenforscher, Förster, Ingenieur und Unternehmer. Er ließ schon um 1803 Stämme in den Hang rammen und ein Wuhr bauen. »Fruchtbares Brättigäu! Um wie vieles werther, gerühmter, beliebter, angenehmer, reicher wärest du, wenn eine Wagenstraße deinen Handel mit den Auswärtigen erleichterte und beförderte! Aber die Landquart, die Landquart!« Stand die Verbauung halbwegs, riss das Unwetter alles mit. 25 Jahre lang kämpfte Pol gegen den Fluss. Erst siebzig Jahre nach seinem Tod hielten die Dämme, und seit 1918 fließt der Bach in einem Kanal pfeifengrad über die Ebene. Die Natur- und Landschaftsbilder des späten 20. Jahrhunderts verlangten eine neue Form.

Grüsch war Residenzort von Adelsfamilien und Kriegsherren. Die Herrenkonkurrenz führte zu einem Architekturpark großer Gesten mit der »Krone« oder dem »Großhaus«; mit doppelläufigen Freitreppen und schmiedeisernen Geländern. Und die Erben haben eine Riesenaufgabe: Denkmal sanieren. Im »Rosengarten«, dem Palast der Familie Salis-von Ott, ist seit gut zwanzig Jahren ein Talmuseum mit Kellertheater eingerichtet.

Rosengarten, Grüsch, 1985 (Umbau)
Bauherrschaft: Stiftung Rosengarten
Architektur: Walter Bieler, Bonaduz Georg Jenny, St.Antönien

Weltluft am Dorfrand

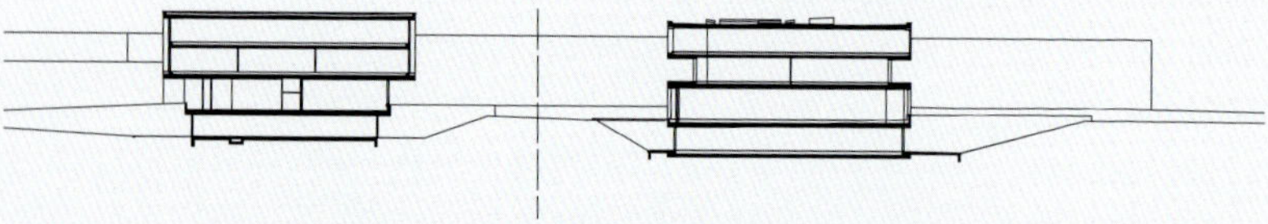

Werk-, Labor- und Bürogebäude Trumpf, Außerfeld, Grüsch, 2001/2004

Bauherrschaft: Trumpf Maschinenfabrik International, Dietzingen
Architektur: Barkow Leibinger, Berlin
Ingenieure: Conzett, Bronzini, Gartmann, Chur
Direktauftrag

Am Rand von Grüsch steht eine Containersammlung. Aha, es gibt auch Industrie im Prättigau! Und mitten drin hat es zwei Fremdlinge. Der eine ist ein Büro-, der andere ein Laborhaus der Firma Trumpf, in der High-Tech-Maschinen für die Blechverarbeitung entwickelt und gebaut werden. Auf einem mächtigen Sockel aus Beton steht um neunzig Grad abgekehrt ein Kubus aus rot schimmerndem Holz mit großen Fenstern – es sind die größten des Prättigaus. Das Holz kommt allerdings aus Sibirien und nicht aus dem Holzbauland Prättigau. Terrain, Sockel und Geschoss; Körper, Vorsprung und Platz – hier wird an Grüschs Rand Architektur aufgeführt. Stein und Holz sind die Materialien der Häuser des Tals. Auf steinernen Sockeln stehen mit Holz verkleidete Oberhäuser aus Beton. Konstruiert sind die zwei Fabrikhäuser wie Kartenhäuser. Stützen und Unterzüge gibts keine, nur Wandplatten und monolithisch mit ihnen verbundene Scheiben. Wie aber kommen Architekten aus Berlin zu einem bemerkenswerten Auftritt im Prättigau? Ach ja – dem Vater gehört die Fabrik und der Tochter das Architekturbüro. Und die Tochter Regine hat den Vater Berthold Leibinger gegen Ende von dessen erfolgreicher Fabrikantenkarriere dafür begeistern können, dass eine Fabrik ein Gesicht braucht – Grüsch ist nur ein Stück der bemerkenswerten Häuser der Firma Trumpf. Andere stehen in Baar, weitere in Deutschland und in den USA.

Noch im 19. Jahrhundert floss die Landquart kreuz und quer über die Ebene zwischen Grüsch und Schiers. Dann kam der Bach in den Kanal, und viel Land wurde gewonnen.

Mit einer »Revitalisierung« machen die Ingenieure des kantonalen Tiefbauamtes aus dem Pionierprojekt von Luzius Pol ein »Pionierprojekt der Pflege von Landschaft mit Fluss«, das ästhetischen Maximen kontrollierter Wildnis, wasserbaulicher Sicherheit und günstigem Pflegeaufwand genügen will. Die Landquart wird am Schluss des zehnjährigen Vorhabens von Klosters bis zur Rheinmündung in einem großen Gerinne mit Kies- und Sandbänken fließen, und die Fische werden nach 100 Jahren wieder vom Bodensee ins Prättigau wandern können. Und wandernd sehen wir, wie der Tiefbau mit Felsmocken, mit Holz und mit in den Hang gestemmten Stämmen dem Bach das neue Bett rüstet.

Zwischen dem Tiefbaustudium ein Blick über die »Schwellenen«. Kurz vor Schiers stehen bei der Landstraße die Schreinerei und der Möbelladen von Barbara und Otto Wieland. Sie war einst eine Lastwagengarage, trägt nun ein Holzkleid mit Balkon. Ein pfiffiges Stück Baukultur und ein gebautes Firmenschild an der viel befahrenen Straße zwischen Grüsch und Schiers. Tüchtig lässt die Geschäftsfrau Fahnen am Haus wehen und hat für die Autofahrer große Buchstaben auf die fein gegliederte Fassade geschrieben, und in Reih und Glied stehen Möbel auf dem Platz vor dem

Haus für sie Parade. Wir aber sind schon beim Sagastäg und bald darauf im Dorf.

Salginatobelbrücke und Stels

Zur Brücke über das Salginatobel gibt es zwei Wege. Der eine beginnt beim Dorfschulhaus und führt durch das Tobel des Schraubachs, ein Spaziergang auf einer Fahrstraße; je nach Wetter wird er aber zum Abenteuer, weil der Bach tobsüchtig werden kann. So vor sich hin spazierend kann man sich ausmalen, wie hier auf dem Bach die Flösser krampften, die noch bis ins 20. Jahrhundert das Holz via Wildwasser aus den Schlägen talauswärts transportierten. Wir trotten bis zur Chalchofen-Hütte, einem Rast- und Festplatz, für den die Volksseele die Architektin war: Rundholz im Blockbau gestrickt erfreut das Herz! Neben der Hütte zweigt ein Pfad ab, steil hinauf zur Salginatobel-

Die 37,5 Meter weit gespannte Holzbrücke wirkt feingliedrig dank zweier konstruktiver Eigenarten: 1. Die Fahrbahn besteht aus einer nur 75 Millimeter dicken, furnierten Schichtholzplatte. 2. Das Sprengwerk ist aufgefächert; 24 dünne Streben leiten die Lasten von den Hauptträgern in die Betonwiderlager. Die Verschalungen der Seitenflächen müssen nichts tragen; sie sind Witterungsschutz und Brückengeländer.

Sagastägbrücke, Schiers, 1992
Bauherrschaft: Gemeinde Schiers
Ingenieur: Walter Bieler, Bonaduz

Holz anders

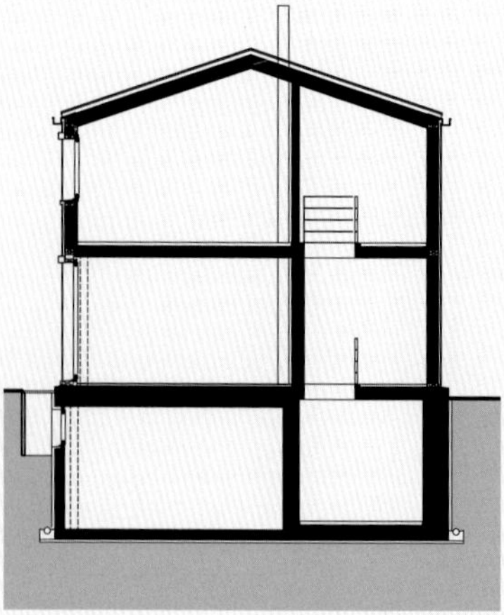

Wohnhaus Tettamanti, Montagna, Schiers, 2004

Bauherrschaft: Sandra und Riccardo Tettamanti-Colombo

Architektur: Riccardo Tettamanti, Schiers

Holzbau: Hanspeter Tscharner, Schiers

Direktauftrag

Der Architekt Riccardo Tettamanti hat sein eigenes Wohnhaus als Holzhaus geplant und gebaut. Er hat umgesetzt, was er an der Hochschule für Architektur in Chur gelernt hat: Holz ist nicht heimelig, sondern ein Baustoff. Er wählte als Träger der Fassade ein Holzskelett, stellte es auf einen Betonsockel und ließ vom Zimmermann große und zwei Finger dicke Sperrholzplatten, wie sie für Lastwagenbrücken gebraucht werden, darauf schrauben. Die Platten ertragen Wind und Wetter gut; eine dunkle Patina wird sie mit der Zeit überziehen. Wie das Kupferdach – es schimmert nach ein paar Jahren schon verwunschen. Tettamanti lernte am Technikum auch, dass der zeitgemäße Grundriss ein Spaziergang ist. Offen führen die Räume durchs Haus – die untere Etage zum Wohnen mit weiten Außenräumen, die obere zum Schlafen – und nicht zu knapp bemessen – zum Baden. Der Blick nach außen muss gerahmt werden – also hat der Architekt die Fenster wie Bilder ins Haus gesetzt, sodass die umliegenden Panoramen in Pracht und präzisem Ausschnitt strahlen. Und schließlich lernen Architekten auch, dass Energie ein kostbares Gut ist. Tettamantis wärmen ihr Haus mit der Abluft aus Küche und Nasszellen; genügt das nicht, schaltet der Stubenofen ein. Sonnenkollektoren sorgen für das warme Wasser, und dicke Betondecken tragen nicht nur das gut isolierte Haus, sondern speichern auch Wärme von innen und außen. Heizöl braucht es keines, Strom für Wärmepumpen und Löcher für Erdsonden auch nicht.

brücke. Und etwas weiter hinten im Tal führt ein anderer von der Brücke zurück.

Der zweite Weg führt durchs Dorf bergan nach Montagna, dann neben dem Fahrsträßchen nach Unter-Pusserein weiter zur weltberühmten Brücke. Diesen Pfad soll nehmen, wer Walsergeschichte treiben will und also sehen, wie die Streuhöfe die Landschaft nachhaltig eingerichtet haben. Und ihn soll nehmen, wer das Holzhaus sehen will, das der Schierser Architekt Riccardo Tettamanti für seine Familie in Montagna gebaut hat. Der Weg geht bedächtig bergan bis zur Salginatobelbrücke, und weiter nach Schuders.

Im Grund genommen aber ist die Betonbrücke eine aus Holz. Damit die Arbeiter den Zement nach den Plänen von Robert Maillart (1872–1940) gießen konnten, musste zuerst der Zimmermann Richard Coray ein Lehrgerüst konstruieren, ein filigranes Zusammensetzspiel aus Holzbalken, vom einen Hang zum andern hoch über der Schlucht. Wir biegen gleich nach der Brücke über das Weglein ab, das als Aufstieg nutzt, wer vom Tobel her zum Denkmal kommt. Unterwegs gibt es noch eine Plattform zum weiteren Bewundern des Monuments, dann gehts gäch hinunter zum Schraubach.

Ein paar Dutzend Meter, dann ist ein stärkender Schluck fällig und etwas Speise, auch müssen die Schuhe neu geschnürt werden, denn nun folgt der Zickzack-Waldlauf im Hang zwischen 30 und 45 Grad. Man muss etwas aufpassen, damit man auf der rechten Seite des Wegs unmittelbar nach dem Brücklein über den Schraubach den Einstieg findet. Eingefädelt geht es nun tüchtig, aber immer im Schatten des Waldes bergwärts, drei Stunden lang. Eine sinnliche Reise durch einen Nasswald mit Moosteppich, dann von den Erlen zu den Buchen und Ulmen, selbst ein paar Eichen haben sich an den Hang verloren, und da und dort steht eine Eibe. Schlehdorn gibts und Vogelbeeren. Schließlich kommen wir in die trockenen Gefilde mit Rot- und Weißtannen, Föhren und Lärchen. Je höher wir steigen, umso trockener und umso pilziger. Der Pfad ist ein Steinpilzpfad.

Veltlinis heißt die Etappe nach dem Steilgang, nun folgt ein Zaubergang durch einen Mischwald hinauf auf

Nigglisch Wies, wo Bergahorne und Arven wachsen. Der beste Weg führt frei über die große Alpwiese zum Tannenwäldchen hoch am Horizont, man mag sich aufwärts steigend immer wieder umdrehen, stolz über den eigenen Krampf, und plötzlich leuchtet silbern die Salginatobelbrücke aus der Talseite gegenüber. Über der Kuppe kommt bald das Gasthaus Mottis, wir legen den Rucksack nieder und bestellen ein Bier.

Das Weltmonument: Die Salginatobelbrücke, 1930 nach den Plänen von Robert Maillart über die Schlucht geschlagen.

Stels ist der Balkon des Prättigaus: Man begreift hier die Form des Tals. Im Rücken stehen die mächtigen Wände des Rätikons. Von der Schesaplana über die Drusen-, die Sulz-, die Schijenfluh und den Schollberg gehts wie am Schnürchen der Grenze zwischen der Schweiz und Österreich entlang. Talauswärts sieht man am unteren Blickrand die Klus, die Schlucht, die das Prättigau von der Welt abtrennt, und im Hintergrund die Berge des St. Galler- und des Glarnerlandes. Und taleinwärts schließlich steht im Mittelgrund die sanfte Matte von Klosters, auslaufend in die Dreitausender der Silvrettagruppe. Auch sieht man von Stels aus, wie das Tal geteilt ist in die Sonnen- und die Schattenseite. Und es ist in

Doppelstrick mit Aussicht

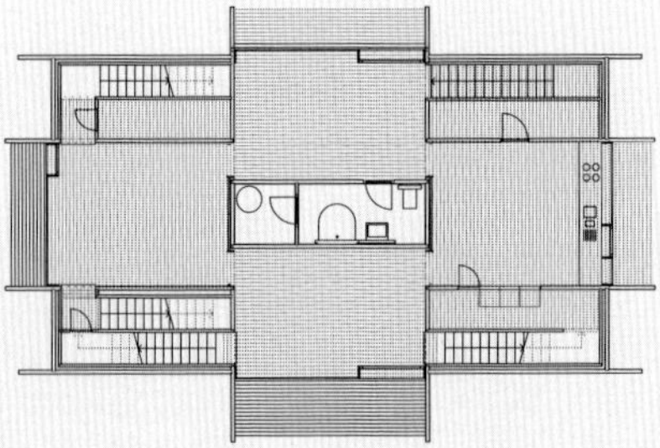

Wohnhaus Luzi, Hasentrog, Jenaz, 2002

Bauherrschaft: Liliane und Valentin Luzi, Jenaz

Architektur: Peter Zumthor, Haldenstein

Zimmermann: Hanspeter Tscharner, Schiers

Direktauftrag

Gewiss, je nach dem, von woher man auf dieses Haus schaut, wirkt es gar groß für das kleine Dorf. Immerhin – in Jenaz »am Platz« steht ein altes, ebenso großes Holzhaus, und es gibt gar ein »Schlössli«. Und das neue Haus hat zwei Wohnungen. Fremd scheint noch sein helles Holz in dunkler Nachbarschaft. Vertraut wirkt aber, wie der Architekt Peter Zumthor die Konstruktion vorführt: Die weit über die Fassade hinausreichenden Stöße der handbreiten Balken zeigen, wie der Zimmermann sie aufeinandergesetzt hat. Und innen gibt es ein Raum- und Lichtwunder. Über das dreigeschossige Holzgebirge breitet ein luftiges Dach aus Dreischichtplatten seine Flügel aus. Es scheint als flöge der Holzkasten unter ihm demnächst ab. Der aber liegt gut verankert auf einem 16 x 9 Meter großen Betonsockel, in dem viel Abstellraum, eine Holzheizung und ein Naturkeller untergebracht sind. Fünf rechteckige Kammern teilen den Grundriss ein. In ihrer Mitte steht ein betonierter Turm mit Badezimmern und WCs. Die Holzblöcke, mit den massiven Balkendecken und den Außenwänden verbunden, sorgen dafür, dass das Haus gut und sicher aufrecht steht. Aus statischen Gründen ist wegen der feinen Balken nicht nur eine Wand nötig, sondern es braucht zwei parallel. In ihren Zwischenräumen gibts dafür Platz für Kästen, Spensen, Kinderverstecke, die Bibliothek und ein Büro. Ein alter Brauch sind kurze Spannweiten. Sie erlauben einfache Balkenlagen für Decken und Böden. Und das wiederum legt den Grund für das Hauslabyrinth, denn es gibt hier kein zentrales Treppenhaus, an dem die Zimmer angeordnet wären, sondern zu jedem führt eine eigene einläufige Treppe vom großen, offenen Wohn- und Essgeschoss aus.

der Tat ungerecht: Die Dörfer auf den Sonnenterrassen werden von der Sonne gebraten und geröstet, die im Tal und auf der Schattenseite haben von November bis März viel Kälte.

Weiterwandern heißt entweder aufs Kreuz, den Berg mit dem prächtigsten Prättigaublick, oder über Crals durch das Buchner Tobel steil hinunter nach Pragg. Dort über den Bach zum Bahnhof und am besten in den Landgasthof Sommerfeld. Das Prättigau ist mit guten Speiselokalen nicht gesegnet. Das Sommerfeld belegt das Gegenteil.

Kunst auf dem Feld bei Jenaz: Bretterzaun mit Drahtsicherung.

Vom Bahnhof Pragg aus führt der Weg hinauf in den Dorfkern und über die Kuhgasse der Geländeschulter entlang nach Jenaz. Eine zweigeteilte Siedlung. In der dank der Melioration gewonnenen Ebene – auch hier gibt es »Ds Sand« – siedelt entlang der alten Landstraße das gewerbliche Jenaz. Auf dem Schuttkegel darüber sitzt das alte Dorf – es ist das schönste des Prättigaus. Eine Sehschule des Holzbaus und der traditionellen Dorfanlage. Ich empfehle zwei Ansichten. Für die eine steigen wir über die Brücke beim Bahnhof Jenaz über die Landquart hinauf in die Rüti. Für die andere sitzen wir auf die Kirchenmauer. Und den dritten Blickwinkel sehen wir weiter des Wegs. Wir steigen dazu durchs steile Dorf hinauf zum mächtigen Holzhaus am Platz, weiter auf die Hochegg und zweigen

Traditionsreich schon über drei Geschosse mit Holz – das Platzhaus von Jenaz.

in der Eisaruod nach links auf einen Alp- und Fahrweg ab, dem wir nun folgen bis hinauf in das Maiensäß Prafieb.

Wie klug und angenehm zu laufen, die Bauern ihre Wege angelegt haben! Am Waldrand über Prafieb steht ein Holzzaun. Da ist etwas Konzentration nötig, damit die im Gestrüpp verwachsene Abzweigung nach Fideris nicht verloren geht. Richtig läuft, wer nach einem dem Waldrand entlang führenden Pfad bald zu einem Maiensäß kommt, das in aller Pracht zeigt, was mit den Brachen der Walser Wirtschaft passiert: englischer Rasen, Cheminéegrill in Waschbeton, Holzbrunnen mit Blumen gefüllt, Duschanlage, Autoparkplatz, Fähnchen und Flaggenmast, Leuchten entlang dem Weg zur Haustür, Möbelgarnitur aus Plastik, Gartenzaun und selbstverständlich Sonnenkollektoren – nichts fehlt im privaten Paradies rund um den alten Holzstall mit Hütte.

Doch raumplanerische Reinlichkeit naht: In den kantonalen Amtsstuben wächst zurzeit das Vorhaben, der Gestaltungswut mit einem Handel zu Leibe zu rücken. Wer seinen Designtrieb auf dem Maiensäß im Außenraum bändigt, darf dafür Ställe im Innenraum fürs Wohnen nutzen. Wir sind aber schon weiter und ziehen auf dem Alpweg hinunter nach Fideris. Exemplarisch nötig ist hier der Kirchenbesuch. Und

Das Haus Luzi am Hasentrog befestigt den Dorfkern von Jenaz am unteren Rand.

man sieht, wie im Holzbauland hölzerner sakraler Innenausbau geschah. Fast jede protestantische Kirche im Tal trägt dasselbe Gewand: eine Arven- oder Lärchentäferung und eine Arven- oder Lärchenkanzel. In diesem hölzernen Schiff predigte übrigens auch der Wasserbauer Pfarrer Luzius Pol, gleich neben dem Eingang steht seine Gedenktafel. Fideris lohnt einen kleinen Dorfumgang. Man sieht hier die zeitgenössische Siedlungsentwicklung des Prättigaus gut: Um die Kirche und mächtige Patrizierhäuser steht der alte Kern mit Bauernhäusern und nicht mehr gebrauchten Ställen. So platziert, dass möglichst wenig Land verloren geht und die Sonne günstig genutzt wird. Auf der sanften Matte vor dem Dorf haben Aussiedler und Zuzüger einen Speckgürtel gebaut inklusive Rasen mit Hollywood-Schaukeln. Architektonisch ist alles möglich geworden: Das englische Landhaus will auftrumpfen gegenüber dem Holzhaus in der Tirolerwalser-Art, das bescheidene Fertighüsli will es aufnehmen mit der Villa, der aber sowohl die standesgemäße Zufahrt als auch der anständige Park fehlt. Und mitten drin der große Stall,

Oberhalb des Bahnhofs von Küblis steht ein Sonnenklavier am Hang auf Stelzen. Ein Systemhaus aus Holz, das praktisch ohne fremde Energie auskommt, denn die filigrane Konstruktion ruht auf mächtigen, die Sonnenwärme speichernden Böden. Das Haus ist der »Wolkenkratzer«, denn darin wohnt die Familie Wolken.

Haus Wolken, Pajola, Küblis, 1996
Bauherrschaft: Meredith und George Wolken
Architektur: Thomas Schnyder, Architeam 4, Basel

der seit der Melioration der Landwirtschaft eine Zukunft zu versprechen hat. Ermattet vom Siedlungsinventar finden wir Speis und Trank im Gasthaus zum Rathaus.

Ins Zentrum des Holzbaus

Später geht der Weg weiter, zuerst über ein Stück Kantonsstraße nach Strahlegg und dort rechts neben dem Dorfplatz auf einem abenteuerlichen Weglein hinunter nach Küblis. Sind wir nach einer Stunde noch immer im Wald, haben wir uns verlaufen, sonst müssten wir jetzt am Ufer der Landquart stehen. Wir gehen ihr ein paar Dutzend Meter entlang und setzen über die Dalvazzabrücke ins Werkgelände der Firma Ruwa. Ein exemplarischer Betrieb der Holzkette. In dritter Generation wirkt hier die Familie Walli im Wald, in der Sägerei, in der Zimmerei, der Schreinerei und der Architektur. Vater, Mutter, zwei Söhne, eine Tochter und ein Schwieger-

Bei Küblis steht ein Schmuckstück der Brückengeschichte: die Dalvazzabrücke von Nicolaus Hartmann jun. von 1924/25. Er war Vordenker des »Bündner Heimatstils« und lehnte Eisenkonstruktionen als fremd für die Bündner Baukultur ab. Also konstruierte er aus Beton die Brücke mit Trägern, in denen sämtliche Teile massiv und biegesteif betoniert wurden – einem Prinzip des belgischen und also fremden Konstrukteurs Arthur Vierendeel.

Landquartbrücke, Dalvazza, Küblis, 1924/2008
Bauherrschaft: Gemeinde Luzein
Architektur einst: Nicolaus Hartmann jun.
Restaurator-Ingenieur: Jürg Conzett, Chur

Einfrauhaus auf Stelzen

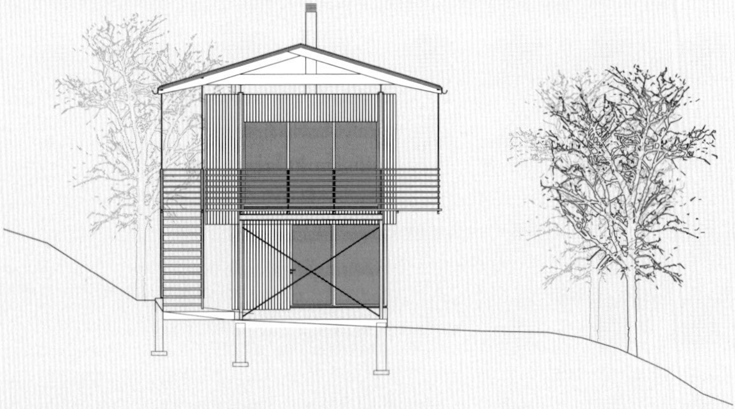

Haus Flüeler, Luzeinerstraße 67, Luzein, 2005

Bauherrschaft: Marianne Flüeler, Luzein/Zürich

Architektur: Architeam 4, Basel, Thomas Schnyder, Hanspeter Christen, Thomas Güntensperger

Holzbau: Ruwa Holzbau, Küblis

Energieingenieur: Andrea Rüedi, Chur

Direktauftrag

In Luzein, am Sonnenhang oberhalb von Küblis, schwebt ein kleines Holzhaus zwischen den altehrwürdigen Sprecherhäusern. Als Vorbild diente dem langgestreckten Holzriegel auf Stelzen der Prättigauerstall mit seinem offenen Erd- und geschlossenen Obergeschoss. Wie der Stall ist das Haus ein einfaches Volumen, von einem Giebeldach abgeschlossen. Mit den Jahren wird der Neubau genauso gebräunt und eingegraut sein von Wind und Wetter. Auf ebener Erde steht ein Kiste mit einem Gästeschlafzimmer. Seine Rückwand, die Metallstützen sowie aussteifende Spannkreuze tragen das Obergeschoss, wo die Verlegerin Marianne Flüeler wohnt, arbeitet und schläft. Der Balkon und die Eingangstreppe sind mit feinen Metallstäben ans Dach gehängt. Die Räume im Obergeschoss gehen fließend ineinander über. Sie sind nacheinander mit Blick auf beste Sonne aufgereiht, abgetrennt durch Schiebetüren. Das Haus am Hang von Luzein zeigt, welcher Spielraum in einem Holzbausystem wohnen kann. Es greift ja auf den Baukasten »Living Box« zurück, den das Architeam 4 aus Basel zusammen mit dem Holzbauer Ruwa aus Küblis entwickelt hat. Trotz Systembau, der den Gesetzen von Norm und serieller Fertigung folgen muss, ist das Sonnenklavier von Luzein ein maßgeschneidertes Einfrauhaus geworden.

Das hintere Prättigau mit Silvrettagebirge am Horizont.

sohn. Ein Spaziergang durchs für Besucher offene Firmengelände zeigt die Spannweite ihrer Holzbauten. Einerseits ein zeitgenössisches Strickhaus, entworfen von Burga Walli, andererseits die Living Box, ein Systemhaus, entworfen und entwickelt von Thomas Schnyder und Ruedi Walli. In ihr wohnt und wirkt der Künstler und Kulturbeweger Peter Trachsel mit seinem Institut »Die Hasena«. Nach dem Holzbesuch – die Wallis empfangen gerne Gäste und geben geduldig und kenntnisreich Auskunft – bleibt nichts anderes, als der Nationalstraße entlang in den Dorfkern zur Kirche zu spazieren, wo im Hotel Posthorn gut speisen ist, und wer Glück hat, findet hier Ländlermusik, denn das Hotel ist als Zentrum dafür weitherum bekannt. Lohnend ist ein Besuch des Kraftwerkes am Dorfrand, einem Meisterwerk von Nicolaus Hartmann, dem tonangebenden Architekten des Bündner Heimatstils. Küblis eignet sich gut als Etappenort. Und als Abendspaziergang laufen wir hinauf nach Luzein. Das Weglein beginnt, wo die Hauptstraße Küblis–Pany nach dem Bahnübergang die erste Kurve macht. Es ist ein alter Verbindungsweg des Luzeiner Bergs mit dem Talboden. Nach 20 Minuten stehen neben der Kirche alte Holzhäuser, groß, aber wohl proportioniert nach der Länge der Bäume – im Sagermaß sagt man hier. Nach zehn Minuten Kantonsstraße stehen links und rechts die Sprecherhäuser. Ein eindrückliches Ensemble des aristokratischen Wohnens im Prättigau des späten Barocks. Auf der rechten Straße das Haus in dunkel gebranntem Holz mit dem Urhaus der Prättigauer Langställe. Auf der linken das weiße Sprecherhaus. Es tut, als sei es aus Stein und also doppelt vornehm, dabei ist es in Holz konstruiert und weiß verputzt. Innen sind die Häuser – sie sind nicht zugänglich – ausgestattet mit Kreuzgewölben und kunstfertig getäferten Stuben. Ergänzt wird das herrschaftliche Ensemble von einem zeitgenössischen Haus. Angelehnt an die Form des Langstalls hat hier der Architekt Thomas Schnyder mit der Holzbaufirma Ruwa ein Einfrauhaus gebaut: ein Nullenergiehaus mit aller Sonnentechnik, das wie ein Luftschiff in den Prättigauerhimmel abzuheben scheint.

Rundholz wird zu Gebirgen getürmt; die Zahl kennzeichnet den Schlag und den Besitzer.

Zum Brückenwunder

Das Prättigau ist nicht nur Holzbau- und Walser-, sondern auch Wanderland. Kein Weglein, das nicht sorgsam mit einem gelben Wanderzeiger markiert wäre. So auch die Pfade von Küblis nach Klosters. Einer führt der Landquart entlang durchs Tal; einer ins Dörflein Conters und dann durch die Wälder, wir aber steigen bei der Kirche in den Weg nach Tälfsch ein, keuchen eine gute Stunde den steilen Hang hinauf, über eine Fahrstraße zuerst und dann über einen Karrenweg ins Walserdörfchen. Von der Idylle führt ein Kuhweg hoch über dem Tal nach Saas, wo der Tiefbau Triumphe feiert mit einem Tunnel für die Nationalstraße und so ein weiteres Dorf vom Verkehr befreien will – und den Automobilisten noch freiere Fahrt bescheren. Was wir an Höhe bei Küblis gewonnen haben, geben wir nun auf, stei-

Schwung übers Tal

Sunnibergbrücke, Klosters-Serneus, 1998

Bauherrschaft: Tiefbauamt des Kantons Graubünden

Ingenieure: Christian Menn, Chur (Entwurf), Bänziger und Partner, Chur (Projektleitung), Andrea Deplazes (architektonische Beratung)

Wettbewerb (ergebnislos)

Direktauftag

Anders als für die Salginatobelbrücke war für die Sunnibergbrücke das Können der Holzbauer nicht mehr nötig. Mit Vorspannen rückte die Brücke Meter um Meter übers Tal, 525 insgesamt. Anders als bei der ersten weltberühmten Prättigauer Brücke, bei der die Konstruktion von einem Widerlager zum andern tragen muss, ruht die Sunnibergbrücke an Kabel gehängt auf Pfeilern. Und schließlich führt diese Brücke nicht pfeilgrad von hier nach dort, sondern in einem Radius von 500 Metern. Die Kombination von Kurve mit hochgelegter Fahrbahn und flach geführten Kabeln macht den Bau feingliedrig, elegant und transparent: Nur eine schmale Linie zerschneidet die Landschaft.

Auch die Überfahrt ist eindrücklich: Die Kabelharfen spannen einen durchlässigen Fahrraum auf, man braust über eine Bühne ins Tunnelloch. Dem Wanderer unter der Brücke kommt es vor, als hätte der expressionistische Künstler Ernst Ludwig Kirchner auf seinem Weg nach Davos hier einen Markstein gesetzt. Der von ferne so elegant wirkende Radius wird dramatisch verkürzt, die Pfeiler recken wie gotische Türme in den Himmel, die flache Fahrbahn schlägt mächtig übers Tal. Die aus Fern- und Nahsicht ruhige und gelassene Form wirkt von unten furios und bedrohlich. Und ist von den Ingenieuren doch streng kalkuliert gemäß den Gesetzen der Physik, die kein Gramm ästhetisches Fett und keine künstlerische Aufwallung zulassen.

gen ab zum Bahnhof und weiter zum Ufer der Landquart, der entlang wir bis nach Klosters marschieren.

Der Flussweg ist kein Wanderwunder – aber wir sehen hier eindrücklich, wie wuchtig der Tiefbau gegen das Wildwasser kämpft. Die großen Baumaschinen und das Holz sind seine probaten Werkzeuge. Mit Felsmocken und Baumstämmen sichern die Ingenieure die Hänge. Und sie rühren mit großer Kelle an: Wo bis zum Unwetter von 2005 ein verträumter Pfad dem Fluss entlang schlängelte, gibt es jetzt eine Fahrstraße, schön für Velofahrer und Förster, öd für Wanderer.

Wir aber wollen diesen Weg dennoch gehen, denn er führt nach gut einer Stunde nach Serneus, mitten durchs Werkgelände der Zimmerei Boner, wo man zuschauen kann, wie auf dem Vorplatz oder in der Abbundhalle Holzhäuser nach alter Sitte konstruiert werden. Von der Zimmerei geht der Weg noch eine Viertelstunde, und wir stehen neben dem zweiten Brückenmonument des Prättigaus. Für den spektakulären Brückenblick sitzen wir im Garten des renovierten Kurhotels Bad Serneus. Essen und Trinken ist günstig und gut und wir entscheiden uns, vor dem tiefen Schlaf den vom Holzbauland Prättigau ermatteten Körper im Kurbad mit Schwefelmineralwasser zu erquicken. Und durchs Bad schwimmend, eröffnet sich eine überraschende Perspektive auf die Sunnibergbrücke. Ein guter Ort auch für die Übernachtung. Frisch gebadet und wohl geruht, geht der Weg am nächsten Morgen der Landquart entlang nach Klosters. Auch ein Stück Prättigau, aber anders, denn hier regiert seit über 100 Jahren der Fremdenverkehr.

Literatur

Holger Finze-Michaelsen, *Pioniergeist im Prättigau. Luzius Pol 1754–1828*, Verlag Prättigauer Zeitung, Schiers 2004.

Marianne Flüeler, *Die Sprecherhäuser von Luzein*, Punktum, Zürich 2008.

Köbi Gantenbein, *Holzbauland Graubünden 1,2,3*, Hochparterre, Zürich 2002–2008.

Stefan Niggli, *Ein Tal im Wandel. Das Prättigau vom ausgehenden 19. bis ins beginnende 21. Jahrhundert*, Verlag Prättigauer Zeitung, Schiers 2005.

Andreas Kessler, *Vom Holzsteg zum Weltmonument.* Die Geschichte der Salginatobelbrücke, Verlag Prättigauer Zeitung, 1996.

Parade von alten Ställen oberhalb von Jenaz.

Landschaft Davos

Hoch über der Alpenstadt

Davos–Parsenn–Frauenkirch (Panoramaweg)

Davos ist kein heimeliger Ferienort, sondern eine Stadt. Sie ist nicht schön, hat aber eine eigentümliche Faszination. Schriftsteller wie Thomas Mann sind ihr ebenso erlegen wie der expressionistische Künstler Ernst Ludwig Kirchner. Die Architektur der Alpenstadt ist vom Profit geprägt, doch dazwischen finden sich Perlen – aus der Moderne ebenso wie aus neuerer Zeit. Die Wanderung hoch über der Stadt macht das Phänomen fassbar.

Von Reto Westermann

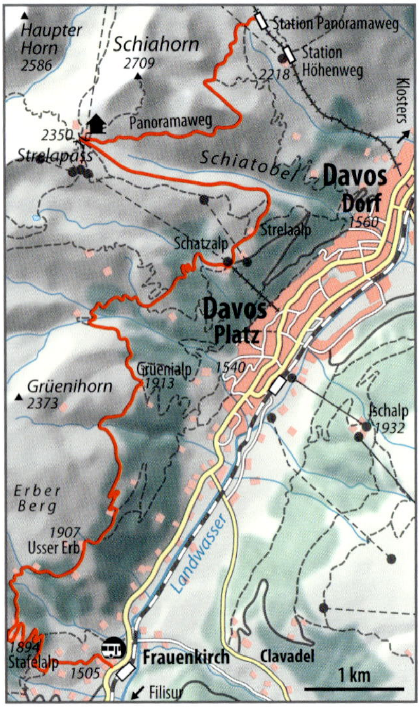

Station Panoramaweg–Strelapass–Schatzalp **2 h**

↗ **60 m** ↘ **490 m**

Schatzalp–Grüenialp–Erbalp–Stafelalp–Frauenkirch **3 h 45**

↗ **430 m** ↘ **850 m**

Charakter

Einfache, ein- bis zweitägige Wanderung auf markierten Wegen mit Panoramablick auf die Landschaft Davos. Schwindelfreiheit und Trittsicherheit sind auf einzelnen Abschnitten erforderlich. Teilweise steiler Abstieg vom Strelapass auf die Schatzalp.

Beste Jahreszeit

Juli bis September (Betriebszeiten der Parsennbahn)

Verkehrsmittel

Anreise mit der Rhätischen Bahn nach Davos Dorf. Die Talstation der Parsennbahn ist in fünf Minuten zu Fuß erreichbar. Erste Bergfahrt ist um 8.15 Uhr. Achtung: Die Station Panoramaweg wird aufgrund von Bauarbeiten im Sommer 2010 nicht bedient, eine Wiedereröffnung ist auf die Sommersaison 2011 hin geplant, aber noch nicht ganz sicher (Auskunft über die Wiedereröffnung erhalten Sie ab Frühling 2011 unter Tel. 081 417 67 57). Während der Bauarbeiten können Sie die Tour in der Station Höhenweg der Parsennbahn starten. Von dort führt ein ausgeschilderter Weg fast parallel zur Bahntrasse zum 70 Höhenmeter weiter oben gelegenen Ausgangspunkt der Wanderung.
Von Frauenkirch nach Davos Platz und Davos Dorf fährt alle 30 Minuten ein Stadtbus (Linie 7).

Varianten
Wer die beschriebenen Bauten nicht nur aus der Vogelperspektive betrachten möchte, übernachtet nach der Wanderung in Davos und geht am nächsten Tag auf Besichtigungstour.

1. Rundgang Davos: Waldhotel–Promenade-Kongresszentrum–Kirchnermuseum–Eishalle–Sportzentrum/Werkhof–Promenade–Postplatz–Rathaus–Kirche St. Johann–Bahnhof Davos Platz 2 h 30.
2. Anreise nur bis Klosters und Fahrt mit der Luftseilbahn zum Gotschnagrat. Von dort aus wandert man in 1 h 30 über die Parsennhütte bis zur Station Panoramaweg der Parsennbahn.
3. Vom Endpunkt in Frauenkirch wandert man über den Wildboden nach Clavadel hoch (1 h). Auf dem Weg liegen der Waldfriedhof von Rudolf Gaberel und das Kinderheim von Emil Roth. Am Schluss kann man einen Blick auf den Altbau der Zürcher Hochgebirgsklinik in Clavadel (ebenfalls von Rudolf Gaberel) werfen. Rückfahrt mit dem Postauto nach Davos Platz.

Übernachten und essen
Berghotel Schatzalp, Davos Schatzalp, 081 415 51 51, www.schatzalp.ch (liegt direkt an der Route), Restaurant: Mai–Nov. geöffnet, Hotel: Mitte Juni–Mitte Oktober geöffnet
Waldhotel Davos, Davos Platz, 081 415 15 15, www.waldhotel-davos.ch, Juni–Okt. und Ende Nov.–Mitte April geöffnet
Berghaus Stafelalp, Davos Frauenkirch, 081 413 66 31, www.berghaus-stafelalp.ch, Anfang Juni–Mitte Okt. geöffnet, bis 1. Juli am Do geschlossen
Bergrestaurant Strelapass, 081 415 52 67, Kiosk- oder Restaurantbetrieb (Details werden erst im Frühling 2010 bekannt)
Restaurant Strela Alp, 081 413 56 83, www.strela-alp.ch. Anfang Mai–Ende Okt. geöffnet

Einkaufen
In Davos Dorf gibt es alles, vom Supermarkt bis zum Delikatessenladen.

Museen
Kirchnermuseum, Ernst-Ludwig-Kirchner-Platz, Davos Platz. Öffnungszeiten: ganzjährig Di bis So, in der Zwischensaison nur nachmittags, 081 410 63 00, www.kirchnermuseum.ch
Wintertsport-Museum, Promenade 43, Davos Platz. Öffnungszeiten: Di und Do, 16.30–18.30 Uhr, 081 413 24 84, www.wintersportmuseum.ch
Heimatmuseum, Museumsstraße 1, Davos Dorf. Öffnungszeiten: Mi, Fr und So 15–17 Uhr. 081 416 26 66, www.heimatmuseum-davos.ch
Medizin-Museum, Platzstraße 1, Davos Platz. Öffnungszeiten: Dez. bis Apr. und Juni bis Okt., Do 17–19 Uhr. 081 413 52 59, www.medizinmuseum-davos.ch

Kunst
Bubenbrunnen (1928) beim Postplatz in Davos Platz und Skisturzbrunnen (1936) bei der Kirche St. Theodul in Davos Dorf, beide geschaffen vom Künstler Wilhelm Schwerzmann.

Information
Destination Davos Klosters, 081 415 21 21, www.davos.ch

Karte
Landeskarte 1:25 000, Blatt 1197 (Davos)

Wer in Davos aus dem Zug steigt, merkt schnell: Mit dem aufgesetzten Heile-Welt-Bild anderer Tourismusdestinationen in den Bergen hat der Ort wenig gemein; Chalets, putzige Ferienhäuschen oder mit dunkel gebeiztem Holz verkleidete Appartementhäuser sind zumindest im Ortszentrum selten. Dominiert wird das Bild durch mehrgeschossige, dicht beieinanderstehende Mehrfamilienhäuser mit flachen Dächern. Entlang der Promenade, der Hauptstraße von Davos, reihen sich Supermärkte, Boutiquen und Cafés aneinander wie in den Flaniermeilen von Chur, Zürich oder Bern. Davos ist eine Stadt in den Bergen und kein Touristendorf. 13 000 Menschen leben hier ständig, mehr als zwei Millionen Übernachtungen werden jedes Jahr in den 24 000 Gästebetten gezählt, und neun Buslinien sind nötig, um den Ort zu erschließen.

Auch wenn die Mehrheit der Gebäude in Davos aus architektonischer Sicht höchstens durchschnittlich und die Entwürfe mehr vom schnellen Wurf als vom gestalterischen Willen geprägt sind, finden sich dazwischen einige Perlen aus verschiedenen Bauepochen. Man muss sie auf geteerten Wegen und entlang der Hauptstraße erwandern, wenn man sie aus der Nähe betrachten will. Um nachzuvollziehen, was im Talboden geschehen ist, fahren wir mit der Parsennbahn von Davos Dorf hoch zur Station Panoramaweg. Dort oben, gut 700 Meter über dem Talboden, macht nicht nur das Wandern Freude, sondern lässt sich die Hochgebirgsstadt mit ihren Gegensätzen aus dichter Bebauung und sie umgebender Natur, die den Ort weltberühmt gemacht hat, für den Betrachter erst richtig fassen.

Kaum sind wir an der Station Panoramaweg ausgestiegen, verebbt das Surren der Seilführungsrollen. Es herrscht Stille. Wir folgen dem Wegweiser Richtung Strelapass und queren eine Bergwiese mit Alpenrosen. Weit unter uns im Tal glitzert das Wasser des Davosersees. Er wird jeden Winter abgelassen, um im Kraftwerk Klosters Strom zu produzieren, der wiederum die Bahnen und Sessellifte antreibt, die im Winter die Skifahrer den Berg hochbringen.

Größte Gemeinde der Schweiz

Bald liegen die Bergwiesen hinter uns. Der Weg macht einen weiten Bogen auf die Felswand des Schiahorns zu. Angelegt wurde er, um Bau und Unterhalt der Lawinenverbauungen zu erleichtern; quasi als Abfallprodukt entstand ein Wanderweg mit traumhafter Aussicht. Am Ende des Felsbandes folgt eine scharfe Kurve nach rechts. Hier machen wir Halt und werfen einen Blick auf die Landschaft Davos, die seit der Fusion mit dem benachbarten Wiesen die flächenmäßig größte Gemeinde der Schweiz ist. 284 Quadratkilometer umfasst das Gebiet und ist somit gut 40 Quadratkilometer größer als der Kanton Zug.

Die Alpenstadt war ursprünglich eine Walsersiedlung. Das merkt man heute vor allem noch an der Sprache der Einheimischen. Vor gut 800 Jahren war das ganze Hochtal bewaldet und gehörte zum Besitz der Freiherren von Vaz. Dann kamen die Zuwanderer aus dem Wallis in das Gebiet und begannen zu siedeln. Ein Teil der Wälder wurde gero-

Platz- und geschichtsbeherrschend: Das Grand Hotel Belvedere an der Promenade.

det, um Platz für landwirtschaftliche Flächen zu schaffen. Bereits 1289 erhielten die Siedler durch einen Lehensbrief das Recht, das Gebiet selber zu verwalten. Mit Wilhelm Beeli wählten sie ihren ersten Landammann. Bis zur Mitte des 19. Jahrhunderts lebten ausschließlich Bauern in der Landschaft Davos. Doch dann entdeckte 1865 der zum Landschaftsarzt gewählte Alexander Spengler die Heilkraft des Höhenklimas. Innert Kürze schossen Sanatorien aus dem Boden, und Davos wurde für Jahrzehnte zum wichtigsten Lungenkurort Europas. Mit den Kurgästen aus aller Welt kam auch der Sport nach Davos. Mit der Erfindung des Penicillins verloren die Sanatorien nach dem Zweiten Weltkrieg an Bedeutung; Davos wurde endgültig zur Destination für Sommer- und Wintersportler.

Unser Sitzplatz in den Felsen erinnert an einen Adlerhorst. Klein wie Spielzeuge schleichen die roten Züge der Rhätischen Bahn dem Talboden entlang. Der Blick reicht vom Davosersee im Nordosten bis zum Tinzenhorn im Süd-

Rudolf Gaberel baute den Bahnhof von Davos Platz zum schönsten der RhB um. Ein markantes Haus mit Flachdach und eleganten Vordächern aus Beton. Der Bahnhof ist ein spätes Manifest des Neuen Bauens: Licht und Luft strahlt von zwei Seiten durch die Glasfassaden der überhöhten und leicht aus der Achse genommenen Schalterhalle.

Bahnhof Davos-Platz, 1949
Bauherrschaft: Rhätische Bahn
Architektur: Rudolf Gaberel, Davos

westen. Gut möglich, dass auch Rudolf Gaberel (1882–1963) in den 1930er-Jahren einmal hier oben saß und auf Davos hinunterblickte – auf den Ort, den er als Architekt maßgebend geprägt hat. Jedenfalls ist der Architekt in Christof Küblers Buch *Wider den hermetischen Zauber*, das sich Gaberels Werk widmet, mit Rucksack und Hut auf Wanderungen in der Davoser Bergwelt zu sehen.

Der gebürtige Berner war 1904, wie Tausende andere auch, als Tuberkulosepatient in den Kurort gekommen. Bereits zwei Jahre später war er so weit genesen, dass er wieder arbeiten konnte. Nach einer Anstellung in der Chaletfabrik von Gaudenz Issler gründete er 1914 in Davos sein eigenes Architekturbüro. Schnell entfernte sich sein Entwurfsstil von dem der Chalets, die er als Angestellter gezeichnet hatte, und seine Projekte wurden immer mehr von der aufkommenden Moderne beeinflusst: flache Dächer, große Balkone und Fenster, lichte Räume. Sein Stil gefiel, und innert weniger Jahre wurde Gaberel zum Hausarchitekten der Davoser Ärzteschaft; er baute Sanatorien, öffentliche Gebäude, Sportanlagen und Wohnhäuser, verhalf dem Flachdach zum Durchbruch und wurde zu einem der wichtigsten Gestalter der entstehenden Alpenstadt. Sein Werk prägte die Bewegung der Moderne in der Schweiz so nachhaltig wie das seiner Zeitgenossen Otto Rudolf Salvisberg (1882–1940), Emil Roth (1893–1980), Hans Bernoulli (1876–1959) oder Le Corbusier (1887–1965).

Der kalte Talboden war lange tabu

Die Entstehung der Hochgebirgsstadt lässt sich von unserem Sitzplatz hoch über dem Tal gut ablesen: Einst bestand der Ort aus den zwei Kernen, die sich um die Kirchen St. Theodul in Davos Dorf und St. Johann in Davos Platz gruppierten. Dazwischen lagen weit verstreut Bauernhäuser und Ställe. Die Entdeckung der Heilkraft der Höhenluft und der Bau der Straße von Landquart nach Davos (1859) sowie die Eröffnung der Bahnlinie (1890) lösten einen ersten Bauschub aus. Zahlreiche Kurhäuser entstanden. Einige davon haben bis heute überlebt, wie etwa das Hotel Belvedere.

Lärchenholz vor Beton

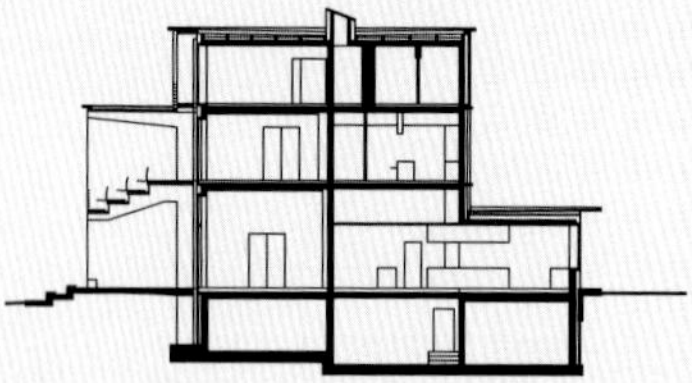

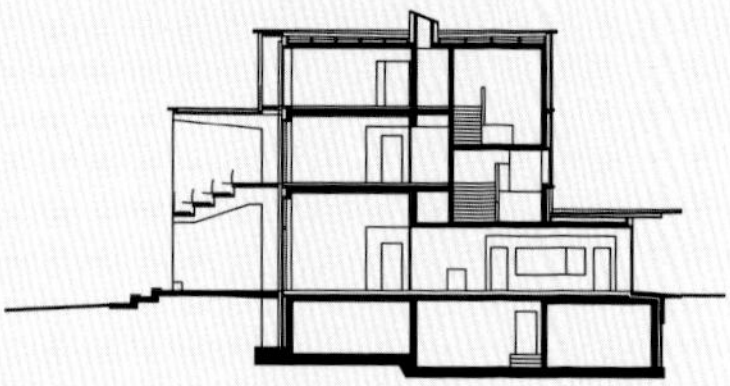

Sportzentrum und Werkhof, Talstraße 41, Davos Platz, 1996/1999

Bauherrschaft: Davos Tourismus

Architektur: Gigon/Guyer Architekten, Zürich, Othmar Brügger, Davos

Ingenieure: DIAG, Davos (Eisbahngebäude), Jürg Conzett, Chur (Tribüne Eisbahngebäude und Werkhof), Peter Flütsch, Chur/Davos (Werkhof)

Wettbewerbe

Seit 1933 prägte Rudolf Gaberels Eisbahnhaus mit der großen, nach Südwesten gerichteten Tribüne die Natureisbahn in Davos Platz. Ein Brand zerstörte 1991 den Holzbau mit seiner markanten Schindelfassade, der als einer der wichtigen Vertreter des Neuen Bauens in Davos galt. Mit dem 1996 an derselben Stelle eröffneten Sportzentrum der Zürcher Architekten Annette Gigon und Mike Guyer hat Gaberels Bau aber einen würdigen Nachfolger gefunden. Elemente wie die große Tribüne im ersten Obergeschoss und das Restaurant mit Terrasse zur Eisfläche hin wecken Erinnerungen an das einstige Eisbahnhaus. Trotzdem spricht der Bau eine eigenständige Architektursprache. Dazu gehören die Tragkonstruktion aus Beton, die Fassadenverkleidung aus Lärchenholz, die mit farbigen Holzplatten in Orange, Gelb und Blau hinterlegt ist, und die großen Fensterfronten zur Eisfläche hin, die auch bei kaltem Wetter von drinnen einen Blick auf die Eisfläche möglich machen.

Kurz nach dem Wettbewerb für das Sportzentrum gewannen Gigon und Guyer auch den für den benachbarten Werkhof. Das Gebäude beherbergt die Fahrzeuge für den Unterhalt von Straßen und Wegen, eine Reparaturwerkstatt und Lagerräumlichkeiten. Da der Baugrund ein Lager im Untergeschoss nicht zuließ, machten die Architekten aus der Not eine Tugend: Sie verlegten die Lagerräume ins Obergeschoss. Da diese mehr Fläche benötigen als Garage und Werkstatt im Erdgeschoss, kragt das Obergeschoss aus – so entsteht zugleich ein Vordach, das die Garagentore vor dem Schnee schützt. Wie das benachbarte Sportzentrum ist auch der Werkhof mit Lärchenbrettern verkleidet. Dahinter verbergen sich eine Skelett-Schottenkonstruktion als Tragstruktur und vorgefertigte Holzelemente für die Außen- und Trennwände.

Die neue Bebauung von Davos erfolgte vor allem entlang der am Hang gelegenen Straße, der heutigen Promenade, die beide Ortsteile verbindet. Der Talboden selbst war während Jahrzehnten als Baugrund tabu, da sich dort die kalte Luft staute und sich oft Dunst bildete. Deshalb treffen wir im Talgrund fast nur auf Bauten, die in der Zeit nach dem Zweiten Weltkrieg entstanden sind, als der Bauboom mit dem aufkommenden Massentourismus erst richtig einsetzte. So verdreifachte sich die Zahl der Betten in Ferienwohnungen zwischen 1960 und 1970 von rund 3800 auf über 10 000.

Das heutige Davos folgt noch weitgehend der Achse zwischen den beiden ursprünglichen Ortskernen, doch das Band der Stadt ist breiter geworden und bezieht inzwischen auch den Talboden großflächig mit ein. Einige Abzweiger dieser Bandstadt reichen sogar bis an den gegenüberliegenden Hang.

Fertig gebaut ist Davos noch lange nicht. Alte Bauten, darunter viele Hotels der Mittelklasse, verschwinden und machen Neubauten Platz – meistens mit Zweitwohnungen. Doch auch die Hotellerie erobert sich langsam ihren Platz zurück. Motor dafür ist das jährlich stattfindende World Economic Forum, das Größen aus Politik und Wirtschaft aus der ganzen Welt anzieht und Davos jeweils für ein paar Tage im Januar in eine Sicherheitsfestung verwandelt. Getagt wird im Kongresshaus, das zusammen mit dem benachbarten Bad, dessen blau gestrichenes Becken aus unserer Vogelperspektive gut zu sehen ist, am nordöstlichen Rand des Kurparks steht. Geschaffen hat das Kongresshaus 1963 bis 1965 der Zürcher Architekt Ernst Gisel. Auffallendstes Element ist das wellenförmige, an Bergspitzen erinnernde Dach des ursprünglichen Baus. Seit der ebenfalls von Gisel entworfenen Erweiterung von 1987 verschwindet es aber fast zwischen den angrenzenden Bauten. Und schon bald wird der Ursprungsbau noch mehr zurückgedrängt: Die Gemeinde plant nämlich eine massive Erweiterung des Gebäudes zur Talstraße hin, wo neu auch der Haupteingang sein wird. Den Wettbewerb hat das Basler Büro Degelo Architekten gewonnen und das Projekt wurde vom Volk angenommen. Durch die Verwendung von Sichtbeton und Holz als dominierende Materialien führen sie die Stilelemente Gisels aus den 60er-Jahren weiter. Ende 2010 werden diese neuen Räume bezugsbereit sein.

Zum gleichen Zeitpunkt wird auch das erste der geplanten neuen Luxushotels, das Stilli-Park, vielleicht seinen Betrieb aufnehmen. Es steht am südwestlichen Ende des Davosersees, am Eingang zum Flüelatal, an leicht erhöhter Lage, dort, wo einst die Basler Höhenklinik stand. Das neue Hotel mit seinen 197 Suiten hat der italienische Architekt Matteo Thun entworfen, der mit dem Vigilius Mountain Resort im Südtirol Furore gemacht hatte. Sein Entwurf für das Stilli-Park erinnert an Norman Fosters St. Moritzer Appartementhaus: eine Mischung aus Ufo und liegendem Ei mit holzverkleideter Fassade. Thuns Hotel ist aber einiges

Das Kongresshaus ist ein Betongebirge mit einer expressiven Fassade und einem dunklen Raumlabyrinth im Innern. Es ist ein Leitbau der zweiten Moderne aus den 60er-Jahren und ein bis heute taugliches Arbeitstier. Wildes Bauen setzt dem starken Haus auf den Seiten zu. Wird es die markante Erweiterung der nächsten Jahre gut überstehen?

Kongresshaus, Davos, 1965
Bauherrschaft: Gemeinde Davos
Architektur: Ernst Gisel, Zürich

größer als Fosters Appartementhaus und steht auf einem Sockelbau, der mittels Konferenz- und Wellnessräumen Zusatznutzungen ermöglicht.

Kleine Eingriffe mit Wirkung

Von der Baustelle des künftigen Luxushotels weg lassen wir den Blick von unserem Adlerhorst aus weiter nach rechts schweifen. Dort, wo die Straße ins benachbarte Dischmatal die Talebene quert, zweigen zwei Seitensträßchen nach links ab. Ihnen entlang baute in den 1960er- und 70er-Jahren der Unternehmer Victor Müller die Feriensiedlung Solaria. Schlichte weiße Bauten mit nach Süden gerichteten Balkonen. Der Bau der Mehrfamilien- und Reihenhäuser erfolgte in mehreren Schritten, denn die bereits verkauften Einheiten finanzierten jeweils die nächste Bauetappe. Unterdessen gehört ein Teil der Wohnungen Müllers Töchtern. Diese begannen 1998 mit der Sanierung, da die in schweren Braun- und Orangetönen

Im Stile der heiteren Moderne sind die Ferienhäuschen der Siedlung Solaria aneinandergereiht. Die Renovation zeigt, dass bauen für den Fremdenverkehr in der Innenarchitektur nicht die Lederhosen krachen lassen muss, sondern mit zeitgenössischem Design durchaus funktioniert.

Siedlung Solaria, Davos, 1963/1998
Bauherrschaft: Victor Müller; Beatrice und Irène Müller (Renovation)
Architektur Renovation: Felice Dittli, Georg Schneider, Bärbel Birkelbach

gehaltene Einrichtung der Einzimmerwohnungen nicht mehr zeitgemäß war. Mit der neuen Gestaltung beauftragten sie den Designer Georg Schneider, die Textilgestalterin Bärbel Birkenbach und den Innenarchitekten Felice Dittli. Diese entwickelten zusammen mit den Besitzerinnen neue Standards für die Wohnungen. Dazu gehören zum einen kräftige, gezielt eingesetzte Farben, zum anderen wandelbare Möbel, die trotz knappem Wohnraum genügend Platz lassen. Kurz – ein guter Ort für einen Aufenthalt in der Alpenstadt.

Von der Solaria aus lohnt sich auch ein Spaziergang Richtung Dischma. Vor der Holzbauunternehmung Künzli stehen vier markante Kuben. Hier zeigen Künzlis Ingenieure und Zimmerleute, was mit Holz heute machbar ist. Um ein steinernes Treppenhaus sind Wände und Böden ganz in Holz konstruiert. Die Wohnsiedlung ist die derzeit größte in Holz; Holz, das im Kanton geschlagen, eingesägt und zu architektonisch anständigen Häusern verbaut worden ist.

Holz über mehrere Geschosse in hoher Energiegüte – der Holzbauunternehmer Christoph Künzli realisierte am Rand seines Firmenareals ein Vorzeigestück seines Berufs. Außer dem betonierten Treppenturm verbaute er nur Holz in unterschiedlichem Zustand: Bretter, Balken, Platten, Mehrschichtenbeläge und Möbel.

Wohnsiedlung Dischmabach, Davos, 2006
Bauherrschaft:
Künzli Holz
Architektur:
Giubbini Architekten, Bonaduz, Künzli Holz, Davos

Die Sport-Kathedrale

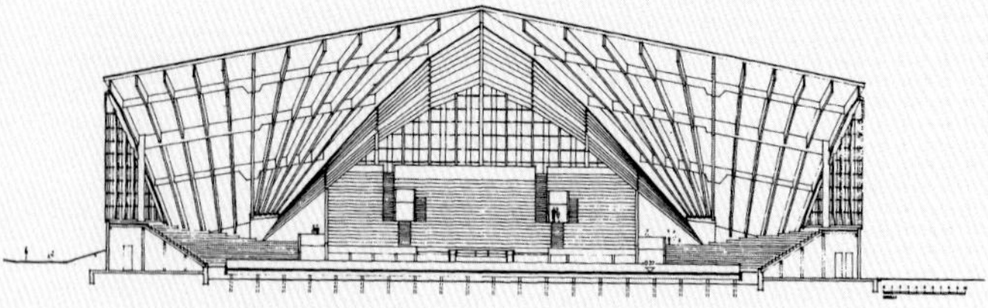

Eishalle, Davos Platz, 2006

Bauherrschaft: Gemeinde Davos

Baujahr: 1979, 2006 (Erweiterung Nordtribüne)

Architektur: Krähenbühl Architekten, Davos (Halle); Bayer Partner, St. Gallen (Nordtribüne)

Holzbauingenieur: Walter Bieler, Bonaduz

Direktauftrag

Im Jahr 1979 stieg der Hockey-Club Davos (HCD) nach zehn Jahren wieder in die oberste Liga auf. Bis zu diesem Zeitpunkt hatte die offene Eisbahn genügt. Doch mit dem Aufstieg benötigte der Club eine Halle. Um in der folgenden Saison auf eigenem Eis spielen zu können, musste innert zehn Monaten ein Dach über dem Eisfeld erstellt werden. Erste Ideen dazu hatte es schon 1969 gegeben, und es wurden sogar vier große Betonfundamente erstellt, die ein Stahldach hätten tragen sollen. Der plötzliche Anstieg des Stahlpreises führte damals zum Abbruch der Übung.

Mit dem Neubau der Halle wurde das Davoser Architekturbüro Krähenbühl (hervorgegangen aus dem Büro Rudolf Gaberels) beauftragt. Die Architekten entwarfen zusammen mit dem Holzbauingenieur Walter Bieler aus Bonaduz eine an eine moderne Kathedrale erinnernde, gut dreißig Meter hohe Hallenkonstruktion aus verleimten Holzbindern. Um Zeit zu sparen, griff man auf die bestehenden Fundamente zurück, verstärkte diese und lagerte fächerförmig die Träger der neuen Halle auf.

Innerhalb eines Sommers wurden fast 2000 Kubikmeter Holz verbaut. Größte Herausforderung war der Transport der bis zu 40 Meter langen Holzbinder, die per Bahn nach Davos gebracht wurden.
Bereits im folgenden Winter spielte der HCD in der neuen Halle. Seit der Fertigstellung ist das Gebäude mehrmals den veränderten Anforderungen – vor allem den Zuschauermengen am jährlich stattfindenden Spengler-Cup – angepasst worden. Die meisten Veränderungen fügen sich gut ins Gesamtbild ein. Die Erweiterung der Nordtribüne im Jahr 2006 hingegen stört das symmetrische Gleichgewicht des Gebäudes empfindlich. Die aus der ursprünglichen Halle ragenden aufeinandergestapelten Gebäudekuben wirken unbeholfen und wie ein zu schwerer Rucksack für das trotz seiner Größe filigrane Gebäude.

Leider sind feinfühlige architektonische Eingriffe mit großer Wirkung in Davos eher selten. Ein gutes Beispiel dafür ist die Jugendherberge Youthpalace in Davos Dorf. Sie befindet sich im ehemaligen Sanatorium Albula, 500 Meter unter unseren Füßen und versteckt unter einem Hangvorsprung. Während die Zimmer weitgehend im Zustand ihrer ursprünglichen Nutzung belassen worden sind, erhielten das Foyer sowie die Empfangs-, Aufenthalts-, und Essräume ein neuzeitliches Gesicht. Geschaffen haben es die Churer Architekten Gian Carlo Bosch, Martin Heim und Reto Zindel. Schwarze Möbel, darunter ein sieben Meter langes Sofa, rote Wände und eine neue Beleuchtung vertreiben die Klinik-Aura der einstigen Sanatoriumsräume und sind zugleich ein Zeichen für den neuen Wind, der seit einigen Jahren in der altgedienten Institution der Jugendherbergen weht.

Durch den pfeifengraden Gang des Sanatoriums Albula schlurften einst die Lungenkranken, heute ist hier der Speisesaal der Jugendherberge eingerichtet. Heitere Möbel, kräftige Farben; möglichst viel Brauchbares wurde aus dem alten Haus übernommen. Wo die Kranken lagen, sind die Hotelzimmer inklusive Davoser Balkon. Und wer den ultimativen Bergblick haben will, steige auf das – selbstverständlich – flache Dach.

Jugendherberge Youthpalace, Davos, 2002
Bauherrschaft: Stiftung für Sozialtourismus
Architektur: Gian Carlo Bosch, Martin Heim, Reto Zindel, Chur
Möbel: Marion Klein, Chur

Ein Turm auf Schatzalp

Wir beenden unsere Betrachtungen und machen uns wieder auf den Weg. Zuerst wandern wir hinter einer hohen Bruchsteinmauer, die uns für einen Moment die Sicht auf Davos nimmt und ein Teil der Lawinenverbauungen ist. Dann wird der Blick wieder frei und der Weg schmaler. Er steigt sanft an und führt über eine kurze Brücke. Links schiebt sich langsam ein grüner Hang ins Bild. Da und dort stehen Skiliftmasten und weit oben das Gebäude der Bergstation Strela. Von 2002 bis 2009 ruhte hier der Skibetrieb, da die Anlagen im Vergleich mit den großen Skigebieten als veraltet und zu wenig leistungsfähig galten. Doch auf die Wintersaison 2009/2010 erfolgte die Wiedereröffnung unter dem Slogan »Slowmountain«. Seitdem kann hier oben wie in alten Zeiten gemütlich Ski gefahren werden: Mit einfachen Ski- und Sesselliften, die einem in gemächlichem Tempo nach oben bringen und ohne zu viel Trubel auf den Pisten. Gut 15 Minuten später weisen uns Wegweiser entweder hoch zum bereits sichtbaren Berggasthaus Strelapass, von wo aus wir weiter über den Tritt nach Arosa wandern könnten, oder hinunter zur Schatzalp.

Wir wählen den Abstieg. Der Weg führt vorerst sanft geschwungen durch Bergwiesen. Er wurde 2005 neu angelegt. Früher stieg man über eine langweilige Kiesstraße ab. Nach einer halben Stunde erreichen wir die Waldgrenze mit ihren ersten Bergföhren. Der Weg wird steiler und führt nun im Zickzack ins Tal. Dann noch ein kurzes Stück auf einer Alpstraße, vorbei am Bergrestaurant Strelaalp, und schon sehen wir die Schatzalp. Wir passieren die Talstation der einstigen Gondelbahn auf den Strelapass und stehen inmitten von Ausflüglern, die mit der Schatzalpbahn hier hochgefahren sind, um bei einem Abendessen den Ausblick auf Davos zu genießen. Uns hingegen zieht es zum Hotel Schatzalp, wo wir die Nacht verbringen.

Das 200-Betten-Haus erhielt 2008 den Titel »Historisches Hotel des Jahres«. Wie alle traditionellen Hotels war es bei seiner Fertigstellung im Jahr 1900 ein Sanatorium, entworfen von den Zürcher Architketen Otto W. Pfleghard und Max E. Haefeli. Die Schatzalp-Gäste erwartete damals viel Luxus. Denn wer hier kurte, wollte auf den gewohnten Komfort nicht verzichten. Das sanft renovierte Haus versetzt einen heute in die Zeit der Belle Epoque, als der Aufenthalt in solchen Häusern in den Bergen nur etwas für die oberen Zehntausend war – die Tuberkulösen mit kleinem Portemonnaie starben entweder in den Städten oder wurden in einfacher ausgestatteten Sanatorien mit Mehrbettzimmern versorgt.

Erst 1954 wurde auf der Schatzalp von Kur- auf Hotelbetrieb gewechselt. Wir genießen den Abend zuerst auf dem nach Süden gerichteten Balkon, später bei einem Nachtessen im Speisesaal mit seiner hohen Decke und dem edlen Terrazzoboden.

Trotz des historischen Ambientes und der sanften Instandstellung muss das Hotel in absehbarer Zeit grundle-

Das Hotel Schatzalp, einst ein Sanatorium, war ein Pionierbau der Eisenbetonkünstler. Mit Können, Geld und Sorgfalt wird es heute unterhalten und geführt. Die Zimmer und Säle sind zum Teil mit Originalmöbeln und -details eingerichtet. Bemerkenswert ist die Landschaftsgestaltung vom Sonnenhof vor dem Hotel bis zum alpinen Garten. Neben dem Haus soll einmal ein 105 Meter hoher Turm von Herzog & de Meuron in die Luft schießen.

Hotel Schatzalp, Davos, 1900
Bauherrschaft (Renovation): Pius App und Erich Schmid
Architektur (einst): Otto W. Pfleghard und Max E. Haefeli, Zürich

Der Speisesaal des Hotels Schatzalp.

gend saniert werden. Vieles entspricht nicht mehr den Anforderungen eines modernen Hotelbetriebes. So fehlt beispielsweise der heute schon fast obligatorische Wellnessbereich – dafür gibt es ein skurriles kleines Hallenbad –, und gemessen an der Anzahl großer Zimmer gibt es zu wenig Personal. Um das nötige Geld zu beschaffen, haben die Schatzalp-Besitzer Erich Schmid und Pius App einen speziellen Plan entworfen: Sie wollen dort, wo sich heute die Bergstation der Bahn befindet, einen 105 Meter hohen und 200 Millionen Franken teuren Wohnturm errichten. Der Verkauf der Wohnungen soll einerseits Geld für die Sanierung des Hotels bringen, andererseits sollen durch die gemeinsame Nutzung von Anlagen Synergien generiert werden, um das Hotel wirtschaftlicher betreiben zu können. Ziel der beiden Davoser Unternehmer ist es zudem, das Skigebiet Strela wieder in Betrieb zu nehmen. Das ergäbe die reizvolle Möglichkeit, dass Hotelgäste und Wohnungsbesitzer mit den Skiern bis vor die Türe fahren könnten.

Entworfen wurde der Schatzalp-Turm von den Basler Architekten Jacques Herzog und Pierre de Meuron. Eine erste große Hürde hat der Turm bereits genommen: Im Oktober

Das Licht- und Lufthotel

Waldhotel, Buolstraße 3, Davos Platz, 2006

Bauherrschaft: Familie von Gemmingen, Rappenau
Baujahr: 1911, 2006 (umfangreiche Sanierung und Aufstockung)
Architektur: Pia Schmid, Zürich; Hans-Jörg Ruch, St. Moritz
Ingenieur: Peter Flütsch, Chur/Davos
Wettbewerb

Knappe Ressourcen und Konzeptlosigkeit widerspiegeln die Baugeschichte vieler Schweizer Hotels: Immer wenn Geld zur Verfügung stand, wurde renoviert – ohne Blick fürs Ganze und im gerade aktuellen Stil. Ein solches Flickwerk trafen auch Barbara und Michael Thomann an, als sie 2002 die Direktion des Waldhotels in Davos antraten. Zusammen mit der Besitzerfamilie beschlossen sie, dem Haus eine neue Ausrichtung und eine unverwechselbare, zeitgemäße Erscheinung zu geben. Ein Licht- und Lufthotel sollte es werden, ein Haus aber auch, das etwas vom Ambiente jener Zeit ausstrahlt, als es noch »Waldsanatorium« hieß, mit Katia und Thomas Mann seine bekanntesten Gäste beherbergte und den Schriftsteller zu seinem berühmten Roman *Der Zauberberg* inspirierte.
Um architektonisch den richtigen Weg zu finden, lud man zwölf Architekten zu einem zweistufigen Wettbewerb ein. Die Jury empfahl die Ideen von Pia Schmid und Hans-Jörg Ruch weiterzuverfolgen, obwohl diese weit über das finanzielle Ziel hinausgeschossen waren. Das Architektenduo überarbeitete seine Pläne und schlug vor, den Altbau etappenweise zu sanieren. In einem ersten Schritt wurde ein Gourmetrestaurant realisiert, in einem zweiten Schritt die Bar, der Speisesaal und einige Zimmer im dritten und vierten Stock erneuert sowie sechs neue Zimmer und Suiten auf dem Dach des Altbaus erstellt. Letztere spielen mit ihren nach Südosten gerichteten Panoramafenstern den Trumpf der Lage hoch über Davos aus. Doch auch die anderen Eingriffe der

Architekten können sich sehen lassen: Speisesaal und Bar verströmen eine vornehm heitere Atmosphäre und lassen den Betrachter trotzdem eintauchen in die Welt des *Zauberbergs* der 1920er-Jahre: Die nach damaligen Vorbildern nachgebauten Sessel und Lampen sowie die wieder hervorgeholte Deckenstruktur des Speisesaals sind dabei wichtige Elemente und machen aus dem Waldhotel nicht einfach ein Designhotel, sondern ein Haus mit eigenständigem Flair und wiederbelebter Geschichte.

Alpenstadt mit Hotel Schatzalp auf Sonnenbalkon.

2004 stimmten die Davoser der Nutzungsplanung und den nötigen baurechtlichen Änderungen zu. Seither sind Schmid und App auf der Suche nach finanzkräftigen Partnern. Geht alles nach Plan, soll der Turm 2015 stehen. Die Geister scheidet er allerdings: Ist das Projekt wegweisend und eine Bereicherung oder schlicht eine Verschandelung der Landschaft? Das Wandererherz, das Ruhe sucht, würde sich wohl eher gegen den Bau aussprechen, das Architektenherz hingegen applaudiert den Machern und Projektverfassern zum Mut und zu ihrer Idee.

Sechs Alpen an einem Tag

Am nächsten Morgen begeben wir uns auf die zweite und etwas längere Etappe unserer Höhenwanderung. »Davoser Alpentour« nennt sich der Weg, der uns in gut drei Stunden zur Stafelalp führt. »Alpentour« nicht etwa, weil die Alpen von hier aus besonders gut zu sehen wären, sondern weil der Weg sechs Alpen berührt. Wir lassen die Hotelanlage hinter uns und steigen in sanften Schlaufen durch den Tannenwald nach oben und erreichen bald schon die Podestatenalp. Nach einem kurzen, flachen Stück über eine Alpwiese fällt der Weg steil ab und trifft auf das Sträßchen hinauf zur

Lochalp. Die Wärme des Bergsommers drückt. Wir schwitzen. Wie froh sind wir, unterhalb der Grüenialp auf einen Bergbach zu stoßen!

Hier oben ist der Albertibach noch ein zahmes Bächlein, doch die Rutschgebiete rund um unseren Standort lassen ahnen, dass dieser Bach bei einem Gewitter zu einem unberechenbaren Strom werden kann, der Steine und Erdmassen mit sich reißt. Nachdem wir uns im kühlen Wasser erfrischt haben, wandern wir auf dem schmalen Weg weiter. Durch Lärchenwälder und über Wiesen geht es stetig auf und ab Richtung Grüenialp. Schon bald rasten wir wieder, denn in einer langgezogenen Linkskurve öffnet sich wieder der Blick auf das städtische Davos.

Weit in der Ferne, noch hinter der Schatzalp, fällt links oben am Hang ein großer weißer Bau auf: das Waldhotel Davos. Einst ein Sanatorium, inspirierte es Thomas Mann, dessen Frau Katia hier zur Kur war, zu seinem Roman *Der*

Das renovierte Rathaus ist der Leitbau der Moderne der 30er-Jahre in Graubünden. Nach langem Hin und Her hat der Landamann Erhard Branger den Entwurf von Rudolf Gaberel durchgesetzt. Er sah dessen Architektur als Botschafterin von Davos. Der Rathaussaal ist eine Galerie der Kunstgeschichte vom 16. bis ins 20. Jahrhundert: großartige Reliefs, Täferungen, Schnitzereien und Glasmalereien und eine Collagen-Serie von Thomas Hirschhorn.

Rathaus, Rathausstutz, Davos, 1930
Bauherrschaft:
Landschaft Davos
Architektur (Renovation):
Rudolf Gaberel, Davos

Im Geiste Gaberels

Zürcher Höhenklinik Clavadel, Klinikstraße 6, Davos Clavadel, 1995–2000

Bauherrschaft: Stiftung Zürcher Heilstätten Wald und Clavadel

Baujahr: 1932, 1995–2000 (Sanierung und Erweiterung)

Architektur: Rudolf Gaberel, Davos (Ursprungsbau), Baugut AG, Zürich (Sanierung)

Wettbewerb

Der Um- und Neubau von Spital- und Klinikgebäuden gehörte in den 1920er- und 30er-Jahren zur Domäne des Architekten Rudolf Gaberel, dem Wegbereiter der Moderne in Davos und im Kanton. Licht, Luft und Sonne – die Entwurfsprämissen der damaligen Zeit – prägten seine Entwürfe. Große Fenster und nach Süden ausgerichtete Liegeterrassen, die auch mit Krankenbetten befahrbar waren, sollten den Patienten bei der Genesung helfen. Der Bau der chirurgischen Klinik der Zürcher Heilstätte in Davos Clavadel, deren Wettbewerb Gaberel für sich entscheiden konnte, bot dem Architekten die Möglichkeit, ein Klinikgebäude von Grund auf nach seinen Ideen zu gestalten. Der T-förmige Bau besteht aus einem viergeschossigen, nach Südwesten ausgerichteten Patiententrakt und einem dreigeschossigen Anbau für den Empfangsbereich, die Cafeteria sowie Operationssäle und Behandlungsräume. Der Patiententrakt umfasste im Erdgeschoss ursprünglich Zimmer für das Personal, darüber drei Geschosse mit den Zimmern für die Patienten. Oben auf dem lang gezogenen Flachdach thront als zentraler Aufbau die Wohnung des Chefarztes. Sämtliche Zimmer haben direkten Zugang zu den windgeschützten Terrassen, deren elegante Geländer aus Stahlrohren die Essenz des Gebäudes ausmachen. Für Tage mit starkem Wind standen an den Querseiten des Gebäudes pro Geschoss jeweils zwei Veranden mit UV-durchlässigem Glas zur Verfügung, damit die Patienten ihre Freilufttherapie nicht unterbrechen mussten. Wie wegweisend Gaberels Entwurf war, zeigte sich im Rahmen der Sanierung und Erweiterung der Klinik zwischen 1995 und

2000: Die Struktur des denkmalgeschützten alten Patiententraktes konnte, ergänzt durch neue Einbauten wie etwa private Badezimmer, weitgehend beibehalten werden und findet sich im Erweiterungsbau wieder: Seine Zimmer sind ebenfalls nach Südwesten angeordnet und verfügen über große Liegeterrassen. Ihre Funktion verloren haben hingegen die ehemaligen Operationssäle und der Eingangsbereich im Altbau der Klinik: Operationen finden in Clavadel keine mehr statt, und der Zugang zur Klinik erfolgt durch den Neubau.

Zauberberg. Seit der Renovation im Jahr 2006 ist der Mief der 1970er- und 80er-Jahre aus dem alten Haus verschwunden, und die Hotelgäste können dank den Eingriffen der Architekten Pia Schmid und Hans-Jörg Ruch wieder etwas vom Geist des einstigen Waldsanatoriums spüren.

Rechts unterhalb des Waldhotels glitzert das mit Glasscherben statt Kies bedeckte Dach des Kirchnermuseums im Sonnenlicht. Der von den Architekten Annette Gigon und Mike Guyer geschaffene Bau beherbergt Bilder des expressionistischen Malers Ernst Ludwig Kirchner (1880–1938), der einen Großteil seines Lebens bis zu seinem Freitod in Davos verbracht hat.

Gleich daneben befinden sich mit dem Sportzentrum und dem Werkhof von Davos Tourismus zwei weitere Bauten des Zürcher Architektenduos. Sie führen das Werk Gaberels in einer neuzeitlichen Form fort. Mit zum Ensemble der Sportanlagen gehört auch die Eishalle, die Heimat des Hockey-Clubs Davos und Austragungsort des Spengler-Cups ist. Diesen an eine Kathedrale erinnernden Bau haben das Davoser Architekturbüro Krähenbühl und der Bonaduzer Holzbauingenieur Walter Bieler geschaffen.

Von unserem Aussichtspunkt aus sind aber nicht nur aktuelle architektonische Projekte in der Alpenstadt gut zu sehen, sondern auch weitere Werke von Rudolf Gaberel: Links der Kirche St. Johann aus dem 13. Jahrhundert steht das Davoser Rathaus. Gaberels Umbauprojekt, das mit dem Abbruch des Giebeldachs und einer Aufstockung verbunden war, benötigte zwei Volksabstimmungen, bis es vom Davoser Souverän bewilligt wurde. Gaberel realisierte bis 1931 aber nicht nur den Umbau

Davoser Ställe auf der Stafelalp, einem Wirkungsort von Ernst Ludwig Kirchner.

des Rathauses, sondern sanierte das gesamte Quartier nach städtebaulichen Kriterien. Ökonomie- und Holzbauten wurden abgerissen, Straßen neu erstellt oder verbreitert und die Wohnhäuser mit Flachdächern versehen. Dabei kam meist die von Gaberel entwickelte Variante zur Anwendung. Sie verfügt über einen durchlüfteten Hohlraum zwischen Dachhaut und Gebäude. So wird verhindert, dass der Schnee durch die Heizwärme des Hauses antaut.

Die Einführung des Flachdaches ging nicht ohne Nebengeräusche über die Bühne: Über das Thema war in Davos schon Jahre zuvor erbittert gestritten worden. Heimatschutz und Modernisten lieferten sich gewaltige Wortgefechte. So argumentierte die Bündnerische Vereinigung für Heimatschutz bereits 1925, dass Flachdächer für einen »abstoßenden Eindruck« ganzer Dörfer mitverantwortlich seien. Schließlich war der Siegeszug der flachen Dächer zumindest im Davoser Ortszentrum nicht mehr aufzuhalten, nicht zuletzt deshalb, weil mit diesen Dächern das Problem mit den oft gefährlichen Dachlawinen gelöst war. Gaberel hat sich also nachhaltig durchgesetzt. Seit 1961 gilt im Davoser Ortskern sogar Flachdachpflicht. Gehalten hat sich

Kunst in den Kuben

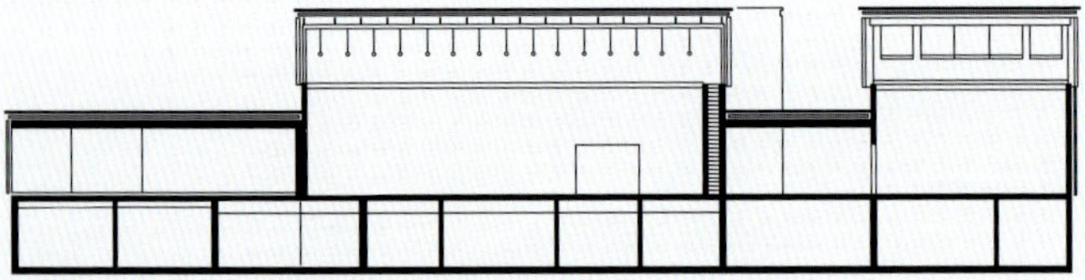

Kirchnermuseum, Ernst-Ludwig-Kirchner-Platz, Davos Platz, 1992

Bauherrschaft: Kirchner-Stiftung, Davos

Architektur: Gigon/Guyer Architekten, Zürich

Ingenieur: DIAG, Davos

Wettbewerb

Zwanzig Jahre lang, bis zu seinem Tod 1938, lebte der deutsche Maler Ernst Ludwig Kirchner in der Landschaft Davos. Zuerst auf der Stafelalp ob Frauenkirch, später auf dem Wildboden. Die Hochgebirgswelt inspirierte ihn zu einigen seiner bekanntesten Werke. Jahrzehntelang waren seine Bilder und Holzskulpturen in Museen und Privatsammlungen weltweit verstreut. In Davos selber erinnerte nur ein kleines Museum, das unscheinbar im ersten Stock der Post in Davos Platz untergebracht war, an den weltberühmten Künstler. Die Initiative der Kirchner-Stiftung machte es 1992 möglich, ein dem Künstler gewidmetes Museum an prominenter Lage an der Davoser Promenade zu errichten.

Der aus einem Wettbewerb hervorgegangene Entwurf des Zürcher Architekturbüros Gigon/Guyer besteht aus vier Kuben, in denen jeweils ein Ausstellungsraum untergebracht ist. Die Belichtung erfolgt durch die für Museen typischen Oberlichter, die das Tageslicht durch eine Decke aus Milchglas leiten. Glas setzen die Architekten nicht nur für die Oberlichter ein, sondern für die gesamte äußere Gestaltung der Gebäudekuben: Klarglas für den Eingangsbereich und die wenigen Fenster, mattes Glas für den Schutz der Fassade vor der Witterung und Glasscherben als Deckmaterial für das Flachdach.

Verbunden werden die vier Ausstellungsräume durch einen flachen Bau, der auch den Kassenbereich, den Museumsshop sowie Toiletten und Garderoben beherbergt. Die Gestaltung der Räume ist zurückhaltend: Sichtbeton, weiß gestrichene Wände und Parkettböden. So geben die Architekten den Bildern Kirchners mit ihren teils kräftigen Farben genügend Raum. Sparsam gehen Gigon und Guyer auch mit den Gebäudeöffnungen um: Einige wenige gezielt gesetzte Fenster geben den Blick auf die Landschaft frei, die sich künstlerisch interpretiert auf den Bildern Kirchners wiederfindet.

auch Gaberels unterlüftete Flachdachkonstruktion, die heute noch – ergänzt um eine Isolationsschicht – angewendet wird.

Auf Kirchners Spuren

Gleich anschließend an das Rathausquartier findet sich ein weiterer Bau von Rudolf Gaberel, der 1946 neu erbaute Bahnhof, eines seiner letzten großen Werke. Das Gebäude ist heute noch in weiten Teilen in seiner Ursprungsform erhalten. Gegenüber steht seit einigen Jahren das vom Architekten Justus Dahinden entworfene Einkaufszentrum. Mit seiner gesichtslosen Fassade zum Platz hin und dem an eine Rakete erinnernden Treppenhaus erdrückt es die filigrane Architektur Gaberels fast.

Wir wandern weiter zur Erbalp. Sie hieß einst Brücher Sonnenberg, wurde aber während der Pest von 1585 in einer Nacht sechs Mal weitervererbt, was ihr den neuen Namen eintrug. Von der Erbalp aus gelangen wir über ein Fahrsträßchen nach Usser Erb und weiter über einen malerischen, schmalen Weg, der durch hohe Wiesen und durch

Das Schulhaus Frauenkirch von Rudolf Gaberel.

Der Lehrer und die Schüler, eine Kopie der Holzskulptur von Kirchner für das Schulhaus Frauenkirch (Original im Kirchnermuseum).

Wald zur Stafelalp führt. Wie von einem Riesen hingeworfen, liegen die von der Sonne verbrannten Häuser und Ställe auf diesem Hochplateau, mitten drin plätschert ein Brunnen. Wir haben das Gefühl, in einer anderen Zeit gelandet zu sein. Etwa im Jahr 1917, als Ernst Ludwig Kirchner zum ersten Mal hier hochkam und arbeitete.

Wir setzen uns für ein Bierchen auf die Terrasse des Gasthauses Stafelalp. Von hier aus fällt der Blick auf die andere Talseite, wo Kirchner nach seiner Zeit auf der Stafelalp auf dem Wildboden, einem von einem Lärchenwald dominierten Moränenkegel, den Rest seines Lebens verbrachte. Von dort aus hatte er die Stafelalp fest im Blick und verewigte sie auf seinen Bildern. Der Wildboden inspirierte aber auch Rudolf Gaberel, dessen Wege sich immer wieder mit denen Kirchners kreuzten: Mitten in den Lärchenwald hinein baute er 1920 mit viel Feingefühl den Waldfriedhof. Gaberels 1925 verstorbene Frau liegt dort ebenso begraben wie Ernst Ludwig Kirchner und der Architekt selbst.

Hinter dem Waldfriedhof, dort, wo der Moränenkegel in den Steilhang übergeht, ist aus der Distanz ganz schwach ein einfaches Holzhaus zu sehen, das der Zürcher Architekt Emil Roth 1938 als Kinderheim erstellt hatte. Wir lassen den Blick weiter nach oben schweifen und stoßen auf Gaberels wohl eindrücklichsten und wichtigsten Klinikbau: Die Zürcher Heilstätte Clavadel. Zwischen 1995 und 2000 wurde der Altbau renoviert und durch Anbauten markant erweitert.

Gestärkt vom Bier und einem Plättli mit Salsiz, machen wir uns auf den Weg über die Alpstraße hinunter nach Frauenkirch. An der Stelle, wo die unbefestigte Straße in eine Teerstraße übergeht, wählen wir den Fußweg, der nach links abzweigt und uns nach Frauenkirch bringt.

Noch ein letztes Mal treffen wir hier auf Gaberels Spuren: Das 1935 in Holzbauweise erstellte Schulhaus oberhalb der Hauptstraße stammt ebenfalls aus seiner Feder und ist einer der wenigen Bauten des Architekten aus den 1930er-Jahren mit einem Giebeldach. Beachtenswert ist die farbige Holzskulptur über dem Eingang: Sie zeigt den Dorflehrer Florian Bärtschi mit seinen Schülern. Ein Werk Kirchners – notabene der einzige Auftrag, den der Künstler von der Gemeinde Davos je erhalten hat. Vom Schulhaus aus nehmen wir die letzten Meter unter die Füße und erreichen nach wenigen Minuten die Haltestelle des Ortsbusses, der uns zurück nach Davos bringt.

Literatur

Christof Kübler, *Wider den hermetischen Zauber, Rationalistische Erneuerung alpiner Architektur um 1930, Rudolf Gaberel und Davos,* Verlag Bündner Monatsblatt/Desertina, Chur 1997.

Ernst Halter, *Davos, Profil eines Phänomens,* Offizin, Zürich 1999.

Üsé Meyer, Ulrike Schettler, Reto Westermann, *Architektur erwandern,* Werd-Verlag, Zürich 2010.

Köbi Gantenbein, Ariane Pradal, Jürg Ragettli, Ralph Feiner, *Bauen in Graubünden,* Verlag Hochparterre und Bündner Heimatschutz, Zürich/Chur 2006.

Thomas Mann, *Der Zauberberg,* Roman, S. Fischer Verlag, Berlin 1924.

Mit Feingefühl in die Landschaft gesetzt: der Waldfriedhof von Rudolf Gaberel beim Wildboden in Davos.

Unterengadin

Ruhe- und Transitlandschaft

Zernez–Lavin–Scuol–Sent–Vnà–Tschlin

Die kleineren Dörfer des Unterengadins blieben vom touristischen Bauboom einigermaßen verschont. Mit Ausnahme der Neubauzone von Scuol sind die Ortsbilder weitgehend intakt. Unsere Wanderung führt uns nur an wenigen architektonisch gelungenen Neubauten vorbei. Und diese verstecken sich oft hinter alten »Savas«, den gesägten Fassadenbrettern der Ställe. Interessant ist auch, was auf der Grenzlinie von Kunst und Architektur entsteht.

Von René Hornung

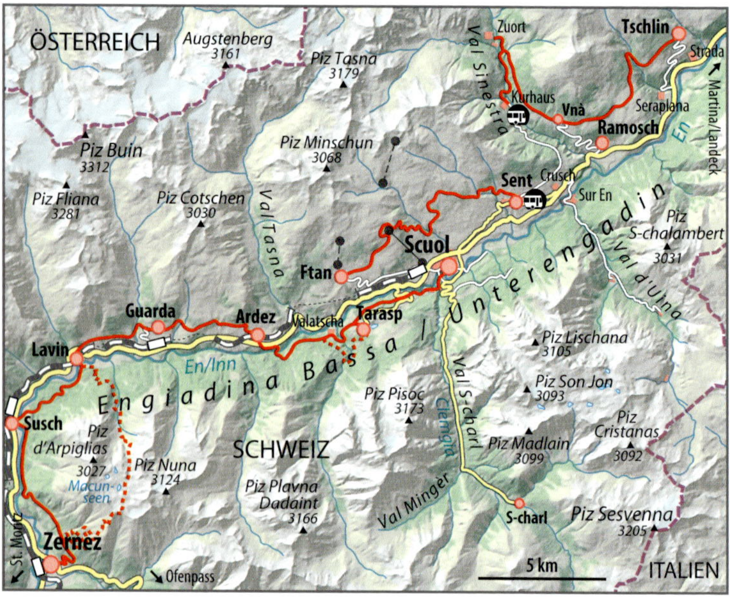

Zernez–Susch–Lavin je nach gewählter Höhenlage	3 h 30 bis 4 h 30
↗ 330 bis 530 m ↘ 300 bis 500 m	
Lavin–Guarda–Ardez	3 h
↗ 370 m ↘ 340 m	
Ardez–Tarasp–Scuol Zusatz: Tarasp–Avrona–Clemgiaschlucht–Scuol	2 h 1 h 45
↗ 150 m ↘ 150 m (mit Zusatz plus ↗ 100 m ↘ 250 m)	
Sinestra–Vnà direkt via Zuort	1 h 30 2 h 30
↗ (direkt) 100 m ↗ via Zuort 200 m ↘ 90 m	
Vnà –Tschlin	2 h 30
↗ 280 m ↘ 330 m	

Charakter
Die »Via Engiadina«, der »Nationalpark Panoramaweg« (Wanderland-Route 45) sowie alle übrigen Wege sind gut unterhalten und signalisiert, allerdings ist gutes Schuhwerk erforderlich. Die Überquerung der Hängebrücken ist nicht jedermanns Sache.

Beste Jahreszeit
Juni bis Oktober

Verkehrsmittel
Rhätische Bahn und Postauto stündlich mit sternförmigem Anschluss am Bahnhof Scuol. Ortsbus Scuol, alle 20 resp. 30 Minuten, je nach Saison. Sent–Val Sinestra: Bus dreimal täglich, Juni bis Oktober. Übrige Zeit: Hotelbus Val Sinestra, Tel. 081 866 31 05, www.valsinestra.ch

Varianten
1. Zernez–Lavin: Über das Hochplateau der Macun-Seen: Wanderzeit 8 h. Aufstieg 1400 m, mit Alptransport noch 700 m (Transport bis Plan Sec: Dumeng Schorta, Tel. 081 856 14 76, Kosten: bis 3 Personen pauschal 60 CHF, ab 4 Personen 15 CHF/Person, pro Transport maximal 20 Personen), Abstieg 500 m
2. Ardez–Scuol: Umweg über Sur En mit sehenswerter Kapelle aus dem 13. Jh., zusätzlich 2 h.

Übernachten und essen
In Zernez zahlreiche Hotels und Restaurants. Empfehlenswert: Hotel Garni Chasa Veglia, 081 284 48 68, www.chasa-veglia.ch; Hotel Restaurant Acla-Filli, 081 851 51 51, www.hotelfilli.ch, November Betriebsferien
Hotel Restaurant Piz Linard, Lavin, 081 862 26 26, www.pizlinard.ch
Hotel Restaurant Crusch Alba, Lavin, 081 862 26 53, www.cruschalba-lavin.ch, Mitte April–Mitte Mai und Nov.–Mitte Dez. geschlossen; Restaurant Sonntagabend und Montag Ruhetag
Hotel Restaurant Muntanella (ex Aurora), Ardez, 081 860 00 23, www.hotelmuntanella.ch
In Scuol zahlreiche Hotels, Restaurants. Empfehlenswert: Hotel Restaurant Traube, 081 861 07 00, www.traube.ch, Mitte April–Ende Mai und Ende Okt.–Mitte Dez. geschlossen; Hotel Restaurant Belvair, 081 861 25 00, www.belvair.ch, durchgehend geöffnet ohne Ruhetage; Hotel Restaurant Belvedere, 081 861 06 06, www.belvedere-scuol.ch, durchgehend geöffnet ohne Ruhetage
Jugendherberge Scuol, 081 862 31 31, www.jugendherberge.ch, Mitte April–Mitte Juni und Ende Okt.–Mitte Dez. geschlossen
Hotel Restaurant Usteria Piz Tschütta, Vnà, 081 860 12 12, www.hotelvna.ch, Feb.–Ende Okt. durchgehend geöffnet, zusätzlich geöffnet zwischen Weihnachten und Mitte Jan.
Pension Restaurant Arina, Vnà, 081 866 31 27
Hotel Restaurant Macun, Tschlin, 081 866 32 70, www.hotelmacun.ch, Betriebsferien im Mai und Nov.

Einkaufen
In allen Ortschaften gute Grundversorgung. In Tschlin und Vnà nur eingeschränkt.

Museen, Besichtigungen
Nationalparkzentrum Zernez, Öffnungszeiten Sommer (1. Juni–31. Okt.): täglich 8.30–18 Uhr; Öffnungszeiten Winter: reduziert. Auskunft 081 851 41 41, www.nationalpark.ch
Kulturzentrum Nairs, Scuol, Öffnungszeiten (Juni–Okt): Do–So, 16–19 Uhr, 081 864 98 02. www.nairs.ch
Buchdruckmuseum Stamparia, Strada, Öffnungszeiten, Juli/Aug.: Do und Sa, 15–17 Uhr, Mai/Juni/ Sept./Okt.: Sa 15–17 Uhr, 081 866 34 34 oder 081 866 32 24
Parkin Not dal Mot, Sent. Während der Sommersaison geführte Besichtigungen, jeweils Fr 15–18 Uhr, 081 864 15 44, www.sent-online.ch/attracziuns/parkin/index.html

Information
Nationalpark, 081 851 41 41, www.nationalpark.ch
Zernez: 081 856 13 00, www.engadin.stmoritz.ch/zernez
Alle talabwärts liegenden Gemeinden: Tourismus Engadin-Scuol, 081 861 22 22, www.scuol.ch

Karten
Landeskarte 1:50 000, Blatt 259 (Ofenpass), Blatt 249 (Tarasp); Landeskarte Swisstopo, Unterengadin, 1:50 000; Kümmerly + Frey, Unterengadin, Nationalpark, Val Müstair, 1:60 000

Längst ist der Zeiger am alten Wasserreservoir oberhalb von Zernez angerostet.

Fährt man vom Oberengadin gegen Osten, zeigt sich bald hinter der weiten Plaiv-Ebene, wie der Bauboom abnimmt, die Neubauten in den Dörfern werden seltener. Unberührt ist das Tal aber auch hier nicht, denn zwei Nutzungen haben sich seit Jahrhunderten überlagert: die Landwirtschaft und der Transitverkehr. Ofen- und Reschenpass sind traditionelle Nord-Süd-Achsen, das Engadin die Ost-West-Verbindung zwischen Mailand und München. Selbst wenn unser Auge diese Landschaft als intakt wahrnimmt, ist auch hier fast jeder Quadratmeter von Menschenhand oder von Maschinen bearbeitet. Sogar in der Urlandschaft des Nationalparks. Lange bevor er zur Ruhezone wurde, wurden hier Erze abgebaut und Kalk gebrannt. Und ohne von Menschen geformte Terrassen und Bewässerungssysteme konnten die Bauern schon vor Hunderten von Jahren nicht überleben. Im 19. und Anfang des 20. Jahrhunderts hat der Boom der Bäder- und Trinkkuren die Region Scuol-Tarasp nachhaltig umgestaltet.

Wer aber weiter talabwärts wandert, durchquert auf den Sonnenterrassen von Vnà und Tschlin Dörfer, die keine »Totalsanierung« über sich ergehen lassen mussten – ganz anders als der Vorzeige-Ort Guarda.

Start bei Olgiatis Doppelwürfel

Wir starten in Zernez beim Nationalparkzentrum des Flimser Architekten Valerio Olgiati. Dass dieser Beton-Doppelwürfel, der von den einen in seiner Klarheit gelobt, von den andern als abweisend kalt bezeichnet wird, neben Schulhaus und Hallenbad steht, hat eine Geschichte: Die Nationalpark-Stiftung wollte zuerst auf der Wiese zwischen Ofenpassstraße und Schloss Planta-Wildenberg neu bauen. Die Visiere standen schon, als der Landschaftsschutz eingriff. Schließlich entschied die Eidgenössische Natur- und

Heimatschutzkommission, die Wiese müsse frei bleiben, weil Schloss und Umgebung im Inventar der schützenswerten Ortsbilder figurieren. Nach einigem Hin und Her fand sich die Lösung: Olgiatis Neubau steht nun auf der anderen Straßenseite.

Wandern wir nun los, zuerst hinauf zur evangelischen Kirche San Maurizius. Von hier oben zeigt sich, was Valerio Olgiati wollte: das Zusammenspiel der Fassaden von Schloss und Nationalparkzentrum. Wenn wir in den Hang über uns blicken, entdecken wir ein kleines Häuschen, das sich hinter einer mächtigen Arve versteckt. Was war das dort unter dem Dach? Eine Uhr, die einen Zeiger verloren hat? Wir wollen das aus der Nähe anschauen und entdecken auf der bröckelnden Fassade die Reste von Zahlen. Das also ist des Rätsels Lösung: Der längst angerostete Zeiger gab einst den Wasserstand im Reservoir an, weitherum sichtbar und im wasserarmen Engadin immer auch ein Mahnfinger. Wir finden von diesen Zweckbauten noch einige in den Hängen, fast alle sind sie ausgemustert. Einem werden wir ganz zum

Auf dem Richtplatz Fuorcha zwischen Zernez und Lavin stehen noch die Säulen des Galgens.

Der Findling

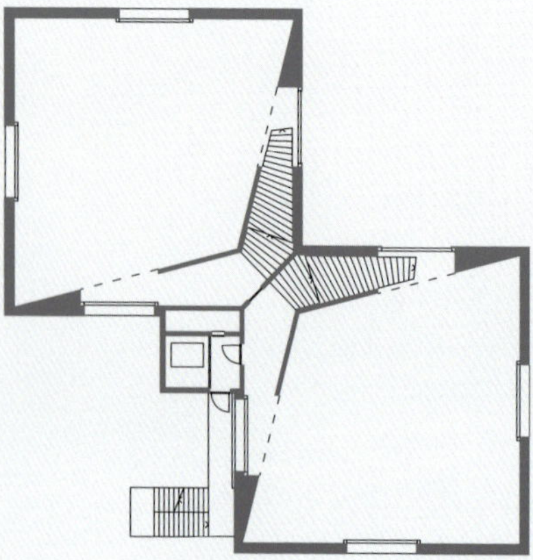

Nationalparkzentrum, Zernez, 2008

Bauherrschaft: Stiftung Schweizerischer Nationalpark, Bern

Architektur: Valerio Olgiati, Flims

Ingenieure: Patrick Gartmann, Conzett, Bronzini, Gartmann, Chur

Wettbewerb

Das Nationalparkzentrum sollte ursprünglich direkt neben das Schloss Planta-Wildenberg zu stehen kommen. Mit der Distanz am neuen Standort, auf der anderen Straßenseite, funktioniert das architektonische Formenspiel zwischen Schlossturm und Kubus nur noch bedingt. Der Neubau ist ein streng symmetrischer, fugenloser Betonfels. Nur die Geschosse zeichnen sich in knappen Vorsprüngen nach oben ab. Die Fenster sind hart ausgestanzt in die jeweilige Mittelachse der Fassade gesetzt. Stadtwanderer und *Hochparterre*-Redaktor Benedikt Loderer verglich den Block aus Leichtbeton mit einem Findling, der auf dem Gletscherrücken nach Zernez gerutscht ist.

So rigid die Ordnung der zwei in je einer Ecke ineinandergeschobenen Würfel von außen scheint, so sehr überrascht der

Bau im Innern: Im einen Würfel geht man hoch, im anderen herunter, eine »Raumschraube«. Steht man in den Ausstellungsräumen, sieht man das Treppenhaus nicht, und doch kann man sich nicht verlaufen. Die Orientierung ist erst mit einem Blick aus dem Fenster möglich, er zeigt jeweils, in welchem der beiden Würfel man gerade steht. Das liegt an den verborgenen Treppenhäusern. Der Grundriss des Zentrums ähnelt einem Schmetterling.

Schluss unserer Wandertage nochmals begegnen – einem, der zum Schmuckstückchen geworden ist.

Weiter gehts Richtung Munt Baselgia. Über Sivü hoch, dann aber wieder runter nach Fuorcha. Hier stehen auf dem einstigen Richtplatz noch die beiden runden Steintürme des Galgens. In Susch überqueren wir den Inn über die gedeckte Holzbrücke und gehen 200 Meter die Flüelapassstraße hoch, bis zur ersten Kurve und zum aufgestelzten Salzdepot vom Scuoler Architekten Teodor Biert. Die transparenten Kunststoffwände fallen auf. »So kommt Licht rein und der Straßeninspektor braucht keine Lampe anzuknipsen«, sagt Teodor Biert und lacht. Die Entstehungsgeschichte dieses Baus war allerdings weniger zum Lachen: Ein Jahr lang stritt der Architekt mit dem Kanton um die Materialwahl. Biert ist einer der wichtigen Vertreter zeitgenössischer Architektur im Unterengadin und Vorbild vieler jüngerer Kollegen.

An der neuen Innbrücke in Susch stehen wir vor einem Wanderwegtäfeli-Wald. Hier kommen Via Engiadina, der »Nationalpark Panoramaweg« (Wanderland-Route 45), eine Kanustrecke, das Veloland und Mountainbiketouren zusam-

Das Salzlager im Obergeschoss des Werkhofs ob Susch an der Flüelapassstraße ist mit Acrylglasplatten umhüllt. So kommt Licht herein und der Straßenwärter braucht keine Lampe anzuknipsen.

Salzlager, Flüelastraße, Susch, 1996
Bauherrschaft: Tiefbauamt
Architektur: Teodor Biert, Scuol

Susch: Vom Verkehr geplagt, aber vom Massentourismus verschont.

men. Egal, für welche Variante wir uns entscheiden: Sämtliche Wege auf beiden Talseiten führen nach Lavin. Wir raten zur Strecke auf der rechten Talseite, die durch den Wald führt. Er verdeckt den hässlichen Ausblick auf den Autoverlade- und Umsteigebahnhof Sagliains einigermaßen. Dort drüben waren Ingenieure am Werk, die das offensichtlich nicht mehr konnten, was ihre Vorgänger noch mit Bravour beherrschten: die Bahn in die Landschaft einpassen. Für die über hundert Jahre alten RhB-Strecken über Albula und Bernina hat die Rhätische Bahn das Prädikat Unesco-Weltkulturerbe erhalten. Ist es Ironie, dass sich die Bahn ausgerechnet beim Warten auf den Autoverlad damit brüstet?

Lavin mit seinen freistehenden Palazzi hat ein Ortsbild »von

Rosa Palazzo am Dorfplatz: Hotel Piz Linard in Lavin.

Der weiße Trog

Dorfbrunnen, Lavin, 2001

Entwurf: Flurin Bischoff, Lavin

Bauherrschaft: Privat, Schenkung an die Gemeinde

Direktauftrag

In Lavin steht mitten im Dorf ein großer, skulpturaler, weißer Brunnen mit verwinkelt aufeinander zulaufenden Randabschlüssen. Eine faszinierende Form, die dazu herausfordert, mit der Hand den Flächenverlauf zu ertasten. Flurin Bischoff, Maler, Bildhauer und Biogärtner, hat diese Brunnenskulptur 2001 neben seinem Haus aufgestellt. Er hat damit die Engadiner Brunnentradition neu interpretiert – auch an zwei anderen Orten: Neben dem Bahnhof von Lavin steht ein kleiner schwarzer Trog, mit eindeutigem Bezug zur benachbarten Schulanlage, und in Ramosch lehnt ein roter Brunnen wie ein Tropfen an der Kirchenmauer. Die Bevölkerung akzeptiere die neuen Formen gut, stellt Bischoff »eher überrascht« fest. Wenn alles klappt, wird bald auch Ftan ein Werk aus Künstlerhand bekommen. In Bischoffs Gärtnerei, unten am Inn, steht ein anderes sehenswertes und selbst entworfenes Objekt: der schwarze Ausstellungs- und Meditationsraum, ein »Gewächshaus für den Geist«.

Traditionelle Engadiner Brunnen waren ursprünglich ovale Holztröge aus der Küferei. Ab 1880 wurde in den Dörfern die zentrale Wasserversorgung aufgebaut, und zu Beginn des 20. Jahrhunderts wurden viele elegant dünnwandige Zementbrunnen mit kaskadenartig untereinanderliegenden Becken aufgestellt. Eine strenge Brunnenordnung schreibt vor, wer wann das Vieh tränken oder im Brunnen waschen darf. In Scuol fließt über ein separates Rohr in die meisten Tröge auch das »Sauerwasser« der Mineralquellen.

Brunnen stehen im Zentrum vieler Engadiner Bräuche. In Scuol werden die »Glümeras« aufs Wasser gesetzt, Nussschalen oder

Rindenschiffchen, die mit Wachs gefüllt sind und die Neujahrsnacht erleuchten. In Zuoz führt der Frühjahrsumzug der Jugend am Chalandamarz an allen fünf Dorfbrunnen vorbei.

nationaler Bedeutung«. Neu bauen können Einheimische – aber keine Feriengäste! – trotzdem, am Westrand des Dorfes. Inzwischen stehen dort fünf Häuser, doch Familien mit Kindern wohnen hier keine. Die ursprüngliche Absicht, mit Zuzügern die 1999 neu gebaute Schule (Architektur: Scherrer Valentin, Zürich, Farbgestaltung: Reto Brawand, Zürich) zu retten, ist gescheitert. Seit Sommer 2008 wird kein Unterricht mehr erteilt. Das hat eine Gruppe von Einheimischen aufgeschreckt, die nun an der »Vision Lavin« arbeitet. »Es fehlt an Wohnraum für Einheimische, und es fehlen sogar Ferienwohnungen«, sagt die Keramikerin Madlaina Lys, Mitglied der Baukommission und der »Vision«-Gruppe. Nun will man Liegenschaftenbesitzer sensibilisieren, damit sie ihre Ställe für Umbauten freigeben und auch die vielen leer stehenden Wohnhäuser besser genutzt werden. Einige gehören Erbengemeinschaften, von denen niemand mehr im Dorf wohnt.

Wir setzen uns auf die Sonnenterrasse des Hotels Piz Linard. Das rosarote Haus haben Gaby und Hans Schmid

Bahnhof Lavin: Was einmal Wartesaal und Stationsbüro war, ist heute das Bistro Staziun. Von einer Gruppe engagierter Einheimischer betrieben und von Designerhand sorgfältig gestaltet, ist das Mini-Bahnhofbuffet mit Selbstgebackenem zum beliebten Treffpunkt geworden.

Bistro Staziun, Bahnhof, Lavin, 2006
Bauherrschaft und Architektur:
Rebekka Kern, Jürg Wirth, Valentin Hindermann, Werner Kupferschmid, Peter Pasquill

2007 mithilfe von vielen Aktionären erworben und sind mit ihren vier Kindern von St. Gallen nach Lavin umgezogen. Schritt für Schritt wird das Haus umgebaut, mit hohem Anspruch an Gestaltung, Küche und Kultur. Der Leuchter im renovierten Speisesaal stammt übrigens von Madlaina Lys, und vier Gestalterteams richteten je eines der großzügigen Eckzimmer neu ein.

Ein kurzer Dorfrundgang muss sein: Gleich um die Ecke steht der skulpturale weiße Brunnen (2001) von Flurin Bischoff. Danach setzen wir uns noch zum Apéro ins Staziun. Der ehemalige Wartesaal des Bahnhöfli ist zum stilvollen Buffet geworden.

Der volle Parkplatz verrät: ein Touristenort

Zeitgenössische Architektur hat ihre Wurzeln in uralten Bautraditionen. Diese Etappe beginnen wir deshalb im 16. Jahrhundert – im Kirchlein von Lavin mit den ältesten erhaltenen Fresken im Tal. Faszinierend ist der Blick unter die

Am Südhang vor Guarda, der Blick ins Tal über Lavin Richtung Westen.

Kuppel, wo uns ein Kopf mit drei Augen anblickt. Einem 3-D-Bild gleich sehen wir dieses Gesicht gleichzeitig von links und von rechts, und immer schauen uns diese Augen an.

In einer guten Stunde erreichen wir Guarda. Der volle Parkplatz am Dorfeingang ist eine Warnung: Wir sind in einem Touristenort angekommen. Das haben wir dem Architekten Jachen Ulrich Könz und seiner Frau, der *Schellenursli*-Autorin Selina Chönz, zu verdanken. Der Architekt und Denkmalpfleger hatte erreicht, dass »sein« Guarda mit Bundes- und Kantonsgeldern in wirtschaftlich schwierigen Zeiten, zwischen 1939 und 1945, »umfassend restauriert« werden konnte. Nicht nur Fassaden wurden instand gestellt, auch die Struktur vieler Häuser wurde »modernisiert«. Könz' Argument: Auch die Bergbevölkerung habe Anrecht auf modernen Wohnkomfort. Diese durchgeplante Sanierung

Am Rande des denkmalgeschützten Schellenursli-Dorfes Guarda, in der Neubauzone, steht dieses Turmhaus. Es lehnt sich an traditionelle Vorbilder an: kleine Fenster, muraler Verputz und die Veranda, als Neuinterpretation des Erkers.

Chasa 99, Guarda, 2006
Bauherrschaft:
Fam. Engelmann-Müller
Architektur:
Roger Vulpi, Guarda

und Musealisierung hat dem Ruf des »Schellenursli«-Dorfes nicht geschadet: 1975 erhielt Guarda den Wakkerpreis, seit 1985 ist das Ortsbild im Inventar »von nationaler Bedeutung« aufgeführt.

Doch auch in Guarda wird weitergebaut. Einer, der mit vorhandener Substanz möglichst behutsam umgeht, ist Urs Padrun. Als junger Architekt aus dem Unterland hat er das Haus seiner Vorfahren erneuert und ist dann mit seiner Familie und seinem Büro gleich in Guarda geblieben. Wenn die Touristenscharen am späten Nachmittag genug fotografiert haben, übernehmen die einheimischen Familien das Dorfleben. Der Stimmungswechsel ist erstaunlich. »Guarda Guarda!« will sagen »Schau das Dorf genauer an!« Am einen oder anderen Umbau zeigt sich, wie sich die Renovations-Auffassung gewandelt hat: Heute sind nicht mehr möglichst weit offene Stallfassaden gefragt. Das eigenständige, in den Stall hinein gebaute Haus gilt inzwischen als vorbildliche Fusion von Tradition und Moderne.

Am Weiler Bos-cha vorbei geraten wir ins »Unterengadiner Fenster«, in jene geologische Zone, die sich ab Guarda Inn abwärts bis nach Prutz im Tirol geöffnet hat. Hier liegt

»Guarda Guarda!« – schau genau hin. In der untersten Häuserreihe, abseits der Touristenströme, steht dieser zeitgenössische Umbau – neue Räume, hineingebaut in die alten Strukturen.

Chasa 89, Guarda, 1994
Bauherrschaft und Architektur:
Urs Padrun, Guarda

der Bündner Schiefer frei. Durch ihn tritt Gas und Wasser aus – die Erklärung für die vielen hoch mineralisierten Quellen mit ihrem »Sauerwasser«, die wir gleich in Scuol und Tarasp antreffen werden.

Die Etappe endet in Ardez, einem Dorf, das mit der geschlossenen und mächtigen Häuserreihe entlang der Hauptstraße mindestens so beeindruckt wie der Vorzeigeort Guarda.

Bos-cha: Der Senter Giebel macht das Haus größer, als es ist.

Auch das noch: eine Mutprobe

Kunstwerk mit Reben und Soldaten – das Haus Claglüna in Ardez.

Sie sind nicht schwindelfrei? Dann seien Sie gewarnt! Denn heute führt der Weg über die hohe, schwingende Hängebrücke zwischen Ardez und Tarasp. Wir überqueren östlich des Bahnhofs Ardez die Umfahrungsstraße und gehen am katholischen Kirchlein auf dem rot-weiß-rot markierten Weg geradeaus hangabwärts. Nach ein paar Metern Abstieg finden wir uns in einem Mikroklima wieder, in einer unglaublich reichen Fauna und Flora, die in diesem windgeschützten Kessel gedeiht. Und dann stehen wir vor dem Werk einer Seilbahnkompanie. Schreck lass nach! Rostige Stahlseile, so hoch über dem Fluss! Nach bestandener Mutprobe entdecken wir am Nordufer zu unserer Beruhigung, dass die Seile nicht, wie es aus Distanz

Im Steinschlaggebiet unterhalb von Ardez.

schien, bloß um einen Baum gespannt sind, sondern stabil in zwei Betonblöcken im Hang ankern.

Wer sich vor dieser Brücke fürchtet, erreicht über das Sträßchen, das von Ardez nach Sur En führt und mit einer stabilen Betonbrücke den Inn überquert, das Ziel ebenfalls. Wir wollen weiter: über Hof und Aschèra nach Tarasp. Wir haben festes Terrain unter den Füßen, doch wenn wir auf den gegenüberliegenden Hang blicken und dort die Dauerbaustelle von Bahn und Straße im Einschnitt des Val Tasna sehen, können wir erahnen, was nötig ist, damit diese Hänge im »Unterengadiner Fenster« sicher durchquert werden können. Sobald wir aus dem Wald kommen, thront unvermittelt Schloss Tarasp vor uns. Die Kulisse ist eindrücklich, das Märchenschloss zieht magisch an. Kurz danach steigen wir – ein Umweg zwar – den Hang hoch und wandern über Godplan nach Tarasp Fontana, denn der direkte Weg auf der Natur- und Teerstraße führt durch die »Hüsli-Schweiz« und ist nicht sonderlich attraktiv.

Wer noch nie im Schloss Tarasp war, sollte sich eine Führung nicht entgehen lassen. Der Bau geht auf das 11. Jahrhundert zurück, und Tarasp gehörte vom 13. Jahrhundert bis zu Napoleons Gebietsreform von 1803 zu Tirol. Die neuere Geschichte des Schlosses ist auch eine Geschichte der Denkmalpflege: »Odolkönig« Karl August Lingner hatte 1900 das Schloss gekauft und mit der damals modernsten Technik und den teuersten Stücken, die er in der weiten Region zusammenkaufen ließ, instand gestellt. Vieles sieht und erfährt man in den spannenden Führungen, mehr noch kann man nachlesen im Buch von Walter A. Büchi über Karl August Lingner.

Die Zeiten des »Odolkönigs« waren Boomzeiten. In Tarasp trank der Hochadel »Sauerwasser« und badete darin.

Nur für Schwindelfreie: Eine Seilbahnkompanie hat einst diese Hängebrücke zwischen Ardez und Tarasp über den Inn gebaut.

Noch steht die Trinkhalle, einer Kathedrale gleich, unten am Inn, doch langsam aber sicher verrottet sie. Ob sie gerettet werden kann, steht in den Sternen. Auf der anderen Flussseite ist aus dem früheren »Kurmittelzentrum« das »Kulturzentrum Nairs« geworden: Jedes Jahr arbeiten und wohnen hier von Frühling bis Herbst mehrere Künstlerinnen und Künstler, und die Ausstellungen in »Nairs« zeigen aktuellstes Schaffen.

Wir sind allerdings zeitgenössischer Architektur auf den Fersen und reservieren uns für die kommende Nacht ein Bett in der Jugendherberge von Scuol. Der Neubau steht wie »eine kompakte Skulptur in einer kargen, starken und erdverbundenen Kulturlandschaft«, so die Architektin Marisa Feuerstein.

Familiäre Bande: Der Schwager baut

Die nächste Etappe beginnt mit einem Dorfrundgang in Scuol. Wir besichtigen die Kindergärten »Trü« (neben dem Parkplatz des Schwimmbads) von Teodor Biert und »Du Parc« von Marisa Feuerstein, ein Anbau an den Polizeiposten unterhalb des Bogn Engiadina. Oben im Quartier Trü, gleich unter der Umfahrungsstraße, steht auch das Haus der Familie des Gemeindepräsidenten Parolini, entworfen von Dieter Jüngling und Andreas Hagmann (2002). Wenn wir der Hauptstraße »Stradun« entlang laufen, kommen wir unvermeidlich am Center Augustin (1986) vorbei, einem frühen Werk des heute in St. Gallen und Horn (TG) arbeitenden Beton-Künstlers Beat Consoni.

Dann fahren wir mit dem Postauto in einer Viertelstunde hinauf nach Ftan. Das Auge kann die Neubauzone nicht ausblenden: »Terrain da Fabrica« steht hier überall. Das hat nichts mit einer Fabrik zu tun, sondern steht für »Bauland«. Wir wandern hinüber nach Ftan-Pitschen. Am Ostrand ent-

Einheimische nennen den neuen Stall in Ftan-Pitschen eine »Zündholzkiste«. Erbaut aus billigem Sturmholz, sind die horizontal angeordneten Bretter in unterschiedlich breite Felder gegliedert und bilden so ein abwechslungsreiches Fassadenbild. Auf gemauerte Ecken – heute meist bloß noch Attrappen – verzichtet dieser Bau.

Stall Blanke, Ftan-Pitschen, 2000
Bauherrschaft: Fadri und Lina Blanke
Architektur: Jüngling und Hagmann, Chur

Zur gediegenen Herberge

Jugendherberge, Prà da Faira, Scuol, 2007

Bauherrschaft: Schweizerische Stiftung für Sozialtourismus, Zürich

Architektur: ARGE Sursass, Scuol: Marisa Feuerstein, Men Clalüna, Annabelle Breitenbach, Jon Armon Strimer

Ingenieure: Fanzun, Chur

Wettbewerb

Abgewinkelte Fassaden und unregelmäßig gesetzte Trichterfenster der Zimmer, die Eckfenster der Gemeinschaftsräume, die dem typischen Erker, dem »balcun tort«, nachempfunden sind, prägen den Neubau der Jugendherberge in Scuol. Nur vom Berg herunter sieht man sein diagonal verlaufendes Pultdach. Drinnen strahlt das Haus etwas Edles aus. Die Lobby kann es mit der eines Hotels aufnehmen. Eine ganz mit Holz ausgekleidete Stüva knüpft an lokale Bautradition an, und die Architekten konnten Holz-, statt der in Jugendherbergen üblichen Linoleumböden durchsetzen. »Wir sind hier in den Bergen und das soll man auch spüren«, kommentiert die Architektin Marisa Feuerstein.

Im Zentrum des Monoliths steht ein Kern mit Treppe, Lift und gemeinschaftlichen Sanitärräumen, darum herum sind – leicht aus der Orthogonalen abgedreht und in gebührendem Abstand zueinander – vier Zimmerblöcke angeordnet. Darin gibt es Zweier- und Viererzimmer mit eigener Dusche und Sechserzimmer, die die Gemeinschaftsanlagen benutzen. Insgesamt bietet das Haus 160 Schlafplätze in 45 Zimmern.

Der Bau wurde erst möglich, nachdem ein Vorgängerprojekt für ein Jugendhotel der »Cube«-Kette, wie es eines in Savognin gibt, scheiterte. Dann sprangen die Schweizer Jugendherbergen in die Bresche, und die Bergbahnen unterstützten den Bau mit einer halben Million, die Gemeinde mit 60 000 Franken.

decken wir etwas außerhalb des Siedlungsrandes im Hang einen mächtigen Holz-Stall und ein neues Wohnhaus: Lina und Fadri Blanke und die Familie bekamen mit der Güterzusammenlegung diese Parzelle zugeteilt, die direkt an die Bauzone anschließt. Beim Neubau ging es ihnen nicht zuletzt um gute Gestaltung, schließlich ist der Landwirt *Hochparterre*-Leser, und in seiner Familie gibts eine ganze Reihe von Baufachleuten.

Die Wahl des Architekten fiel auf den Schwager – und wieder begegnen wir Dieter Jüngling. Das günstigste Fassadenmaterial waren Lärchenbretter aus dem Münstertal. Sturmholz. So bekam der Stall den Look einer »Zündholzkiste«, wie ihn die Nachbarn nennen. Doch genau hinschauen lohnt sich: Die horizontal verlaufenden Dielen sind in Felder mit unterschiedlich breiten, gestoßenen Brettern gegliedert. Der Stall unterscheidet sich von anderen Neubauten auch dadurch, dass er auf die vier Eckmauern verzichtet, die die Baubehörde normalerweise verlangt, um das

---

In der Jugendstil-Halle warteten einst die Kurgäste auf ihre Behandlung. Das frühere »Kurmittelhaus« des Kurhauses Tarasp am Inn ist im Sommer eine Künstlerresidenz, betrieben von der Fundaziun Nairs. Jedes Jahr arbeiten hier rund ein Dutzend Stipendiatinnen und Stipendiaten. Von Frühling bis Herbst wird das Haus mit Kunst bespielt. So etwa mit dieser Plastik von Evelina Cajacob.

Kulturzentrum Nairs, Scuol, 1986
Bauherrschaft Gründung:
Henry F. Levy, Stiftung BINZ 39, Zürich
Bauherrschaft heute:
Stiftung Nairs, Art cultura engiadina, Scoul

Bild des traditionellen »Salis-Stalls« weiterzuführen. Weil diese Ecken heute oft nur noch Attrappen sind, konnten Architekt und Bauherr die Gemeinde davon überzeugen, dass es auch ohne geht. Bei der Farbgebung hingegen blieb die Behörde hart: ochsenblutrot? Das ging nicht! Jetzt verwittern die unbehandelten Lärchendielen in der Bergsonne. 2007 hat die Familie östlich des Stalls zudem ein neues Wohnhaus gebaut. Spannend ist auch hier ein Blick auf die Holzfassade, die – schaut man sie sich genau im Winkel der Stirnseiten an – rot wird.

Wer von hier aus weiterwandern will, kommt entweder nach eineinhalb Stunden oben auf Motta Naluns an, der Bergstation der Bergbahn von Scuol. Man kann sich auch mit der Sesselbahn von Ftan hochfahren lassen und wandert dann von Bergstation zu Bergstation in einer guten halben Stunde. Von dort – eine der vielen Varianten – gehts weiter nach Sent, ins Dorf, dessen Häuser fast alle den »Senter Giebel« tragen, ein Statussymbol des im Ausland

Jahrelang stand die Chasa dal Guvernatur mit ihren alten Gerichtsstuben leer. Jetzt hat der italienische Galerist Gian Enzo Sperone das mächtige Haus in Sent denkmalpflegerisch sanieren lassen. In den Stallungen und im Heustock ist nun zeitgenössische Kunst ausgestellt – darunter Werke des aus dem Ort stammenden Künstlers Not Vital.

Chasa dal Guvernatur, Schigliana 217, Sent, 2006
Bauherrschaft: Gian Enzo Sperone
Architektur: Duri Vital, Sent

Im Skulpturengarten

Parkin »Not dal Mot«, Sent

Bauherrschaft: Not Vital, Sent

Kunstobjekte: Not Vital, Sent

An der Straße, die von Scuol nach Sent hinauf führt, ist unmittelbar vor der Dorfeinfahrt ein steil abfallendes Gelände mit einem Zaun eingegrenzt, der die Erwartung weckt, dahinter verstecke sich ein Herrschaftshaus. Wir entdecken zwar eine Garage, weiter unten einen Pool – doch wo steht das Herrschaftshaus? Es wurde nie gebaut! Luzio Crastan (1889–1965), Nachkomme einer ausgewanderten Senter Familie, hatte sich das Terrain in den 1920er-Jahren gekauft und wollte sich hier mit dem in der Toscana verdienten Geld einen Ferien- und Alterssitz bauen. Er ließ einen Park herrichten mit heimischen und fremden Pflanzen, Terrassen und Pergola, Wege und Treppen anlegen, das Areal umzäunen, die Garage und einen halbrunden Pool bauen. Architekt Nicolaus Hartmann hatte die Pläne für die Villa fertig, doch dann kam der Zweite Weltkrieg und Crastans Pläne zerschlugen sich. Auch der nächste Besitzer des Areals realisierte die Baupläne nicht, und schließlich kaufte Mitte der 1990er-Jahre der aus Sent stammende, international bekannte Künstler Not Vital (*1948) das inzwischen verwilderte Terrain. Unterstützt von Mutter und Bruder hat er den Park restauriert und zum Skulpturengarten ausgebaut.

Not Vitals Installationen fordern die Sinne heraus. Die Holzhütte, die jeden Moment einzustürzen droht, das erkletterbare »Vogelnest«, zehn Meter über dem Boden oben im Wipfel eines Baumes, die gläserne »Eishütte« unten am Bach und – wohl am spektakulärsten – die Eselskopf-Brücken, die nur überwindet, wer trittsicher und schwindelfrei ist. Das neueste, 2008 installierte Objekt ist ein Haus, in dem man sich in den Boden versenken lassen kann.

erarbeiteten Reichtums. Dort besuchen wir – wenn wir den richtigen Wochentag erwischen – unbedingt den Park Not dal Mot des Künstlers Not Vital.

Not Vitals Bruder Duri gehört zu denen, die die alte Bausubstanz sorgfältig pflegen und renovieren. In Sent hat er die Sanierung des früheren Gerichtshauses am Schigliana-Brunnen geleitet. Ein Teil des Hauses ist öffentlich zugänglich: Die Galerie Sperone hat dort im Herbst 2008 ihre Türen geöffnet. Und wenn wir uns ein bisschen Zeit nehmen und uns im Dorf umsehen, fällt uns am oberen Siedlungsrand der Leichtbeton-Neubau auf, der wuchtig an der Hangkante sitzt. Zwei Familien teilen sich dieses Ferienanwesen mit den Dimensionen eines klassischen Engadinerhauses.

Von außen nicht sichtbar ist der Ausbau des Stallvolumens im Haus Schigliana 183 im Dorfzentrum von Sent. Hinter der alten Fassade haben die Architekten Rolf Furrer, Basel, und Christof Rösch, Sent, ihr Vorzeigebeispiel im respektvollen Umgang mit alter Bausubstanz geschaffen. Das

Das Haus im Haus oder der rücksichtsvolle Umgang mit der Substanz: In einem ehemaligen Stall in Sent entstand ein Neubau, der einen Respektabstand zu den alten, gesägten Brettern, den »Savas«, einhält. Der Neubau ist flexibel unterteilbar in Wohn- und Arbeitsräume und verzichtet auf großflächige Fenster. Das viele Licht im Engadin macht große Öffnungen gar nicht nötig.

Chasa, Schigliana 183, Sent, 2000
Bauherrschaft: Helen Rösch-Schneller
Architektur: Christof Rösch und Rolf Furrer

neue Haus steht frei in der alten Stallstruktur. Die Fassade wurde nur an einer einzigen Stelle für einen kleinen Balkon geöffnet. Die Holzbretter des ehemaligen Heustocks, die »Savas«, wurden belassen. »Die Häuser waren hier oben ja stets geschlossen und bei so viel Licht wie im Engadin braucht es keine Panoramascheiben«, erklärt Christof Rösch und zeigt als Beweis auf die ständig geschlossenen Läden und Rouleaus anderer Neubauten. In diesen Räumen ergeben sich faszinierende Schattenwürfe, die wir auch am Ende dieser Etappe im Gasthaus Piz Tschütta in Vnà wieder antreffen werden.

Zuerst steigen wir wieder ins Postauto und fahren nach der Mittagspause zum Hotel Val Sinestra – einem anderen ehemaligen Kurhaus. Von dort führen uns zwei unterschiedlich lange Strecken ans Ziel nach Vnà. Der kurze direkte Abstieg zum Fluss und auf der anderen Hangseite ein Aufstieg von 200 Höhenmetern ist in eineinhalb Stunden zu schaffen. Zweieinhalb Stunden und Schwindelfreiheit erfordert die längere Variante: Unten am Bach folgen wir dem Wegweiser nach Zuort und kommen auf neu an-

Val Sinestra. Einst Kurhaus mit arsenhaltigem Wasser, heute Feriendestination von Gästen aus Holland.

Das Hotel-Dorf

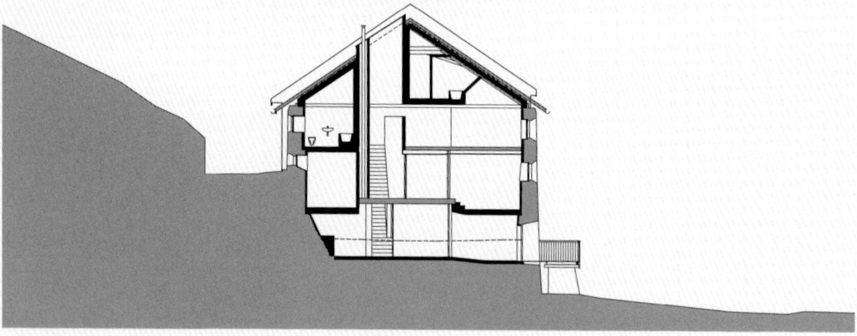

Hotel Piz Tschütta, Bügl grond, Vnà, 2008

Bauherrschaft Hotel:	Piz Tschütta AG mit Hilfe der Fundaziun Vnà
Bauherrschaft Stall:	Urezza Famos
Architektur:	Rolf Furrer, Basel, Christof Rösch, Sent
Ingenieure Konzeptionsphase:	Jürg Conzett, Büro Conzett, Bronzini, Gartmann, Chur
Ausführungsphase:	Peter Brem, Scuol

Direktauftrag

Seit Frühling 2008 ist das ganze Dorf Vnà ein Hotel. Zentrum ist die frühere Usteria Piz Tschütta. Drei Jahre nahm die denkmalpflegerisch abgestützte Renovation in Anspruch. Die Umbaupläne für Haus und Stall stammen von den Architekten Rolf Furrer und Christof Rösch. Das Resultat versetzt in Staunen: Die beiden Türme aus dem 18. Jahrhundert, die den Kern des Hauses bilden, sind wieder erkennbar, die zwei Engadiner-Stuben mit alten Öfen als gemütliche kleine Gaststuben neu eingerichtet. Im Eingangsbereich, im Sulèr, steht die Bar als erkennbarer Einbau, gefasst von einer Struktur aus schwarzem Stahl und Lärchenholz. Ist die Türe zur Verbindungsbrücke in den Stallteil offen, ergibt sich eine 24 Meter lange Sichtachse.
Im historischen Hausteil sind fünf Hotelzimmer in die alte Struktur eingepasst. Durch niedrige Türen gelangt man in hohe Räume. Bad und WC – für jedes Zimmer ein eigenes – wurden aus Rücksicht auf die Gebäudestruktur rund um einen neuen Sanitärkern gegliedert und sind über den Flur erreichbar.

In den früheren Stall – dessen Fassade mit Ausnahme eines neue Loggia-ähnlichen Fensters unverändert erhalten ist – sind sechs unterschiedlich große, flexibel nutzbare Glasboxen hineingebaut, die sich zu Ferienwohnungen zusammenlegen lassen. Das Licht dringt hier gefiltert durch die alten, gesägten Fassadenbretter, die Savas, ein. Reizvolle Durchblicke und Spiegelungen entstehen auch durch die Rampe, die sich im Stall wie eine Dorfgasse hochschraubt. Transparenz ist gewollt, Intimität aber jederzeit möglich: Die Scheiben lassen sich mit doppelten Vorhängen verdecken.

Vnà – weit weg vom Verkehr, die Ruhe auf der Sonnenterrasse.

gelegten Wegen bei La Crusch über zwei neu gebaute Hängebrücken.

Beim Brunnen auf dem Dorfplatz in Vnà, dem Bügl grond, steht unser Tagesziel, die Usteria Piz Tschütta. Bevor wir einkehren, ist eine kurze Runde durchs steil am Hang klebende Dorf Pflicht. Wir entdecken rasch, dass wir hier buchstäblich im Dicziunari Rumantsch gelandet sind, in einem begehbaren Wörterbuch. Es handelt sich um ein Kunstprojekt des in Trogen (AR) lebenden Künstlers H.R. Fricker. Jedes Haus hat eine Tafel mit einem romanischen Verb, dazu die mehrsprachige Übersetzung. Das wohl schönste heißt »far bellinas« – flattieren/schmeicheln. (Noch) keine Tafel hängt am Betonneubau (2008) der Architekten Andreas Fuhrimann und Gabrielle Hächler. Von oben ist er mit seinem Blechdach kaum als neu zu erkennen. Von unten aber ragt er mit einem Betonsockelgeschoss hoch auf. Die wahre Perle versteckt sich im Innern: Eine raffinierte Raumaufteilung und eine edle Auskleidung leistet sich hier die Zürcher Galeristin Eva Presenhuber.

Geldsegen durch Zollfreiheit

Haus für die Galeristin Eva Presenhuber in Vnà. Architektur: Andreas Fuhrimann, Gabrielle Hächler, Zürich.

Vor dem Abschied von Vnà lassen wir uns noch die Geschichte vom Piz Tschütta und des Projekts Hotel Vnà erzählen: Das größte Haus im Dorf war früher eine Usteria (Restaurant) mit Krämerladen, blieb dann aber rund zehn Jahre ungenutzt und verfiel zusehends. Schließlich gründeten Einheimische und Experten die Fundaziun Vnà und suchten gemeinsam nach Rezepten gegen die Abwanderung. Dank der Schweizer Berghilfe, vielen Aktionärinnen und Aktionären sowie Spenden – aber ohne Hilfe der Gemeinde Ramosch, zu der Vnà gehört – hats funktioniert: Zum Konzept des Hotels Vnà gehört auch, dass die privaten Ferienwohnungs-Vermieter im Dorf ihre Räume über die Hotelrezeption bewirtschaften lassen können.

Und weil es hier im untersten Teil des Engadins so schön ist, leisten wir uns noch einen zusätzlichen Ausflug und wandern zweieinhalb Stunden über die sanften Wiesen und Hochmoore hinüber nach Tschlin. Dort erwartet uns das wohl »echteste« Engadinerdorf. Zwar wurde auch hier nach einem Großbrand 1856 – er zerstörte über 100 Häuser und Ställe – neu aufgebaut, doch dann verblasste der Reichtum. Tschlin war Ende des 19. Jahrhunderts und nach dem Bau der Talstraße unten am Inn von Handel und Verkehr plötzlich abgeschnitten. Erst seit den 1970er-Jahren kam die Gemeinde dank der Steuern des Zollfrei-Einkaufszentrums Acla da Fans, das auf Tschliner Gemeindegebiet steht, zu neuem Reichtum. Wer heute durch das Dorf flaniert, sieht es: Die Straßen sind neu gepflästert, die hundert Jahre alten Brunnen alle renoviert.

Doch nicht nur Geld, auch neue Ideen haben Tschlin in Schwung gebracht. Auch die Bier-Idee mit der Brauerei, die Biera Engiadinaisa herstellt, und die Marke »Bun Tschlin« für einheimische Produkte sind kleine Erfolgsgeschichten. Künstler Not Vital und Bruder Duri haben hier mit architektonischer Raffinesse ein »Arbeits- und Gästehaus« umgebaut. Wanderer, die bei den Einheimischen nachfragen, werden einen Blick ins Haus werfen können.

Das Schulhaus ohne Schüler fällt auf. In den frühen 1990er-Jahren hatten Bearth & Deplazes dessen Turnhalle noch um die rote Mehrzweckhalle erweitert. Und ganz oben im Dorf steht das gelungene Beispiel eines neuen Einfamilienhauses (2005), geschaffen von den Zürcher Architekten Caroline Dolenc und Andreas Schweiwiller. Daneben allerdings – der Kontrast könnte kaum härter sein – ein noch neueres Blockhaus.

Zum Abschluss steigen wir hier am oberen Dorfrand noch weiter den Hang hoch bis zum Waldrand und registrieren mit Freude, wie diese gut betuchte Gemeinde ihr

Keck kragt das mit roten Holzbrettern verschalte Gemeinschaftshaus von Tschlin über eine Betonmauer am untern Dorfrand. Innen ist es ausgekleidet mit Holz wie ein Cello; dort wird musiziert, getanzt, gefeiert und ernsthaft über das Fortkommen der kleinen Gemeinde verhandelt.

Mehrzweckhalle, Tschlin, 1993
Bauherrschaft: Gemeinde Tschlin
Architektur: Bearth & Deplazes, Chur

baukulturelles Erbe pflegt. Denn hier steht es weiß strahlend, das renovierte Reservoir-Häuschen! Es ist das gleiche, wie wir es beim Start unserer Wandertage am Waldrand von Zernez schon angetroffen haben. Doch hier ist der Zeiger entrostet und zeigt wieder den Wasserstand an.

Tschlin, die Idylle mit Kopfsteinpflaster, Engadinersonne und verlassenen Häusern.

Literatur

Walter A. Büchi, *Karl August Lingner. Das große Leben des Odolkönigs*, Edition Sächsische Zeitung, Dresden 2006.

Jon Mathieu, *Bauern und Bären. Eine Geschichte des Unterengadins von 1650 bis 1800*, Octopus-Verlag, Chur 1987.

Oberengadin

Herbergen im Hochtal

Zuoz–Celerina–St. Moritz–Pontresina–Tschiervahütte SAC

Der Wanderer folgt den Spuren der gebauten Tourismusgeschichte. Seit 150 Jahren lebt das Oberengadin von den Vergnügungsreisenden, und beinahe ebenso lange stellt sich das Problem, dass verbaut wird, was die Menschen anlockt: die einmalige Natur. Architektonisch zeugen Hotels und Zweitwohnungen davon, dass die Frage, wie in dieser Landschaft angemessen gebaut werden kann – ob neoengadinerisch, holzig heimelig oder städtisch mondän –, kontrovers beantwortet wird. Umso mehr lohnt es sich, genau hinzusehen und Neues zu entdecken.

Von Cordula Seger

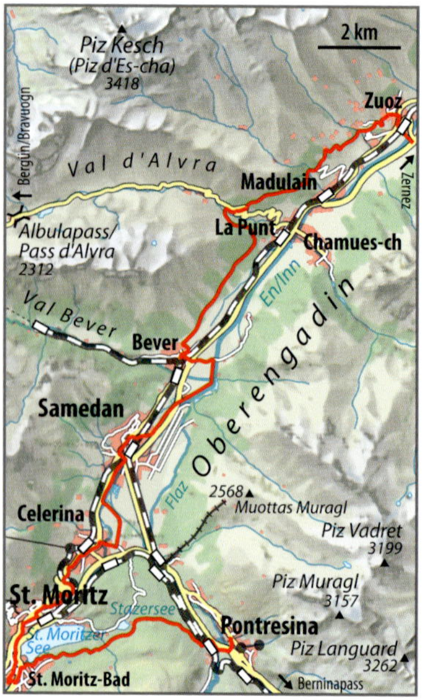

Zuoz–Bever–Samedan–Celerina	5 h 30
↗ 426 m ↘ 375 m	
Celerina–St. Moritz	0 h 30
Rundwanderung St. Moritz	2 h
St. Moritz–Pontresina	1 h 30
↗ 120 m ↘ 70 m ↗ 70 m	
Pontresina–Chamanna da Tschierva	3 h 30
↗ 780 m	

Charakter
Abwechslungsreiche Wanderung am Hang und in der Talsohle. Wenig Hartbelag, gute Wege, über Wiesen, Teerstraßen und weiche Waldböden. Tschiervahütte: leichte Bergwanderung.

Beste Jahreszeit
Der Höhenweg zwischen Zuoz und Bever ist von Ende Juni bis Ende Oktober (es sollte kein Schnee liegen) angenehm zu begehen, im Winter ist es jedoch möglich, die gut markierten Wanderwege im Talgrund zu benutzen. Die Rundwanderung St. Moritz ist das ganze Jahr machbar, die Tschiervahütte kann nur im Sommer erreicht werden.

Verkehrsmittel
In allen Orten hält die RhB (Stundentakt).
Zudem gibt es den Engadinbus: www.engadinbus.ch

Übernachten und essen

Hotel Restaurant Crusch Alva, Via Maistra 26, 7524 Zuoz, 081 854 13 19, www.hotelcruschalva.ch
Hotel Restaurant Castell, 7524 Zuoz, 081 851 52 53, www.hotelcastell.ch
Hotel Gasthaus Krone , La Punt Chamues-ch, 081 854 12 69, www.krone-la-punt.ch
Hotel Restaurant Misani, 7500 St. Moritz-Celerina. 081 839 89 89, www.hotelmisani.ch
Restaurant Lapin Bleu im Hotel Steffani, 7500 St. Moritz, 081 836 96 96, www.steffani.ch
Restaurant Veltlinerkeller, Via dal Bagn 11, 7500 St. Moritz, 081 833 40 09
Hotel Restorant Ley da Staz, 081 833 60 50, www.stazersee.ch
Tschiervahütte/Chamanna da Tschierva SAC, 081 842 63 91, www.sac-bernina.ch, bewartet Juli/Aug., teilweise März–Juni und Sept.

Einkaufen

In Zuoz gibt es die Bäckerei/Konditorei Klarer sowie einen Metzger. In allen Orten ist auch ein Coop oder Volg vorhanden.
Für Süßes geht man in St. Moritz zu Hanselmann oder in die Confiserie Hauser. In Pontresina bietet die Sennerei ein Käseparadies. Bei Kochendörfer gibt es die wunderbare Engadiner Torte, nicht zu verwechseln mit der Engadiner Nusstorte.

Museen

Zuoz: Kaffeemuseum Caferama, Öffnungszeiten: täglich 15–18 Uhr, Sa/So geschlossen, 081 854 27 27, www.cafe-badilatti.ch
Samedan: Kulturarchiv in der Chesa Planta, Öffnungszeiten: Do 14–19 Uhr oder auf Anfrage, 081 852 52 68, www.kulturarchiv.ch
St. Moritz: Segantini Museum, Öffnungszeiten: Sommer und Winter während der Hauptsaison, Di–So 10–12 Uhr und 14–18 Uhr, 081 833 44 54, www.segantini-museum.ch
St. Moritz: Engadiner Museum (Wohnkultur), Öffnungszeiten: So–Fr, 10–12 und 14–17 Uhr, 081 833 43 33, www.engadiner-museum.ch
St. Moritz: Berry Museum, Öffnungszeiten: täglich 10–13 Uhr und 16–19 Uhr, Di geschlossen, 081 833 30 18, www.berrymuseum.com
St. Moritz: Mili-Weber-Haus, Führungen für Einzelpersonen und Gruppen: 079 539 97 77
Pontresina: Museum Alpin, Öffnungszeiten: Sommer und Winter währen der Hauptsaison, Mo–Sa 15–18 Uhr, 081 842 72 73

Kunst

In Zuoz: Galerie Tschudi, Öffnungszeiten: im Sommer und Winter während der Hauptsaison, Di–Sa 15–18.30 Uhr, 081 850 13 90, www.galerie-tschudi.ch sowie im und um das Hotel Castell
Ganze Plaiv: Kunst im öffentlichen Raum, Öffnungszeiten: 10–12 und 16–18 Uhr, Lageplan und Informationen unter: www.artpublicplaiv.ch
Samedan: Kunstraum riss, Öffnungszeiten: täglich 16–19 Uhr, Sa/So geschlosssen, 081 852 55 58 www.riss.ws
Celerina: Atelier Turo Pedretti, Öffnungszeiten: Okt.–April, Mi 15–18 Uhr, 081 833 46 25
St. Moritz: Im Zentrum zahlreiche Galerien. Mehr dazu unter: www.stmoritz.ch, Stichwort: galerien
Pontresina: Galerie Elisabeth Costa, Öffnungszeiten: Di–Fr, 15–18.30 Uhr, 081 842 76 60, www.elisabethcosta.ch

Information

Zuoz: 081 854 15 10, www.engadin.stmoritz.ch/zuoz
Celerina, 081 830 00 11, www.engadin.stmoritz.ch/celerina
St. Moritz: 081 837 33 33, www.engadin.stmoritz.ch/stmoritz
Pontresina: 081 838 83 00, www.engadin.stmoritz.ch/pontresina

Karten

Landeskarte 1:50 000, Blatt 268 (Julierpass) oder Wanderkarte Oberengadin, Bergell-Puschlav, Nationalpark 1:50 000

»Werden wir je die Spaziergänge am See von Sils-Maria vergessen, als der Nachmittag ende-te, um sechs Uhr?« (Marcel Proust)

Wer durch das Oberengadin wandert, freut sich über die Weite des Tals, den südlichen Himmel, die Perlenschnur der Seen, das Farbspiel der Lärchen, spürt den Malojawind an der Jacke zurren, findet auf jedem Hügel eine Hütte mit Tradition und großen Namen im Gästebuch und einen kräftigen Veltliner, Polenta und Hirschsalsiz auf der Karte. Doch schon der Heimatdichter J. C. Heer, der im Engadin unter der kundigen Leitung des Pfarrers und ersten St. Moritzer Kurdirektors Camill Hoffmann für seinen Bestseller *Der König der Bernina* recherchierte, fühlte sich 1898 von den Luxusburgen der Grand Hotels magisch angezogen. Der Kontrast zwischen erhabener Natur und städtischem Komfort fasziniert. Und doch steckt darin das eigentliche touristische Dilemma, das Hans Magnus Enzensberger auf den Punkt gebracht hat: Die Touristen zerstören jene Natur-Idylle, nach der sie sich sehnen, dadurch, dass sie sie massenweise und mit allem Anspruch auf Bequemlichkeit heimsuchen.

Alpine Stadtlandschaft in der Natur

Der an Architektur interessierte Wanderer findet im Oberengadin also nicht unberührte Natur, sondern eine alpine Stadtlandschaft. Eine einzige, von St. Moritz ausstrahlende Agglomeration, die im Winter zu Spitzenzeiten bis zu 100 000 Einwohner zählt, im Mai dagegen, dem Tiefpunkt der Zwischensaison, bleiben gerade noch 10 000. Der Reiz des Tals eröffnet sich entsprechend zwischen Stadt und Berg und auch seine Problematik. Denn das von einer überhitzten Ökonomie angetriebene Bauwesen läuft Gefahr, seine wichtigste Ressource, die Berglandschaft, zu verschlingen.

Ist die heutige Architektur im Engadin meist von einem Zuviel geprägt, zu viel Geld, zu viele angeklebte Erker, zu viel aufgepinseltes Sgraffito, ist die elegante Eisenbetonbrücke

über den Inn bei Zuoz gerade den bescheidenen Mitteln zu verdanken, die dem jungen Ingenieur Robert Maillart 1901 zur Verfügung standen. Die Brücke wurde nicht wie sonst üblich mit Steinquadern verkleidet, sondern durfte sich nackt und kühn zeigen. Für das Bergtal musste das genügen. Vom Bahnhof Zuoz, von wo aus wir unsere erste Wanderung starten, lohnt es sich also, ein paar Schritte zum Inn hinunter zu gehen, selbst wenn uns die Leitungen und angehängten Röhren traurig stimmen, die heute die Brücke verschandeln – die grazile Linie setzt sich durch. Hier verbrüdern sich für einmal Kuhdorf und moderne Ingenieurkunst und schaffen gemeinsam Außergewöhnliches.

Robert Maillarts Eisenbetonbrücke von 1901 bei Zuoz. Eine frühe Arbeit des großen Brückenbauers.

Eine weitere Verknüpfung von Miststock und Weltläufigkeit erwartet den Zuoz-Wanderer in der Galerie Tschudi am oberen Ende des Hauptplatzes. In der Chesa Madalena mit ihrem mittelalterlichen Wohnturm hat der St. Moritzer Ar-

Die mondäne Alpenstadt St. Moritz ist immer noch geprägt von den großen Volumen der Hotelbauten.

chitekt Hans-Jörg Ruch 2002 mit wenigen wirkungsvollen Eingriffen Raum geschaffen für zeitgenössische Kunst. Neben einem kleinen Schild an der Tür verrät vor allem das große Fenster hoch über dem Eingang, dass die Mauern Neues bergen. Was den Kunstfreund und Denkmalschützer freut – ein altes Haus wird mit viel Liebe zum Detail restauriert, die wertvolle Substanz herausgeschält, und die Steinkreise von Richard Long finden im Heustall eine urige Heimat –, ist für die Lokalpolitikerin ein wachsender Grund zur Sorge: Die alten Engadinerhäuser in den schmucken Dorfkernen werden zu Galerien und Wohnstätten reicher Leute mit Geschmack, die während weniger Wochen im Jahr ihre Häuser wie hübsche, aber unpraktische Kunstwerke bewohnen. Das Nachsehen haben die Einheimischen. Sie können es sich nicht leisten, Millionen für Erwerb und Instandsetzung einer solchen Liegenschaft aufzuwerfen. Die Erben verkaufen an den Meistbietenden. Und da, wo es noch vor Kurzem wirklich nach Mist gestunken hat, riecht es nun nach Kulisse.

Die Chesa Madalena diente noch bis 1999 als Bauernhaus. Jetzt trifft sich das Spätmittelalter mit der Neuzeit. Das Steinhaus in der Mitte des Raumes ist ein freigelegter Wohnturm aus dem 14. Jahrhundert. Die Galerie bespielt die historischen Räume und macht diese neu erlebbar.

Chesa Madalena, Zuoz, 2002
Bauherrschaft: Rudolf Tschudy, Glarus
Architektur: Hans-Jörg Ruch, St. Moritz

Die Kulisse hat Tradition

Doch gerade auch die Kulisse hat im Engadin Tradition. Der Hotelbau, vor allem jener in den Boomjahren vor dem Ersten Weltkrieg, wollte immer noch ein wenig mehr sein: Märchenschloss, zinnenbewehrte Ritterburg, zu großes Bauernhaus. Die Burg von Zuoz heißt Hotel Castell und thront, wie es sich gehört, über dem Dorf. Der Wanderer strebt von der Galerie Tschudi aus nach oben, dem Dorfrand zu. Hat man die letzten Häuser passiert, wendet man sich nach links und folgt dem Wanderweg, der Via Engiadina. Der Blick zurück auf das Dorf zeigt, dass Zuoz mit seinen stattlichen Häusern einst als Hauptort des Tals den Ton angab, bevor St. Moritz zum Original des Wintersports und Mekka der Vergnügungslustigen wurde und man sich veranlasst sah, in den lokalen Werbeprospekten die Nähe zum Kurort der Schönen und Reichen hervorzuheben. Wo der neue Sessellift ins Blickfeld baumelt, findet sich ein kleiner Abzweiger über die Wiesen; er führt zum Hotel Castell.

Vor dem Castell erhebt sich ein steinernes Rund, das sakral anmutet. Der Skyspace des amerikanischen Künstlers James Turrell treibt mit seinem kreisrunden Loch in der Decke ein Spiel mit Licht und Schatten, Farben und Formen. Natur und Architektur bedingen sich hier gegenseitig, so folgt die Form des Eingangs jener des Piz Uter, den er zugleich rahmt. Der Skyspace ist eine glückliche Vorhut des Hotels, verkörpert er doch mit seinem Äußeren in massiven Bruchsteinen und dem vielschichtigen Wahrnehmungsraum im Innern die Trutzigkeit des Castells, das einen augenzwinkernden Dialog mit der zeitgenössischen Kunst führt.

Spiel mit Licht und Schatten in einem zweckfrei schönen Raum: James Turrells Skyspace vor dem Hotel Castell in Zuoz.

Ländlich modern, städtisch bunt

Hotel Castell, Zuoz, 1912/13, Umbau 2004 sowie Appartementhaus Chesa Chastlatsch, 2004

Bauherrschaft: Ruedi Bechtler, Herrliberg

Architektur: UN Studio, Ben van Berkel, Amsterdam; Hans-Jörg Ruch, St. Moritz, Walter Dietsche, Chur

Ingenieure: Edy Toscano, Pontresina; Jürg Bulach, St. Moritz; Peter Kaelin, St. Moritz

Direktauftrag

Die hoch aufstrebende Burg mit turmartiger Zinne und giebelbekrönter Front, die der St. Moritzer Architekt und Heimatschützer Nicolaus Hartmann junior 1912 bis 1913 als Hotel Castell gebaut hatte, hat im Lauf der Geschichte gelitten. Nach dem Brand von 1961 wurde das Haus aufgestockt und mit einem Flachdach eingedeckt. Spannend ist zu hören, wie Hartmann selbst die Vorzüge der Innenräume beschreibt: »Im Innern des Hauses paart sich in der Architektur und Ausstattung der Räume die frugale Vornehmheit eines alten Bergschlosses mit modernem Comfort. [...] Die Vestibul-Halle mit ihrem geschnitzten Arvenholzgetäfel und den Sgrafitto-Dekorationen hat behaglichen Engadinercharacter, während Speisesaal und Diner à part mit ihren braunen Vertäfelungen, den weißen Stuckdecken und dunkeln Oelbildern wieder mehr ruhig und vornehm wirken.«

Daran hat sich bis heute nichts geändert. Zeitgenössische Kunst und Architektur aber setzen Akzente: So steckt die rote Kunstharz-Bar von Gabrielle Hächler und Pipilotti Rist in der Halle wie ein bunter Stein in einer altmodischen Fassung – zusammen ergeben sie etwas Originäres und zugleich Frisches. Die Investitionen für das Hamam von UN Studio wie auch die neuen Zimmer – ländlich modern in Stein und Arve oder städtisch bunt mit Lack und Bisazza – finanzierte der Besitzer und Kunstsammler Ruedi Bechtler über ein Appartementhaus ebenfalls von UN Studio, das sich hinter dem Castell an den Felsen schmiegt und sich zur Aussicht hin ganz in Glas öffnet.

Silbern gefärbte Holzbalken

Hinter dem Hotel Castell, vorbei am Appartementhaus, führt der Weg über den roh gezimmerten Holzsteg des Felsenbads, den der japanische Künstler Tadashi Kawamata gebaut hat. Regen, Schnee und Wind haben die Holzbalken silbern gefärbt, sie passen sich in ihre Umgebung ein, als ob sie aus dem Fels hervorwachsen würden. Setzt man dann über den Bach und folgt beim Abzweiger nach Madulain dem Weg nach oben, mündet der Pfad nach kurzer Zeit wieder in die Via Engiadina ein. Zwischen den lichten Lärchen fällt der Blick auf Madulain und bleibt an den Zweitwohnungsburgen hängen, die sich immer weiter in Richtung Zuoz vorschieben. Das alte Dorf selbst bleibt verdeckt. Und der Blick trügt nicht: Madulain hält mit 82 Prozent Zweitwohnungen einen zweifelhaften Rekord im Oberengadin.

Seit Frühjahr 2005 findet der Wanderer hier keine gastliche Stube mehr, die Stüva Colani musste schließen. Den Gastgebern und Hoteliers war ohne weitere Begründung der Pachtvertrag gekündigt worden. Madulain hat damit seine Seele verloren – ein Oberengadiner Dorf ohne Hotel-

Wanderungen durchs Oberengadin führen immer wieder durch Lärchenwälder – wie hier zwischen Zuoz und Madulain.

betten. Seit dem 27. Oktober 2008 aber gibt es wieder Hoffnung. Anlässlich der Gemeindeversammlung haben die Stimmberechtigten nämlich beschlossen, das Hotel Colani zu erwerben. Die Gemeinde möchte wieder eine Mitte und wird deshalb selbst aktiv. Bis es soweit ist und der Abstecher nach Madulain mit einem gemütlichen Wirtshaus lockt, wandert man auf der Höhe weiter nach Plaun Grand. Die weite Wiese lädt zum Stundenhalt, und das Picknick mundet auf sattem Grün besonders gut.

Häusergruppe im Dorfkern von La Punt. Ein eindrückliches Ensemble, wie man es im Engadin noch häufig antrifft.

Nach ein paar weiteren Schritten talaufwärts sieht man bis nach St. Moritz. Was in den Bergen immer fasziniert, ist die Ebene, erst recht, wenn sie in eine schnurgerade Linie mündet – die Landebahn des Flugplatzes. Diese betonierte Gerade verkörpert fast schon idealtypisch das touristische Dilemma: Der Gast sucht die Ruhe der Berge, und weil man wenig Zeit hat, fliegt man mit dem Privatjet ein. Dies zumindest machen an Weihnachten und Neujahr sowie im Februar anlässlich der Pferderennen auf dem gefrorenen St. Moritzer See die sehr reichen Gäste, die in den Luxushotels und Nobelboutiquen von St. Moritz trotz oder gerade wegen der Kürze des Aufenthalts den entscheidenden Mehrwert bringen – viel Umsatz. Davon unbeirrt schlängelt sich der Weg den steilen Hang entlang und inszeniert aus sicherer Distanz immer wieder den Blick über den Talboden.

In der Sichtachse der geraden Straße, die die Dorfteile La Punt und Chamues-ch verbindet, bieten Bänke dem Wanderer einen bequemen Vorwand, sich aus seiner Höhe der Lektüre des Dorfensembles zu widmen. Für einmal will man sich trotz des Speckgürtels an Zweitwohnungshäusern, der auch La Punt aufbläht, nicht vom Wesentlichen ablenken lassen: Wo die Passstraße vom Albula herkommend auf den Inn trifft, liegen die ausladenden Volumen, alte Häuser, die ihren eigenen Maßstab setzen. Dazu gehören die zinnenbekrönte Chesa Merleda, das wuchtige Haus Sandoz und die Krone. Die Krone ist eine währschafte Herberge mit guter Küche. Hans-Jörg Ruch hat das alte Gasthaus in mehreren Etappen umgebaut. Dabei folgen Betrieb und Architektur dem Gedanken, dass die Gäste im Engadin neben Luxus auch das einfach Gute und Klare suchen. In diesem Sinn hält die Krone ihre Tradition hoch.

Bald kreuzt der Wanderer die weiten Kehren der Albulastraße und folgt der Fahrbahn nach unten bis zur nächsten Kurve. Hier gehen die Wanderwege erneut ab und über Bächlein setzend, gelangt man schon bald an den Rand der Wald- und Wildschonzone der Gemeinde La Punt Chamues-ch. Der Wald wird dichter, Tannen mischen sich unter die Lärchen und der Boden federt weich. Das stetige Auf und Ab des Wegs hält munter, und schon schmiegt sich der Pfad wieder an die Talflanke, schmal und steinig ver-

Das Gasthaus Krone in La Punt – die ältesten Bauteile gehen bis ins 16. Jahrhundert zurück – ist ein weiteres Beispiel in der Region, das die Handschrift von Hans-Jörg Ruch trägt. Für einmal aber kein Zweitwohnungspalast in alten Mauern, sondern ein Hotel mit gutem Restaurant und erschwinglichen Preisen.

Gasthaus Krone, La Punt, 2002/2008
Bauherrschaft:
Hotel Krone La Punt Chamues-ch AG
Architektur:
Hans-Jörg Ruch, St. Moritz

langt er nach Aufmerksamkeit. Breit und ausladend wird schließlich das Wegstück, das nach Bever hinab führt, genauso ausladend öffnet sich nach rechts auch das Val Bever. Wer mit der Albulabahn einfährt, die zusammen mit der Berninabahn seit Juli 2008 zum Unesco-Welterbe gehört, empfindet das Val Bever als Tor zum Engadin, bedeutete doch der Durchstich des Albulatunnels 1902 einen Meilenstein in der touristischen Erschließung.

Zwischen La Punt Chamues-ch und Bever – ein »Seitenarm« des Inns im ursprünglichen Bachbett.

Bevers intakter Dorfkern

Der Wanderer spaziert durch Bever, freut sich an einem intakten Dorfkern und folgt bei der Kirche aus dem 17. Jahrhundert, die seit 2005 wieder ein kunstvoll verschindeltes Dach trägt, links der Durchgangsstraße. Nach der Unterführung und dem Abzweiger auf die Kantonsstraße wird das Sträßlein schmaler. Bevor es den Inn kreuzt, schlägt man den Feldweg ein und erwandert die Flusslandschaft entlang des Damms. Aus der Nähe betrachtet, hat der Flugplatz seine Zeichenhaftigkeit verloren, zwischen den Bäumen versteckt, ist er im Sommer vor allem Ausgangspunkt für Segelflieger, die hoch über Muottas Muragl kreisen.

Die Salis-Häuser von Bever. Einst Bauernhäuser, machte Nicolaus Hartmann sen. daraus 1883 repräsentative Familiensitze.

Bei Promulins, den ersten Ausläufern des Dorfs Samedan, nimmt man den Weg in Richtung Bahnhof und sieht auf der rechten Seite bald die Bauten der Academia Engiadina. In einer Tourismusregion wie dem Engadin, in der man täglich hautnah mit der Thematik konfrontiert ist, erscheint es sinnfällig, junge Menschen zu Touristikern auszubilden. Die Academia Engiadina beherbergt denn auch neben einer Mittelschule die Höhere Fachschule für Tourismus und das Europäische Tourismus Institut. Architektonische Identität erhält die Schule über den mit bruchrohen Schieferplatten eingekleideten Kubus, den das Architekturbüro giuliani.hönger 1997 fertiggestellt hat und der sich durch einen facetten-

Dieser Monolith beim Bahnhof Samedan beherbergt angehende Touristiker. Die Fassade aus schwarzen, bruchrohen Schieferplatten steht in Kontrast zum alten, bunten Schulensemble. Besonders belohnt wird, wer vom Innern des Gebäudes durch die großen Glasfenster in die Oberengadiner Landschaft blickt.

Academia Engiadina, Samedan, 1997
Bauherrschaft: Academia Engiadina, Samedan
Architektur: giuliani.hönger architekten, Zürich

reichen Erschließungsraum im Innern auszeichnet.

Die Treppenanlage im Wohngebirge Giardin in Samedan (siehe unten).

Wer den ganzen Tag den frisch sprudelnden Inn vor Augen hat, tüchtig gewandert ist und viel gesehen hat, sehnt sich nach einem erquickenden Bad. Wellness gehört inzwischen zur Hotellerie wie die Nüsse in die Engadinertorte. Dass das Engadin mit seinem St. Moritzer Sauerbrunnen, den schon Paracelsus ausgiebig gelobt hatte, zu diesem Thema mehr zu bieten hätte als oberflächlichen Lifestyle, ist in Vergessenheit geraten. Was in St. Moritz an historischem Potenzial brachliegt, erfindet man gemeinsam mit den Basler Architekten Miller & Maranta in Samedan neu: Ein Bad, das sich in der Vertikalen entwickelt und mitten im Dorfkern direkt an die barocke Kirche anschließt, wird selbst Geschichte schreiben. Zu hoffen ist auch, dass die

---

Im Zentrum von Samedan ist dieses gestufte Gebäude in den Hang gestemmt. Die expressiven Fassadenmuster haben ihren Grund in der Konstruktion: Das Haus ist aus Stampfbeton Schicht um Schicht aufgebaut. Für einmal kein Haus mit Zweitwohnungen, sondern eine temporäre Bleibe für jene, die hier arbeiten.

Personalhaus des Alters- und Pflegeheims und des Spitals Oberengadin
Bauherrschaft: Kreis Oberengadin
Architektur: Lazzarini Architekten, Samedan

Hotellerie durch das Bad einen neuen Impuls erfährt. So geschehen im Hotel Bernina, am Dorfausgang Richtung Bever gelegen, das 1866 als eines der ersten Grand Hotels des Oberengadins eröffnet wurde und nach ungewissen Zeiten heute wieder Gäste beherbergt.

Wasser begleitet den Wanderer auch weiterhin auf dem Weg von Samedan nach Celerina. Beim Bahnübergang unterhalb des großen Coop folgt der Weg erneut dem Inn. Inn und Flaz sind in den letzten Jahren zwischen Samedan und Celerina in einem groß angelegten Projekt renaturiert worden. Natürliche Künstlichkeit prägt auch den Golfplatz von Samedan, der sich linker Hand auf der Ebene eröffnet. Die 1893 fertiggestellte 18-Loch-Anlage rühmt sich, der erste Golfplatz der Schweiz zu sein. In der Abenddämmerung stößt man entlang des weich mäandernden Flusses auf Fi-

Wer durch Samedans Gassen spaziert und an den mächtigen, giebelständigen Fassaden vorbeizieht, wird bald einmal neben der Kirche vor dem neuen Bad stehen. Das Haus ist Bau gewordene Politik: Die Gemeinde holt sich damit ein bemerkenswertes Stück Infrastruktur des Oberengadiner Fremdenverkehrs mitten ins Dorf.

Wellnessbad, Samedan, 2009
Bauherrschaft: Acqua Spa Resorts Development & Management, Mägenwil
Architektur: Miller & Maranta, Basel

Drei Würfel in der Nebellandschaft beim Flugplatz Samedan: Es ist die Aufbereitungsanlage für Asphalt des Straßenbauers Catram, entworfen von Lazzarini Architekten.

scher und fühlt sich an die in sich ruhenden Bilder der Malerin Maria Bass erinnert, die in den 1940er-Jahren in Celerina lebte und arbeitete. Auch die vom Wind schief geblasenen uralten Lärchen beim Kirchenhügel San Gian sind malerisch verewigt worden. Der deutsche Maler Otto Dix, bekannt vor allem für seine eindrücklichen Kriegsbilder, hat sie in seiner »Berninalandschaft« von 1938 festgehalten. Diese und andere inspirierende Engadin-Bilder finden sich im Katalog *Das Oberengadin in der Malerei* zusammengestellt, der in den lokalen Buchhandlungen greifbar ist.

Luxuswohnung im Stadiongebäude

Die Wanderung von Celerina nach St. Moritz ist dem »Playground« gewidmet. So kann man ausgangs Celerina beim architektonisch leider völlig uninspirierten neuen Bobhaus den Spuren der Bobbahn folgen. Im Winter legen die Bobber die Strecke hinabsausend in einer guten Minute zurück. Hochwandernd darf man sich für die 1772 Meter Zeit lassen. Die RhB nimmt eingangs Zielgelände mit einer kleinen Brücke sowohl auf die Bobbahn als auch auf den Cresta Run, den die alteingesessenen Toboganer oft noch in Knickerbocker bäuchlings befahren, Rücksicht. Die beiden Anlagen genießen Vorfahrt, gab es sie dank der Initiative englischer Gäste doch schon bevor der Zug 1904 erstmals in St. Moritz einfuhr. Seit über hundert Jahren wird die Bobbahn immer wieder neu aus 5000 Kubikmeter Schnee und 4000 Kubikmeter Wasser aufgebaut. Jede Kurve trägt einen berühmten Namen – »Horse Shoe« oder »Sunny Corner« klingen an – und hat ihre Geschichte der Rekorde und der spektakulären Unfälle.

Bevor man die letzte Steigung hoch zum Starthäuschen nimmt, kann man auf den bequemen Weg des Kulm Parks einbiegen und sieht links das Olympiastadion-Gebäude von 1928 liegen, das auch anlässlich der Olympischen Winterspiele von 1948 im Mittelpunkt des Geschehens stand. Der vom lokalen Architekten Valentin Koch im Dezember 1927 vollendete Bau leuchtet dem Wanderer frisch renoviert entgegen, und auf den ersten Blick könnte man sich darüber freuen, dass geschichtsträchtige Gebäude in St. Moritz so gut gepflegt werden. Doch verbirgt sich hinter der Fassade keine öffentliche Nutzung, sondern eine Villa. 2006 haben die St. Moritzerinnen und St. Moritzer einer Umzonung zugestimmt, damit der gute Gast Rolf Sachs, Sohn von Gunter Sachs, seinen privaten Spleen leben darf: eine Luxuswohnung im Stadiongebäude. Sanieren, ohne dass der Steuerzahler einen Rappen dafür bezahlen muss, so die Lesart der lokalen Behörden. Denkmalpflege und Schweizer Heimatschutz dagegen sprechen vom Verlust wertvoller Bausubstanz und von Kulissenarchitektur.

Beim Verlassen des Kulm Parks wendet sich der Wanderer nach links und folgt der Hauptstraße. Auf der rechten Seite be-

Treffpunkt zum Kaffee oder Tee: das Café Hanselmann im Dorfkern von St. Moritz. Die Fassade des palazzoartigen Baus wurde unter der Federführung von Nicolaus Hartman jun. gestaltet.

Das Olympiastadion-Gebäude von Valentin Koch aus dem Jahr 1927 ist heute ein Ferienhaus.

eindruckt der Schiefe Turm zu St. Moritz, ein Wahrzeichen des Orts, durch seine massive Schieflage. Diese hat der stets rutschende Brattashang verschuldet. So musste das dazugehörige Kirchenschiff schon 1893 wegen Einsturzgefahr abgetragen werden. Der Turm selbst wird gepflegt, aufwendige Abfangungen sorgen dafür, dass er erhalten bleibt. Gegenüber erhebt sich das auf Fels gebaute Kulm Hotel, das der Hotelpionier Johannes Badrutt seit den 1850er-Jahren sukzessive aus einer bescheidenen Pension zum vornehmen Grand Hotel ausgebaut hat. Das Kulm beherbergte die ersten Wintergäste und hat sich damit seinen festen Platz in der Hotelgeschichte des Orts erobert. Beim Eingang des Kulm folgt der Architekturwanderer der kleinen Via Veglia, vorbei am Hotel Languard und Hotel Eden und hinab, bis er vor der 1658 erbauten Chesa Veglia steht, einem der ältesten Häuser von St. Moritz. Doch auch dieses Haus wurde touristisch längst vereinnahmt: Der Palace-Hotelier Hans Badrutt kaufte das vom Abbruch bedrohte Gebäude 1928 und baute 1936 in das ehemalige Bauernhaus drei Restaurants und zwei Bars ein. Humorvolle Sgraffiti des Malers und Kinderbuch-Illustrators Alois Carigiet setzen im Innern Akzente.

Großes Entrée zum Hotel Kulm, St. Moritz.

Ein maßgeschneiderter Raum für eine wertvolle Kopie: der Madonna-Saal im Hotel Palace in St. Moritz.

St. Moritz, eine Marke

St. Moritz ist nicht nur eine Hotelstadt, sondern längst auch eine Marke. Die Labelkultur des Orts wird dem Wanderer überdeutlich vor Augen geführt, wenn er von der Chesa Veglia hinab in Richtung Palace spaziert und dabei die Palace Galerie passiert. Hans-Jörg Ruch hat das Ladengebäude mit einer selbsttragenden Fassade aus großformatigen gespaltenen Calanca-Gneiss-Platten 2002 fertiggestellt.

Wer den Kopf nach so viel städtischer Architektur ein wenig auslüften möchte, überquert die Straße und lässt sich über die langen Rolltreppen der Parkhauspassage hinab zum See transportieren. Am Rand der Fußgängerbrücke sieht man ins tiefblaue Wasser und atmet einmal kräftig durch. Zurück ins Architekturgeschehen kann man sich zur Abwechslung mit der Standseilbahn fahren lassen und dabei über die Sonderbarkeiten der heutigen Zeit sinnieren: Galt einst die Hotelhalle als der öffentliche Ort des Kurorts – hier kam man an und fühlte sich empfangen –, übernimmt heute das Parkhaus diese Funktion. Dass der ehemalige

St. Moritzer Kurdirektor Hanspeter Danuser dieses hier als das »schönste Parkhaus« der Welt gelobt hat, passt zu den bewährten Superlativen in »Top of the World«. Und dass die wechselnden historischen Plakate, die man bei der Rolltreppenfahrt bewundern kann, unter dem Namen »Design Gallery« fungieren, ist zwar unnötig, sie bleiben aber eine Augenfreude. Großzügigkeit und Materialisierung verdankt die Passage den Churer Architekten Bearth & Deplazes.

Wieder oben angekommen, geht der Wanderer ein paar Schritte weiter und befindet sich vor dem Badrutt's Palace Hotel, dem eigentlichen pars pro toto von St. Moritz. Den »Olymp« hatte es die neapolitanische Schriftstellerin Matilde Serao in ihrem Gesellschaftsroman *Evviva la vita* von 1908 genannt, und tatsächlich hatte es der Hotelier und Bauherr Caspar Badrutt zusammen mit seinen Architekten Chiodera & Tschudy bei der Ausstattung 1896 an nichts

Das ist sie: die längste Rolltreppe der Schweiz. Sie führt vom Untergrund des Parkhauses hinauf in die Engadiner Sonne, verbindet aber auch das Dorfzentrum mit der Seepromenade. Die Einstellhalle mit ihren 600 Plätzen ist ein Beweis dafür, dass sich Sorgfalt in der Gestaltung auch bei nüchternen Zweckbauten auszahlt.

Parkhaus-Passage Serletta, St. Moritz, 2005
Bauherrschaft: Gemeinde St. Moritz
Architektur: Bearth & Deplazes, Chur

fehlen lassen. Wer sich also von St. Moritz mehr erträumt hat, mehr Charme, mehr Glanz und vor allem mehr Schönheit, der sollte gelassen durch die Drehtür des Palace spazieren, einen Blick in den Madonna-Saal werfen, wo eine ausgezeichnete Kopie von Raffaels Sixtinischer Madonna hängt – der ganze Saal wurde eigens auf dieses Bild hin maßgeschneidert –, sich in der Halle in einen Polstersessel fallen lassen, Tee trinken und das Panorama genießen. Denn die echte Grand-Hotel-Gesellschaft wandert lieber mit den Augen, wie schon Erich Kästner spöttisch festhielt: »Sie sitzen in Grandhotels. / Ringsum sind Eis und Schnee. / Ringsum sind Berg und Wald und Fels. / Sie sitzen in den Grandhotels / und trinken immer Tee.«

Aus Hotels werden Zweitwohnungen

Heute sitzt eine rasant wachsende Zahl an St.-Moritz-Gästen allerdings nicht mehr gemeinsam in den Grand Hotels, sondern einsam in ihren Luxusappartements. Zweitwohnungen werden sie genannt, meist sind es aber Dritt- oder Viertwohnsitze oder noch banaler – eine krisenresistente Möglichkeit, Geld anzulegen. Posthotel und Albana waren noch bis vor Kurzem zwei gut laufende Vier-Sterne-Häuser mitten im Dorf. Dann zeichnete sich bei den Besitzern ein Generationenwechsel ab, der politische Wille zum Erhalt der Häuser mittels einer Hotelzone fehlte, und auch hartnäckige Kritiker verstummten angesichts des Hochglanzprojekts »The Murezzan« von Lord Norman Foster. St. Moritz liebt Stars. Foster höhlte die beiden Hotels aus und baute daraus Appartements. Ergänzt wird das Ensemble, das zwischen High Tech und Lokalromantik vermittelt, durch den holzverkleideten Neubau gegenüber dem ehemaligen Posthotel, das sich nun Posthaus nennt. Der Wanderer steht vor diesem Ensemble, wenn er vom Palace ein wenig weiter ins Zentrum flaniert und sich nicht allzu sehr von Pucci und Gucci ablenken lässt.

Die heutige Beherbergungs- und Tourismusgeschichte ereignet sich im Privaten. Dagegen wächst politisch die

Skepsis: 2005 haben 72 Prozent der Oberengadiner Bevölkerung einer Initiative zur Beschränkung des Zweitwohnungsbaus zugestimmt, der entsprechende Richtplan wurde im Sommer 2008 verabschiedet. Architektonisch pendelt dieser Ferienwohnungsbau zwischen Heimeligkeit und einer bunten Mischung von Klischees – ein paar Erker, ein wenig Asymmetrie, etwas Altholz, malerisch eingetrichterte Fenster, aufgemaltes Sgraffito – und fertig ist das »Engadin House«. Da freut sich der Stadtwanderer, wenn einmal ein hölzernes Ufo landet und die Geschichte aufmischt. Was bleibt, ist die Frage der Angemessenheit. Der Weg zum Ufo oder besser zu Norman Fosters Chesa Futura führt hoch zum Schulhausplatz, folgt den Treppen zur Talstation der Chantarella-Bahn und nimmt dann links die schmale Treppe weiter bis vor das Haus.

Die beiden Wohntürme greifen die lokale Formensprache auf, ohne kitschige Kopien zu sein. Vorbilder lieferten dem Architekten Pablo Horváth die klassizistischen Steinhäuser aus den 1870er-Jahren, die nach den Dorfbränden etwa in Lavin und Zernez entstanden sind.

Mehrfamilienhäuser, St. Moritz, 2005
Bauherrschaft: Jacques Buff, St. Moritz
Architektur: Pablo Horváth, Chur

Die Niere am Hang

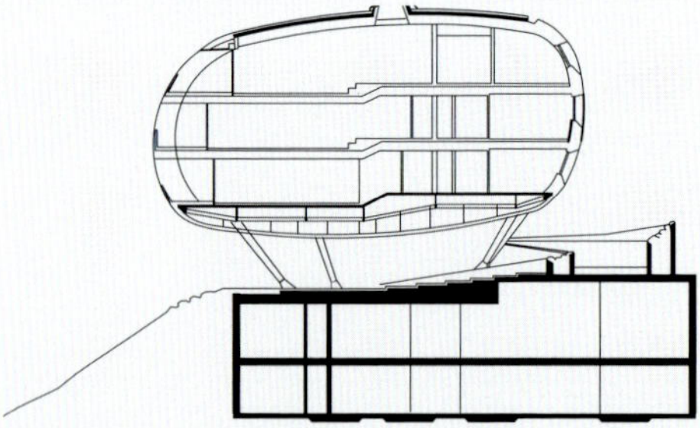

Chesa Futura, Via Tinus 25, St. Moritz, 2003

Bauherrschaft: SISA, St. Moritz

Architektur: Foster and Partner, London; Küchel Architects, St. Moritz

Ingenieure: Edy Toscano, St. Moritz; Ove Arup, London

Direktauftrag

Die Chesa Futura von Norman Foster trägt ihre doppelte Ausrichtung im Namen: Einerseits greift sie mit der »Chesa« das Lokale, am Ort Verankerte auf, andererseits will sie in die Zukunft weisen. Dass sie dies mit dem im Oberengadin für Wohnbauten untypischen Holz tut – seit den großen Dorfbränden im 16. und 17. Jahrhundert wurden die massigen Volumen der Engadiner Häuser aus Stein gefügt –, mag mit dem Blick des Außenstehenden zu tun haben, der Berge und gar die Schweiz mit gemütlichen Chalets und damit nun einmal mit Holz assoziiert. Die Engadiner Chalets sind denn auch höchstens 120 Jahre alte, materialisierte touristische Sehnsuchtsbilder wie etwa das Schweizerhaus in Maloja.

Holz leistet bei der Chesa Futura den Brückenschlag zwischen Überkommenem und Neuem. Es ist naturbelassen in dem über Jahrhunderte bewährten Handwerk des Schindelmachers, und zugleich ist Holz hier als leistungsfähiger Werkstoff nach neuester Technologie zu mächtigen Bindern und Trägern verleimt. Das aufgeständerte, ganz aus Holz gefertigte Volumen scheint wie eine Blase in der Luft zu schweben. Was so leichtfüßig daherkommt, ist ein der schönen Aussicht und dem Formwillen geschuldeter Kraftakt: Ein von acht schräg geneigten und konisch zulaufenden Stützen getragener Stahltisch stemmt die Holzniere drei Meter in die Höhe. Die Außenhaut zeigt sich im schmiegsamen Schindelkleid, die Spuren der Witterung allerdings stören den homogenen, rundum runden Eindruck. So hat das Haus, wohl unfreiwillig, wieder ein Oben und Unten bekommen.

Auseinandersetzung mit der Tradition

Was die Chesa Futura mit den Turmhäusern von Pablo Horváth verbindet, die dieser am Dorfrand zur Signalbahn hin für den einheimischen Unternehmer Jacques Buff gebaut hat, ist die Auseinandersetzung mit der Tradition und die Frage, wie sich diese in die Gegenwart übersetzen lässt – ohne Lederhosenkitsch. Pablo Horváth leitet die schlichte Volumetrie und das beinahe flache Dach seiner Turmbauten von den stattlichen Steinhäusern ab, wie sie etwa nach dem Brand von Zernez und Lavin in den 1870er-Jahren meist von südlichen Baumeistern mit klassischer Eleganz aufgebaut wurden. Tradition, so zeigt sich, ist vielschichtig und reduziert sich nicht auf die medientauglichen Bilder geraniengeschmückter Trautheit. Der Wanderer findet die Häuser, wenn er vom Dorf aus die Via dal Bagn einschlägt, dann rechts in die Via Salet einbiegt, die in die Via Giovanni

An den Besenwurfputz des Bündner Heimatstils erinnert die grobkörnige Fassade. Die großen Panoramafenster sind eine Interpretation des »balcun tort«, wie der Erker des Engadinerhauses auf Romanisch heißt. Die Wohnüberbauung von Pablo Horváth transportiert Elemente des traditionellen Bauens in die heutige Zeit. Im Haus hat die Gemeinde unter anderem Alterswohnungen eingerichtet.

Wohnüberbauung Chalavus, St. Moritz, 2009
Bauherrschaft: Hans-Jürg Buff, St. Moritz
Architektur: Pablo Horváth, Chur

Segantini einmündet, und diese bis zum Ende vorgeht.

Von hier aus sieht man auch hinab zum Hotel Kempinski und damit auf die touristischen Anfänge des Orts: Die Geschichte vornehmer Gastlichkeit beginnt nämlich in St. Moritz Bad. Schon Paracelsus hatte 1539 die Qualität des örtlichen Sauerbrunnens gelobt. Dieser Sauerbrunnen war der Grund, weshalb man, seiner Gesundheit zuliebe, die beschwerliche Reise und den wenig komfortablen Aufenthalt in Kauf nahm. 1856 dann entstand, in unmittelbarer Nähe zur Paracelsusquelle, ein Kurhaus mit 60 Zimmern, das erste eigentliche Hotel des Oberengadins, das versuchte, allen Wünschen einer verwöhnten internationalen Kundschaft gerecht zu werden. Nach dem Erfolg des ersten Bad-Hotels folgte bereits 1864 das »Neue Kurhaus« gemäß den Plänen des St. Galler Architekten Felix Wilhelm Kubly. Es bildet den Kern des heutigen Kempinski.

Das heutige Hotel Kempinski ist aus dem »Neuen Kurhaus« von 1864 entstanden.

Nun aber genug von St. Moritz. Der Wanderer nimmt am Ende der Via Segantini links den kleinen Weg hinunter zum Inn, überquert beim Kreisel die Straße und geht an der 1889 von Nicolaus Hartmann sen. erbauten Kirche im Basilikastil mit ihrem hoch aufstrebenden Campanile vorbei zum See. Bis dahin unterhält er sich mit Hermann Hesse, der 1932 schrieb: »Die Promenade wimmelt von Toiletten, Figuren und Physiognomien, die sich am Boulevard des Italiens, in Ostende oder auch in Monte Carlo besser machen würden. Man sieht Lebemänner, internationale Dirnen, Mütter mit mannbaren Töchtern, Herumtreiber und Gauner mit den bekannten konfiszierten Gesichtern, halb Casanova, halb Frank Wedekind. Wenn man die Aussicht hat, in Bälde wieder allein zwischen Bergen und Wäldern zu sein, ist eine solche Stunde Aufenthalt in Sankt Moritz ein munteres, komödienhaftes Vergnügen.«

Neues Kleid für die alte Dame

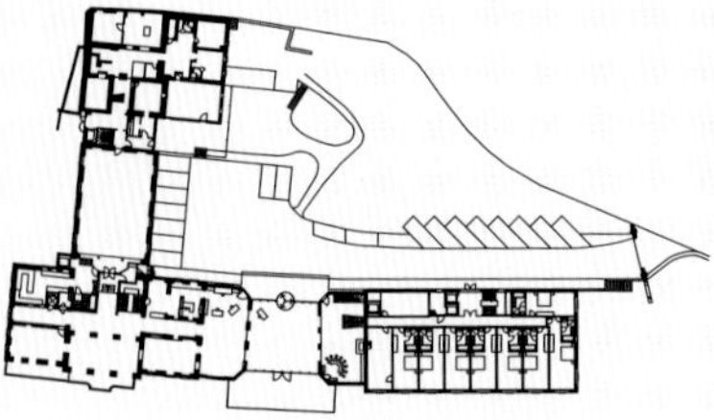

Hotel Saratz, Via Maistra, Pontresina, 1996
Bauherrschaft: Hotel Saratz, Pontresina
Architektur: Hans-Jörg Ruch, St. Moritz; Pia Schmid, Zürich
Ingenieure: Caprez Ingenieure, St. Moritz
Direktauftrag

Seit das altehrwürdige Hotel Saratz in Pontresina 1996 durch die Erweiterung von Hans-Jörg Ruch einen schlichten Zwillingsbau aus Tuffstein zur Seite gestellt bekommen und Pia Schmid die alten Chaiselongues mit Designklassikern kombiniert und mit frischen Stoffen Farbe und Bewegung in die Räume gebracht hat, ist es zum Lieblingsort all jener geworden, die modernes Design und gründerzeitlichen Charme schätzen. Der neue Zimmertrakt und das zwischen Alt und Neu eingeschobene, als leichter Glaskörper ausgebildete Foyer mit darunter liegendem Wellnessbereich ergaben die passende Lösung für ein akutes Problem: Die stuckverzierten Gesellschaftsräume der vorletzten Jahrhundertwende setzten einen hohen Standard und ließen sich nur rentabel unterhalten, wenn auch die Gastzimmer die geweckten Erwartungen erfüllten. Das Konzept hatte Erfolg.

Die gesteigerte Nachfrage wie auch die innere Notwendigkeit der Hotellerie, weiterzubauen, weil die Wünsche der Gäste und die Ansprüche der Zeit dem Gegebenen immer vorauseilen, hat die Familie dazu veranlasst, für eine neuerliche Erweiterung einen Studienwettbewerb auszuschreiben. Das siegreiche Projekt des Churer Architekten Michael Schuhmacher wurde 2007 fertiggestellt, es beherbergt Appartements mit Anbindung ans Hotel und eine Tiefgarage. Die Einnahmen aus dem Verkauf investierten die Eigentümer in die Erweiterung des Wellnessbereichs und die Erneuerung der Zimmer im Altbau. Diese jüngste Bauetappe offenbart aber auch ein Problem: Selbst ein gut laufendes und gefeiertes Hotel muss sich alle zehn Jahre erneuern, und den Preis, das Hotel durch Appartements zu finanzieren, bezahlen Hotelier und Gäste damit, dass der alte Hotelpark zugebaut und die stolze Hotelfront optisch von den Zweitwohnungen bedrängt wird.

Die Gesellschaftsräume des Kronenhofs mit ihrer original erhaltenen Ausmalung.

Fast »allein zwischen Bergen und Wäldern« führt der Wanderweg kurz nach der Inneinmündung rechts hoch, weiter und vorbei an den Torfwiesen und dann durch den Wald bis zum Stazer See. Familien sitzen hier zusammen und grillieren, und das Restaurant bietet Währschaftes mit Pfiff. Leicht steigt der Weg hinter dem See an, um dann bis zum Bahnhof Pontresina wieder sanft nach unten zu führen.

Der Blick vom Bahnhof auf die Silhouette von Pontresina zeigt eine Schnur von stolzen Hotelfronten. In der Mitte dieser Szenerie buhlt das Hotel Saratz um Aufmerksamkeit. Die Fassade ist schließlich die Visitenkarte eines jeden Hotels und sorgt für Identifikation. In der einschlägigen Hotelliteratur, namentlich bei Henry de Souvolle, der 1906 seine Engadin-Eindrücke festgehalten hat, klingt dies folgendermaßen: »In der Landschaft ist das Hotel wie eine kleine Fahne, das Emblem einer bestimmten Kaste.« Ob man »eine Art Krösus« ist, einen »kultivierten, ruhigen

Pontresina mit seiner Parade von stolzen Hotelfronten.

Millionär« vorstellt oder die »Bizeps und Kniekehlen auf der Höhe des Portemonnaies« sind, die Hotelwahl gibt Auskunft. Als das Saratz 1996 neu eröffnet wurde, war es besonders einfach, die Gäste in Schwarz zu entschlüsseln – Architekturfans und Architekten.

Hotelinteressierte spazieren vom Hotel Saratz noch einige Schritte weiter zum Grand Hotel Kronenhof und entziffern im über die Jahrzehnte gewachsenen Cour d'Honneur seine außergewöhnliche Entwicklungsgeschichte: Am Anfang, zur Straße hin, stand allein das alte Stamm- und ehemalige Bauernhaus, dann wurde erweitert, angebaut und umgestaltet, bis eine beinahe symmetrische neubarocke Dreiflügelanlage den Wunsch nach Repräsentation befriedigte, und nach gelungener Verwandlung setzte man dem Haus ein Krönchen auf. Halle, Salons und Speisesaal sind vollständig erhalten und verzaubern mit blumigen Grazien, die der Berner Dekorationsmaler Otto Haberer und seine Werkstatt 1902 an die Decken bannten. Seit die Reeder-Familie Niarchos, der auch das Kulm Hotel in St. Moritz gehört, das Haus gekauft hat, wurden 50 Millionen Franken investiert. Von September 2006 bis Dezember 2007 erhielt das Hotel 28 neue Gastzimmer und eine 2000 Quadratmeter große Wellnessanlage mit viel steinerner Heimeligkeit und gläserner Aussicht. Externe Badegäste sind willkommen.

Fußweg von der Val Roseg hinauf zur Tschiervahütte. Im Hintergrund die Schneeberge des Berninamassivs.

Die Kiste im Gebirge

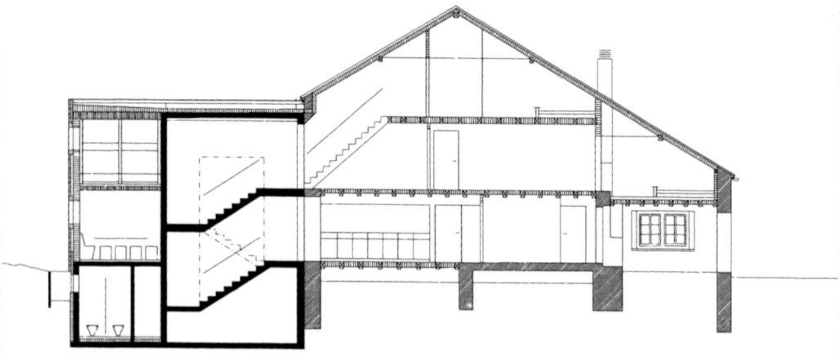

Tschiervahütte SAC, Pontresina, 2002

Bauherrschaft: SAC-Sektion Bernina, St. Moritz

Architektur: Hans-Jörg Ruch, St. Moritz

Ingenieur: Beat E. Birchler, Silvaplana

Wettbewerb

Der Schweizerische Alpenclub schrieb 2001 einen Wettbewerb aus, um in der Tschiervahütte Raum für mehr Wanderer und mehr Bequemlichkeit zu schaffen. Denn die Chamanna da Tschierva, die sich auf 2583 Metern über Meer in die steilen Abhänge des Piz Tschierva stemmt, wird viel frequentiert, ist sie doch Ausgangspunkt für den östlichsten Viertausender der Alpen, den Piz Bernina mit seinem berühmten Biancograt. Hans-Jörg Ruchs Projekt überzeugte mit einem über die mächtige Sockelmauer auskragenden, prägnanten Holzbau, der unaufgeregt und eigenständig neben dem Steinhaus aus dem Jahr 1951 steht. Im neuen, großzügigen Aufenthaltsraum, einer schlichten hölzernen Stube, genießt der Wanderer über die Panoramafenster den Blick ins Bergrund. Neben den gestalterischen Aspekten muss der exponierte Bau vor allem konstruktiv viel leisten. Die Ansprüche an die Lawinensicherheit werden durch eine Außenschale aus vertikalen Stahlträgern mit eingeschobenen Lärchenholzbohlen erfüllt. Die entsprechenden Bohlen liegen auch bereit, um im Winter die rückseitigen Öffnungen ganz zu schließen. Das Gebäude selbst ist autark: Eine Wasserturbine erzeugt die nötige Energie, das Wasser stammt aus dem nahen Bergbach, und unterhalb der Hütte wird das gebrauchte Wasser dann über eine eigene Kläranlage wieder gereinigt.

Abstecher auf die Tschiervahütte

»Als Centralpunkt der großartigen Gebirgs- und Gletscherwelt des Berninastockes wurde Pontresina schon vor 30 Jahren von den Bergsteigern mit Vorliebe aufgesucht und ist auch heute einer der bedeutendsten Touristenorte der Schweiz, der sich rühmlich an die Seite eines Zermatt und Chamounix oder Mürren stellen darf.« Mit diesen Worten wird Pontresina im prächtigen Fotoband von Romedo Guler *Suisse, Schweiz, Switzerland. Sommer und Winter Kurorte in Graubünden Grisons* von 1896 gelobt. Und tatsächlich galt Pontresina in den Tourismustraktätlein der Belle Epoque zwar als weniger »fashionable« als St. Moritz, dafür als besonders naturnah. Ein Ort für Leute, die den Luxus der Grand Hotels schätzen und trotzdem Lust haben, sich die Wanderschuhe zu schnüren.

Also auf in die Höhe: Nach einer sanften Steigung in die Val Roseg gilt es 584 Höhenmeter zur Tschiervahütte zu erklimmen. Oben angekommen aber darf man sich erneut an gediegener Gastlichkeit erfreuen.

Literatur

Markus Britschi, Doris Fässler (Hrsg.), *Elizabeth Main (1861–1934): Alpinistin, Fotografin, Schriftstellerin. Eine englische Lady entdeckt die Engadiner Alpen,* Diopter, Luzern 2003.

Leza Dosch, *Kunst und Landschaft in Graubünden. Bilder und Bauten seit 1780,* Scheidegger & Spiess, Zürich 2001.

Roland Flückiger, *Hotelpaläste zwischen Traum und Wirklichkeit. Schweizer Tourismus und Hotelbau 1830–1920,* Hier & Jetzt, Baden 2003.

Silvio Margadant/Marcella Maier, *St. Moritz, Streiflichter auf eine aussergewöhnliche Entwicklung,* Walter Gammeter, St. Moritz 1993.

Hans-Jörg Ruch, *Historische Häuser im Engadin – Architektonische Interventionen von Hans-Jörg Ruch,* Scheidegger & Spiess, Zürich 2008.

Cordula Seger, *Grand Hotel. Schauplatz der Literatur,* Böhlau, Köln/Weimar/Wien 2005.

Viele spannende Bücher zum Engadin sind vergriffen, deshalb lohnt sich der Besuch der Dokumentationsbibliothek in St. Moritz.

Blick von der Val Roseg hinauf zum Piz Bernina (links) mit dem berühmtesten Grat der Alpen, dem Biancograt.

Puschlav

Auswandern und heimkehren

Bernina Hospiz–Poschiavo– Campocologno

Ein typisches Alpensüdtal: karge Landschaft, viel Stein, steile Hänge, wenig flaches Land. Das bescherte einigen Mangel und trieb im 19. und Anfang des 20. Jahrhunderts manch einen in die Fremde. Ein paar Wenigen gelang es, als Zuckerbäcker oder Kaffeehausbesitzer Furore zu machen. Und jene, die zurückkehrten, wollten städtische Eleganz nicht missen und ließen sich Palazzi bauen. Auswandern und heimkehren ist seit Generationen das Thema dieses peripheren Tales.

Von Ursula Riederer

Ospizio Bernina–Sassal Mason–
Alp Grüm–Cavaglia **3 h 30**

↗ **200 m** ↘ **550 m**

Cavaglia–Varunela–Varuna–
Masella–Poschiavo **4 h**

↗ **60 m** ↘ **890 m**

Poschiavo–Li Curt–Prada–
Pagnoncini–Canton–Le Prese–
Viale–Li Curt–Poschiavo **4 h**

Rundwanderung ↘ **50 m**

Charakter
Einfache, viertägige Wanderung auf unterschiedlichen Wegen. Im Berninagebiet steile Bergpfade; Wanderwege und Fahrstraßen ab Cavaglia und im Talgrund. Alle Wege sind gut ausgeschildert.

Beste Jahreszeit
Juni bis September/Oktober

Verkehrsmittel
RhB ab Chur bis Ospizio Bernina und durchs Tal hinunter bis Tirano (Italien) im Stundentakt.

Varianten
Man kann die Tour auch ab Alp Grüm beginnen. Oder beliebig überbrücken. Mögliche Ein- und Ausstiege auf der ganzen Strecke, die weitgehend der RhB-Linie folgt: in Cavaglia, Poschiavo, Li Curt, Le Prese, Miralago, Brusio und Campocologno.

Übernachten und essen
Albergo Ospizio Bernina (an der Passstraße), geöffnet Dez.–Okt., 081 844 03 03, www.bernina-hospiz.ch
Ospizio Bernina, Buffet Stazione, das ganze Jahr geöffnet, 081 844 03 07
Sassal Masone, Juli–Okt., 081 844 03 23, www.sassalmasone.ch
Albergo Ristorante Alp Grüm, geöffnet Mitte Mai–Okt. und Mitte Dez.–April, 081 844 03 18, www.alpgruem.ch.vu
Rifugio Cavaglia, Cavaglia, geöffnet Juni–Okt., 081 844 05 65, www.rifugiocavaglia.ch
Hotel Albrici, Poschiavo, 081 844 01 73, www.hotelalbrici.ch
Hotel Suisse, Poschiavo, 081 844 07 88, www.suisse-poschiavo.ch
Pensione Capelli, Li Curt, Prada, 081 844 01 92, www.pensione-capelli.ch
Albergo Sport Raselli, Le Prese, 081 844 01 69, www.sporthotel-raselli.ch
Albergo Ristorante Grotto Miralago, Miralago, 081 839 20 00, www.miralago.ch
Albergo Stazione, Brusio, 081 846 51 84, www.bernina-sud-info

Einkaufen
In allen größeren Ortschaften gute Grundversorgung, außer in Campocologno; dort bietet der Tankstellenshop Ess- und Trinkwaren an.
In Poschiavo lokale Spezialitäten: Puschlaver Ringbrot, Pizzocheri und andere Teigwaren, Kräuter, Käse und Kunsthandwerk.

Museen, Besichtigungen
Poschiavo: Talmuseum Palazzo De Bassus-Mengotti, Öffnungszeiten: Juni–Mitte Okt., Di und Fr 14–17 Uhr, Aug. zusätzlich Mi 14–17 Uhr 081 839 03 22, www.polomuseale.ch
Das Palazzi-Viertel am südlichen Dorfrand, ehemalige Tabakfabrik Ragazzi.
Brusio: Kreisviadukt der Rhätischen Bahn.

Information
Ente Turistico Valposchiavo, 081 844 05 71, www.valposchiavo.ch

Karten
Landeskarte 1:50 000, Blatt 269 (Berninapass) und Blatt 279 (Brusio)

Start auf Ospizio Bernina. Die mit 2256 Metern über Meer höchst gelegene Bahnstation Europas wurde 1912 nach den Plänen von Nicolaus Hartmann in die Steinwüste gesetzt. Auch das Berggasthaus (1925) sowie die gedeckte Drehscheibe (1926) tragen seine Handschrift. Und bald begegnen uns weitere Bauwerke dieses Bündner Architekten.

Weiter oben, wo heute ein Parkplatz in der Passlandschaft klafft, verkehrten 1865 die ersten Pferdekutschen und Fuhrwerke und rasteten die ersten Touristen im Hospiz. Mit der Berninapassstraße begann die neue Zeit. Bis dahin mussten sich die Leute, wenn die Saumpfade nordwärts unpassierbar waren, im Veltlin mit Lebensmitteln versorgen. Dem Fortschritt Tür und Tor öffnete Tommaso Lardelli (1818–1908). Wie sein Vater war er Bauer und Lehrer, später Podestà, und bekleidete zahlreiche Ämter im Kanton und auf Bundesebene. Ferner verwaltete er die Vermögen reicher Rückwanderer und betätigte sich als Architekt. »Ich wollte meinen Heimatort verschönern«, notiert er achtzigjährig in seiner Autobiografie. Er ist unser Cicerone und füllt uns den Rucksack mit historischem Proviant.

Bahn, Kraftwerke und archaische Milchkeller

Wir wandern der Bahnlinie und dem Stausee entlang auf dem Fahrsträßchen zur südlichen Talsperre. Die Nutzung der Wasserkraft folgte dem Bahnbau auf dem Fuß. Akkurat zwischen dem Lago Bianco und dem Lej Nair verläuft die Sprach- und Kulturgrenze Italienisch/Rätoromanisch. Und die Wasserscheide: Der dunkel schillernde Lej Nair entwässert ins Schwarze Meer und der milchig weiße Lago Bianco in die Adria. Im Hintergrund die schwindenden Gletscher Vadrett da Sassal Mason und dal Cambrena.

Am Fuße der Staumauer mit dem markanten Turm – ein Wunderwerk aus kunstvoll geschichteten Natursteinen – beginnt der knapp einstündige Aufstieg nach Sassal Mason. Bahn und Kraftwerkbauten wirken wie eingegossen in die alpine Landschaft und zeigen ein Zusammenspiel von Funktion und Ästhetik. Aber der Harmonie droht Ungemach. 2006 erhielt die Kraftwerkgesellschaft Rätia Energie die Bewilligung, die Staumauern um 17 Meter zu erhöhen, wodurch das Bahntrassee auf einer Strecke von 4,5 Kilometern verlegt werden muss.

Den Weg nach Sassal Mason gingen zu Zeiten von Tommaso Lardelli Frauen in langen Röcken und unbequemen Stadtschuhen mit ihren ebenso städtisch bekleideten Begleitern. Bei der Schweizer Fahne sind es noch 700 Meter bis zum Gasthaus. Eigentlich könnte im 1876 erbauten Gasthaus die erste Tagesetappe beginnen. Die Aussicht übers Tal, den Lago di Poschiavo, ins Veltlin, die Bergamasker Alpen und auf den Palügletscher ist grandios.

Nach der Alp Grüm Richtung Süden erreicht man bald wieder die Waldgrenze. Im Hintergrund ganz links der Piz Palü, dazwischen der Piz Caral und rechts der Sassal Mason.

Die zwei freistehenden Rundbauten aus aufgeschichteten Steinen sind eine lokale bauliche Besonderheit. Auf Pus'chavin, dem einheimischen Dialekt, heißen diese Bauten »Cròtt« oder auch »Scelé«. Man begegnet ihnen überall im Tal. Ursprünglich vor allem als Milchkeller genutzt, sind sie vielerorts noch als Vorratsraum im Gebrauch. Gekühlt wurden sie mit fließendem Wasser. Wer hier nächtigt, sollte es nicht versäumen, vor dem Frühstück, eingepackt in warme Wolldecken, auf der Liegeterrasse zwischen den Cròtt den Anblick des im ersten Sonnenlicht gleißenden Palügletschers zu genießen.

Kurzer Abstieg nach Alp Grüm. Wer sich Zeit nimmt, die Alpenblumen und Schmetterlinge zu bestaunen, dem fährt das Abwärtssteigen weniger in die Knie. Am Zwischenziel thront ein weiterer Meilenstein, das Stationsgebäude und Berggasthaus (1923) von Nicolaus Hartmann, eine Synthese aus Heimatstil und früher Moderne. Auf der Terrasse lässt es sich erneut bei prachtvoller Aussicht auf Gletscher

Bei der Alp Grüm lautet die Devise: eine Pause einlegen, sich hinsetzen und ins Tal schauen. Der monumentale Bau mit seinem Walmdach stammt von Nicolaus Hartmann jun., dem Protagonisten des Bündner Heimatstils. Besonders eindrücklich präsentiert sich die Landschaft vom Balkon mit seinen dünnen Eisenbetonplatten und dem elegant gebauchten Eisengeländer.

Aufnahmegebäude und Berggasthaus Alp Grüm, 1923
Bauherrschaft: Rhätische Bahn
Architektur: Nicolaus Hartmann jun.

und Tal behaglich rasten. Von nun an kreuzen sich ab und an Weg und Bahn.

Es ist eine der faszinierendsten Strecken der RhB. Hier schlängeln sich die Zugskompositionen mit einem Gefälle von bis zu 70 Promille über mehrere Serpentinen und ohne Zahnrad ins Puschlav hinunter. Wir wandern einer der steilsten Adhäsionsbahnen der Welt entlang Richtung Cavaglia.

Blick von der Alpe Palü auf den Palügletscher.

Cavaglia? Das tönt nach Pferd. Tatsächlich weideten zur Säumerzeit ganze Herden auf der Ebene. Und in den zahlreichen Ställen in Poschiavo überwinterten bis zu dreihundert Pferde. »Von der Landwirtschaft und vom Viehhandel wurde kein Bauer reich«, flüstert uns der Cicerone ins Ohr. Die Monti waren damals das ganze Jahr über bewohnt. Die Besitzer mit Kind und Kegel lebten samt Hirt unter demselben Dach. In den 1970er-Jahren hausten in Cavaglia noch Arbeiter des Kraftwerkbaus ganzjährig. Jetzt ist der Weiler ein vorwiegend touristisch genutztes Sommerdorf.

Der Lagh da Palü (1924 m) bekommt sein Wasser vom Palügletscher.

Holzfrevel und Murgänge

Zwischen dem Cavagliasch-Bach und der Bahnlinie geht es weiter, vorbei am alten Bahnhof mit Gasthaus, das einem Entlebucher Bauernhaus ähnelt. Beim Gletschergarten bei Puntalta – eine sehenswerte Anlage – biegt die Fahrstraße rechts ab. Nach etwa 10 Minuten führt ein Fußweg rechts Richtung Varuna. Über Wurzeln durch Lärchen- und Tannenwald wandernd, hört man die Bahn, die in den Kurven quietscht. Poschiavo ist eine der waldreichsten Gemeinden der Schweiz. Von Tommaso Lardelli erfahren wir, dass, trotz Gesetzen und Strafen, immer wieder im Gemeindewald gefrevelt wurde. Vor allem in Notzeiten. Dabei setzten die gebeutelten Bauern das begehrte Holz – oft im Tausch gegen Wein – im Veltlin ab. Erst 1905 sorgte ein eidgenössisches Forstgesetz für nachhaltige Waldnutzung.

Der als Panoramastrecke ausgeschilderte Sentiero panoramico kreuzt ab und zu den Lernpfad Sentiero didattico,

Die letzten Schritte talabwärts, und man erreicht Poschiavo, den Hauptort des Tales.

der den Schutzwald und die Schutzbauten gegen Murgänge und Lawinen thematisiert, die das Puschlav seit Jahrhunderten immer wieder katastrophal heimsuchten. Der Wildbach des Val Varuna gehört zu den gefährlichsten im Alpenraum. Bei Varuna erreichen wir erneut eine Fahrstraße.

Die Spaghetti-Produktion in der Teigwarenfabrik Molino e Pastificio in Poschiavo ist eine bodenständige Handarbeit.

Teils auf der Straße, teils auf Naturpfaden wandern wir weiter talwärts Richtung Selva durch Kulturland einer kaum noch lebendigen Landwirtschaft. Überall Einzelbauten oder Gruppen von Häusern, ehemals Bauernhöfe, jetzt Ferienhäuser. Der Exodus der Bauernsöhne brachte die Berglandwirtschaft arg in Bedrängnis. Als der kräftigste Teil der Bevölkerung nach einer Hochwasserkatastrophe massenhaft auswanderte, »die Häuser feucht schimmelten, die Cholera in Tirano wütete, holten die Zurückgebliebenen im Veltlin billige Arbeitskräfte«, erzählt unser Cicerone.

Im Gebiet Masella zweigt ein Feldweg links ab. Nach einem kurzen Wegstück entlang von Hecken taucht hangaufwärts eine Häusergruppe auf. Und unten am Waldrand überblicken wir die Dächer unserer Architektur-Perle, die wir nach einem Abstieg durch Wiesland erreichen. Der von Prospero Gianoli 1986 umgebaute Bauernhof ragt wie ein Findling aus dem Abhang. Ein würfelförmiger Baukörper, der das bäuerliche Gewand gegen ein palazzoähnliches ausgewechselt hat. Das Haus drückt städtisches Selbstbewusstsein aus und zeigt so die neue Nutzung. Etwas unterhalb des Hauses sieht man noch den alten Cròtt. Früher, so Tommaso Lardelli, lag der Reichtum der Bauern auf den Maiensäßen: »Nirgends gab es so viel Heu.« Möglich, dass die fetten Futterwiesen einst Bernardo Massella gehörten, im 17. Jahrhundert Podestà in Poschiavo, darum vielleicht der orthografisch leicht veränderte Flurname Masella.

Der Abstieg nach Poschiavo verläuft anfänglich auf der Fahrstraße, dann auf ausgeschildertem Wanderweg. Vor der

Es war einmal ein Maiensäß

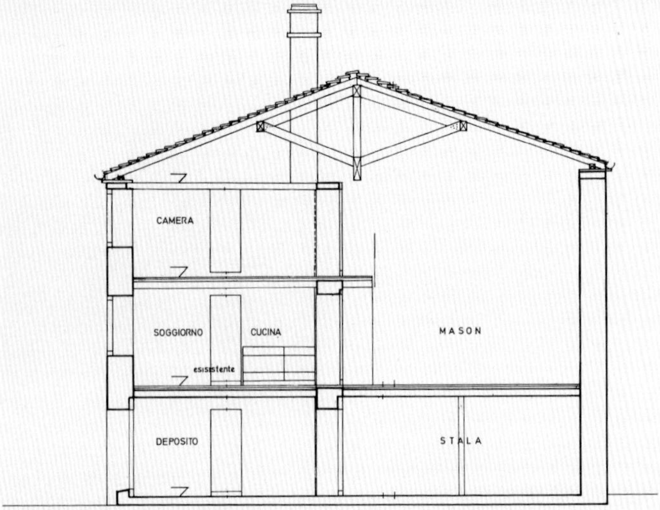

Maiensäß, Masella, Poschiavo, 1990

Bauherrschaft: Achille und Maria Olgiati, Poschiavo

Architektur: Prospero Gianoli, Chur/Poschiavo

Ingenieur: Attilio Gervasi, Poschiavo

Direktauftrag

Der Bergbauernhof, lange unbenutzt und nun freizeitlich wieder zeitweilig bewohnt, dokumentiert den bergbäuerlichen Exodus im Puschlav. Der Puschlaver Architekt Prospero Gianoli, der selber seine Zelte im Tal abgebrochen hat und nun in Chur tätig ist, baute 1990 den stattlichen Berghof um. Dieser umfasst hangwärts die Scheune mit dem Heuboden und talseits den Wohnteil über dem ehemaligen Stall. Während das Natursteinmauerwerk in der gleichen Technik weitergebaut und vollendet wurde, erinnern die teils glatt verputzten Süd- und Ostfassaden an einen Palazzo. Verstärkt wird dieser Eindruck durch die Zierleiste unterhalb der Dachtraufe. Nur in diesem Bereich sind die Fenster mit Läden versehen. Die Löcher und Scharten im Natursteinmauerwerk betonen das Archaische. Ein kontrastreiches

Spiel mit Farben und Bearbeitungen. Im Innern wurden der quadratische Dachstuhl und die Zimmerarbeiten erneuert, aber die Statik ohne Stütze ist die alte. Über dem ehemaligen Stall wurde eine Betondecke eingezogen. Trotz Elementen der im Tal verbreiteten Palazzi ist beim Umbau der Charakter des Maiensäßes sichtbar geblieben.

Brücke am Dorfeingang, auf der linken Seite des Poschiavino, die traditionsreiche Mühle und Teigwarenfabrik Molino e Pastificio. Ein interessanter Industriebau aus dem frühen 20. Jahrhundert. Hier werden unter anderen die berühmten Spaghetti in der blauen Verpackung produziert. Nicht zu übersehen sind auch die massiv verbauten Flussufer, ein Wuhrwerk Richard La Niccas aus dem 19.Jahrhundert.

Der Borgo

Jetzt ist zu berichten, wie aus dem Bergbauerndorf eine kleine Stadt wurde. Und wie an dieser weitergebaut wird. Doch zunächst zum Namen Poschiavo: Damit ist nicht nur das ganze Tal gemeint, sondern auch der Hauptort selber und die politische Gemeinde, die von der Bernina Passhöhe bis hinunter zum gleichnamigen See reicht. Um Verwechslungen zu vermeiden, nannte man den Hauptort Borgo, was schlicht Dorf heißt.

1857 plante Tommaso Lardelli am südlichen Dorfrand eine schnurgerade Straße für ein neues Quartier. Mit seinem Ersparten erwarb er eins ums andere Grundstück, worauf er »schöne helle und gesunde Häuser« bauen und weiterverkaufen wollte, an Rückwanderer, die als Zuckerbäcker oder Kaffeehausbesitzer in Spanien vermögend wurden. Vielen jedoch widerfuhr das Schicksal, krank vor Heimweh, nie das Geld für eine Rückfahrkarte aufzubringen. »Die ersten drei Häuser baute ich für unsere Familie und meine zwei Schwäger mit dem Maurer Lucio Nolli. In Hufeisenform mit kleinem Platz vor dem Haupteingang und einer Loggia«, teilt uns Lardelli mit. In Mailand, wo er noch auf seiner Hochzeitsreise mit Orsola Matossi »wie ein Bauerntölpel« umhergestolpert sei, habe er den Architekten Giovanni Sottovia getroffen und ihm seine Pläne gezeigt. »Ich fand in ihm die Fähigkeit, die monotone Architektur Poschiavos zu bereichern. Mit wenig Aufwand verlieh er den Häusern ein architektonisches Gesicht.« 1891 stand die Prachtzeile mit den Gärten südlich der Via da Palaz und den Kleintierställen auf der Rückseite. »Eigentlich sollte es nicht

Palazzi-, sondern Lardelli-Viertel heißen«, moniert unser Cicerone selbstbewusst. Heute nennt man es das Spaniolen-Viertel.

Aber nicht nur der südliche Rand des Borgo bekam ein urbanes Gesicht. Wer es sich leisten konnte, ließ sich vom städtischen Geist und Sottovia inspirieren. Dass in einem Bergdorf auf 1000 Metern Höhe zu dieser Zeit eine solche städtebauliche Entwicklung stattfinden konnte, ist eine Rarität, nicht nur in der Schweiz.

Nachdem die Automobilität auch in Poschiavo die Wohnlichkeit massiv beeinträchtigt hatte, bedeutete die Neugestaltung der zentralen Piazza, Plaza da cumün oder auch

Das Spaniolen-Viertel in Poschiavo. Die Reihe mit stattlichen Häusern wurde von einheimischen Rückwanderern gebaut, die im 19. Jahrhundert als Zuckerbäcker oder Kaffeehausbesitzer in Spanien und anderswo reich geworden sind.

Piazza Comunale, einen Wendepunkt. Traurigerweise war der Anlass dafür der Wiederaufbau nach den gewaltigen Verheerungen der letzten Überschwemmung von 1987. Entsprechend Prospero Gianolis Entwurf (1. Preis Wettbewerb 1985) wurde der Platz neu gepflästert, mit einem Brunnen versehen und vom Verkehr befreit. Inzwischen ist die sternförmige Pflästerung vor lauter Gartentischen und Stühlen allerdings kaum mehr zu sehen.

In dieselbe Ära wie die neue Piazza gehört der Umbau des katholischen Kirchgemeindezentrums, Centro Parrocchiale, gegenüber der Stiftskirche San Vittore. Prospero Gianoli und Livio Vacchini setzten die dekorative Fassade in Beziehung zu den malerischen Schaufassaden der Palazzi. Hier stehe ich und zeige mich, sagt auch die Casa Beti am Plätzchen Burchin di Beti, 1988 von Prospero Gianoli renoviert.

In welchem der eleganten Häuser sich unser Cicerone als Podestà heimlich mit dem italienischen Revolutionär Giuseppe Mazzini, dem Weggefährten Garibaldis, getroffen

Das Unwetter von 1987 brachte die Wende. Der Verkehr wurde von der Piazza Comunale verbannt, die Fläche mit einem Brunnen versehen und neu gepflästert. Viel von der sternenförmig angeordneten Pflästerung sieht man allerdings nicht mehr. Statt Autos verstellen heute Gartentische und Stühle die Sicht.

Piazza Comunale, Poschiavo, 1988
Bauherrschaft: Gemeinde Poschiavo
Architektur: Prospero Gianoli, Poschiavo

hat, in der von Giovanni Sottovia entworfenen Casa Fanconi an der Piazza oder im Hotel Albrici, ehemals Haus des Bernardo Massella, will er uns nicht verraten. Nur das: »Nach dem Treffen mit seinen Freunden konnte ich mit ihm ein Stündchen reden, aber natürlich nicht über Politik.« 1848 fanden italienische Separatisten, die die Loslösung der Lombardei anstrebten, in Poschiavo Asyl.

Zur neusten Generation Architektur gehört die Bibliothek und Ludothek Valposchiavo, 2007 von Mario A. Tempini erbaut. Ein hervorragendes Beispiel für das Weiterbauen an der historischen Bausubstanz. Die einheitlich erdfarbig verputzte Mauer ergänzt und präzisiert die Gasse gegenüber dem ehemaligen Augustinerinnen-Kloster. Das ehemalige Frauenkloster haben die einheimischen Architekten Gervasi Wyss 1997 bis 2000 mit viel Gespür für die historische Anlage in ein Kultur- und Begegnungszentrum umgebaut. Von Architekt Corrado Albasini 2005 umgestaltet wurde der altehrwürdige Palazzo Landolfi aus dem 16. Jahrhundert. Schade nur, dass der Zugang zur Parkgara-

Vielleicht hielt sich der italienische Revolutionär Giuseppe Mazzini hier in der Sala delle Sibille des Hotel Albrici auf. Der Saal mit seinen zwölf Sibyllen in den Ecken ist ein denkmalpflerisches Bijou. Jede Sibylle weist in eine Ecke auf eine Kleinfigur, die sie mit der Bibel verbindet.

Sala delle Sibille, Hotel Albrici, Poschiavo, 1680–1682
Bauherrschaft:
Bernardo Massella
Architektur:
Bernardo Massella

Das historische Gedächtnis

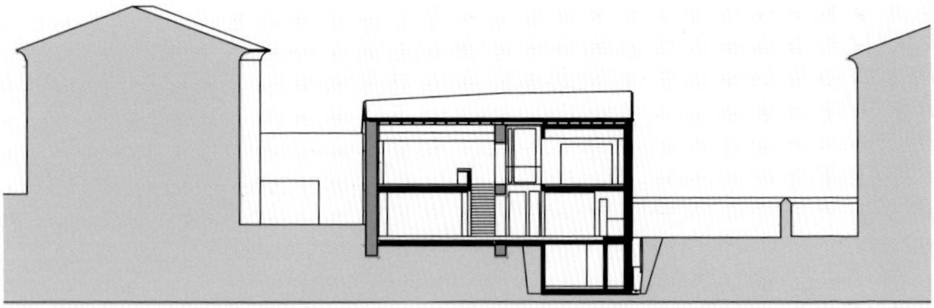

Bibliothek und Ludothek Valposchiavo, Poschiavo, 2007

Bauherrschaft: Associazione Biblioteca e Ludoteca Valposchiavo, Poschiavo

Architekt: Mario A. Tempini, Poschiavo

Ingenieure: Conzett, Bronzini, Gartmann, Chur

Direktauftrag

Die Bibliothek und Ludothek Valposchiavo wurde 2007 nach den Plänen des Puschlaver Architekten Mario A. Tempini erbaut. Der zweistöckige Komplex führt die charakteristische Gassenlinie weiter und nimmt die Mauern des gegenüberliegenden ehemaligen Augustinerinnen-Klosters gestalterisch auf. Zwei Baukörper trennen Neu und Alt. Dazwischen lädt das Foyer zum Eintreten und erschließt zugleich den Garten im Innenhof, woran auch die Häuserzeile des Kirchgemeindehauses der Stiftskirche und des Oratoriums angrenzen. Bibliothek und Ludothek befinden sich nun im Neubau, einer Betonkonstruktion, Lesesaal und Archiv im umgenutzten Altbau, wo die Bruchsteinmauern an die bäuerliche Nutzung erinnern. Große verglaste Flächen sorgen für ausreichend Tageslicht. Der erdfarbige mineralische Außenputz bietet ein einheitliches Bild und präzisiert so den öffentlichen Raum beispielhaft. Und wo eine öffentliche Bibliothek, ein gemeinsames historisches Gedächtnis, gebaut wird, drückt sich ein Wille aus, hierzubleiben statt wegzugehen.

ge unter dem großen Garten den Gesamteindruck beeinträchtigt. Wie die Palazzi prägen große ummauerte Gärten, überhaupt Mauern, den Borgo.

Ausufern ins Grüne

Wir folgen dem Wanderweg talauswärts nach Le Prese durch Wiesen und Felder. Beidseits das eindrückliche Panorama der Bergflanken. Das Schulhaus am östlichen Hang dokumentiert einen Ausbruch: Hier wurde 1969 erstmals das Dorfensemble verlassen und im Grünen gebaut. Der gestaffelte Baukörper stammt von den Architekten Flurin Andry, Georg Habermann, Peter Siegentahler – ein Kontrast zur Barockkirche Sta. Maria Assunta in Sichtweite.

Wo der Weg erhöht am linken Ufer des Poschiavino verläuft, rückt das Haus des Architekten Mario A. Tempini, ein flacher Bau mit hohen Umfriedungen, ins Blickfeld. Der Atelier-Pavillon schirmt den Wohnteil gegen die stark befahrene Talstraße ab. Auf der Flussseite bieten drei Patios, kleine offene Innenhöfe, freie Sicht ins Gebirge. Bei Li Curt

Eine Betonumfriedung mit wenigen Öffnungen. Das hat seinen Grund. In unmittelbarer Nähe führt die stark befahrene Kantonsstraße vorbei. Dieser hermetisch wirkende Teil – es ist der Atelier-Pavillon – schützt den Wohnbereich vor Immissionen.

Wohnhaus und Atelier Mario A. Tempini, La Rasiga, Li Curt, 2005
Bauherrschaft und Architektur:
Mario A. Tempini, Li Curt

geht es Richtung Prada weiter, einem Weiler mit altem Kern. Massige, mit Steinplatten gedeckte Baukörper verraten den Einfluss des Südens. Da und dort sieht man noch die gemauerten Ausbuchtungen von Backöfen, wo einst das Puschlaver Ringbrot gebacken wurde.

Eine Bürgerinitiative im kleinen Weiler Pagnoncini, die eine überdimensionierte Zweitwohnungs-Siedlung verhinderte, machte in den 1980er-Jahren weit über Graubünden hinaus Schlagzeilen. Damit blieb ein Stück archaisches Puschlav lebendig. Bei Canton schillert endlich der See, das Werk eines späteiszeitlichen Bergsturzes. Ein Kieswerk beutet das nördliche Seeufer und die Rätia Energie das Seewasser aus. So ist vom einstigen Glanz des Badekurortes Le Prese nicht mehr viel übrig. Zu Lebzeiten Tommaso Lardellis wurde in dampferhitztem Wasser in Marmorwannen genüsslich gebadet. Von damals zeugt noch das Hotel Le Prese und ein Stück Park mit altem Baumbestand.

Wieder taleinwärts Richtung Poschiavo wechseln wir die Flussseite, überqueren Bahnlinie und Hauptstraße. Bei der

Im Werkhof, Magazzini comunali, sind Forstbetrieb, Feuerwehr und Verwaltung untergebracht. Der Wunsch der Bauherrschaft, einheimisches Holz zu verwenden, fand eine ästhetisch funktionale und präzise Form, sodass der L-förmige Bau in der traditionellen Steinbaukultur nicht als Fremdkörper dasteht.

Magazzini comunali, Viale, Poschiavo, 1999
Bauherrschaft: Gemeinde Poschiavo
Architektur: Mario A. Tempini, Li Curt
Ingenieur: Walter Bieler, Bonaduz

Die Poesie der Mauer

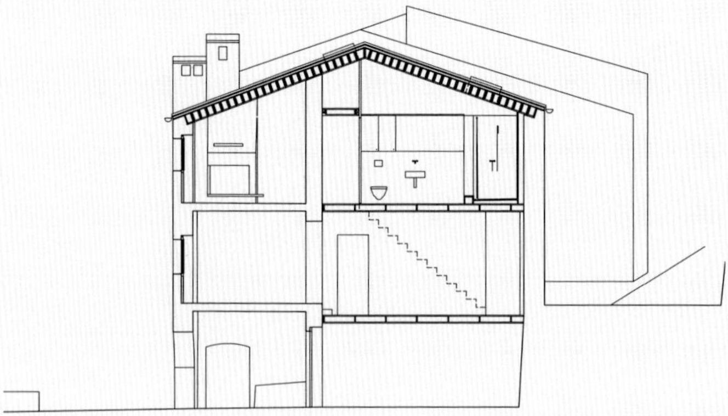

Casa Zala, Garbela, Brusio (Umbau) 2007

Bauherrschaft: Marina Zala, Bern

Architektur: Daniel Dähler, Bern, und Benedikt Schlatter, Basel

Ingenieur: Edy Toscano SA, Poschiavo

Direktauftrag

Die beiden Häuser im Weiler Garbela, einst von einer bäuerlich-familiären Gemeinschaft bewohnt, wurden später geteilt. Das nordöstlich gelegene Haus Zala aus dem 16. Jahrhundert haben die Architekten Daniel Dähler und Benedikt Schlatter 2007 erneuert, und zwar im Gegensatz zum Nachbarhaus im Einklang mit der Denkmalpflege.

Mit sparsamen Mitteln und traditionellen Materialien wurde viel erreicht. Bergseitig verschlossen wie eine Burg, öffnet sich das Haus talwärts, wo man es durch die beiden weiten Rundbögen des Porticos betritt. Davor bietet die von einer Mauer gestützte Terrasse Aussicht auf Brusio und das ganze Tal. Die Fassaden aus Bruchsteinmauern wurden außen nur in den Fugen und drinnen in einem Ockerton glatt verputzt. Um den Gesamteindruck zu erhalten, brachte man, mit Ausnahme einer quer liegenden neuen Fensteröffnung an der Ostfassade, keine neuen Öffnungen an. Überhaupt wurde die Qualität des Neuen aus dem Alten entwickelt, zurückhaltend und präzise ergänzt. Das Murale ist dabei tonangebend und bewirkt trotz formaler Strenge leise poetische Töne. Und die Geschichte bleibt lesbar. Rätsel gibt bloß der separate Holzstrickbau auf, worin sich eine getäferte Stube befindet.

Abzweigung nach Selva steht der gemeindeeigene Werkhof, Magazzini comunali Viale, von Architekt Mario A. Tempini und Ingenieur Walter Bieler 1999 errichtet. Für die ästhetisch-funktionalen L-förmig angelegten Bauten verwendeten sie auf Wunsch der Bauherrin einheimisches Holz.

Die einstige Tabakfabrik Ragazzi – heute eine Industriebrache.

Weiter durch die Siedlung Viale, wo sich alte Strukturen und Neubauten abwechseln. In Li Curt, oberhalb der Bahngleise, wo an Bauformen und Materialien fast alles zu sehen ist, eine Rosine: Die 2002 von Conradin Clavuot in den Hang gesetzte Casa Raselli-Kalt. Der dreistöckige Bau mit kaum vorspringendem Satteldach, grobem Putz und asym-

Grober Putz, glatt abgesetzte Fensterumfassungen, kaum vorspringendes Satteldach: Das Haus am Hang zwischen Poschiavo und Le Prese erinnert an die markanten und doch schlichten Bruchsteinbauten, denen wir auf dem Weg durchs Puschlav überall begegnen. Im Innern ist es ein verzaubertes Raumpuzzlespiel.

Casa Raselli-Kalt, Amianti, Li Curt, 2002
Bauherrschaft: Sandra und Moreno Raselli-Kalt
Architektur: Conradin Clavuot, Chur

metrischen Fensteröffnungen interpretiert einen regionalen Haustypus.

Zum Abschluss unserer Rundwanderung werfen wir einen Blick auf das Areal der ehemaligen Tabakfabrik Ragazzi. Unser Cicerone erinnert sich, dass da einst bis zu 120 Personen arbeiteten. Doch die Brüder Francesco und Bernardo Ragazzi, Enkel des Fabrikgründers, interessierten sich mehr für Magnetismus als für die Herstellung von Tabakwaren, was 1860 zur Liquidation führte. Statt dieses historisch bedeutende Ensemble aus der Zeit der ersten Industrialisierung adäquat instand zu stellen, verhindern ein Neubau und ein Parkplatz eine gehaltvolle Neunutzung. Leider eine verpasste Chance.

Lange Häuser und runde Keller

Wer den Weg nicht zweimal gehen will, fährt mit der RhB von Poschiavo nach Le Prese oder Miralago. Im unteren

Die Casa Besta an der alten Hauptstraße in Brusio beherbergt sowohl das Lokalmuseum für Schmuggel, Weinbau und Musikinstrumente wie auch Gemeindebibliothek, Verwaltung und Gemeindearchiv. Ursprünglich ein Bauernhaus aus dem 16. Jahrhundert, wurde es ab 1700 den adligen Bedürfnissen der Veltliner Familie Marlianici und später der Besta entsprechend umgebaut.

Casa Besta, Brusio, 16. Jh., Umbauten: 1700, 1800, 1980–2000
Bauherrschaft: Gemeinde Brusio
Architektur: Adriano Pedrazzi, Poschiavo

Viertel des Sees auf der linken Seite beginnt der Fußweg bergan nach Garbela. Mit etwas Glück begegnet man von April bis Juni prächtigen Schmetterlingen oder dem seltenen kleinen Eisvogel. In den kleinen Weilern und Gehöften an den südexponierten Abhängen oberhalb von Brusio wird längst nicht mehr dauerhaft gewohnt. Überall neue Ferienbehausungen und umgebaute Altbauten.

Im Weiler Garbela haben die Architekten Daniel Dähler und Benedikt Schlatter den südlichen Teil eines Doppelhauses in ein Ferienhaus umgebaut. Dabei wurde das Ursprüngliche des ehemaligen Steinhauses sorgfältig herausgearbeitet und das Dach mit einheimischen Granitplatten wiederhergestellt. Die halb verputzten Mauern und die kahlen Fensteröffnungen betonen das Archaische. Solche Langhäuser, »Ca lunghi«, gehören bis weit ins Veltin zur Bautradition. Ihre Erschließung in steiler Lage quer zum Hang erlaubt eine komfortable Benutzung der Gebäude.

Seepromenade entlang des Lago di Poschiavo.

Gartenarbeit in Brusio.

Auf dem Weg hinunter nach Brusio überblicken wir die terrassierten zahlreichen kleinen Äcker, Relikte von gestern, im nun verengten Tal. Bereits zu Tommaso Lardellis Zeit baute man Tabak und Gemüse für den Export ins Engadin an. Weinhandel und Fischzucht waren weitere ertragreiche Erwerbsquellen. In Brusio gibt es kaum eine Straße, die nicht abschüssig ist. Die Bahn kurvt hier über den berühmten Kreisviadukt, Postkartensujet in jedem Bildband und Prospekt. Wie ausgesät, reiht sich oberhalb des Viadukts eine Gruppe der steinigen Buckel-Cròtt. Sowohl das Gemeindehaus als auch das Schulhaus wurden in den 1960er-Jahren nach Entwürfen des Architekten Bruno Giacometti

Der legendäre Kreisviadukt von Brusio sei »eine bautechnische Augenweide, wie sie ihresgleichen sucht, ein Werk vollendeter Nützlichkeit und Schönheit«, heißt es in einem alten Prospekt. Mit dieser offenen Kehre überwindet die RhB rund 20 Höhenmeter.

Kreisviadukt Brusio, 1908
Bauherrschaft:
Rhätische Bahn
Ingenieur:
Rhätische Bahn

erbaut. Die Casa Besta, ein interessantes Haus mit reicher Geschichte, beherbergt das Museum für Volkskunde und Weinbau.

Weiter auf der rechten Talseite dem Fluss entlang. In Campascio, am andern Ufer des Poschiavino, thront das Lagerhaus des Gemüseimporteurs Iseppi über einer Betonstützmauer. In Zalende baute Prospero Gianoli in den 1980er-Jahren mit einem schmalen Budget ein Haus mit Pultdach. Die weiß umrahmten Fensteröffnungen im groben Naturputz gehören zur regionalen Bauweise. Brachen, abgegangene Fabriken, Lagerhäuser, Schrottplätze und Niemandsflecken prägen den letzten Abschnitt bis Campocologno. Typisches Grenzland.

Literatur

Luzi Dosch, *Die Bauten der Rhätischen Bahn. Geschichte einer Architektur von 1889 bis 1949,* Terra Grischuna Buchverlag, Chur 1984 (vergriffen).

Diego Giovanoli, *Facevano case,* Verlag Pro Grigioni italiano, Chur 2009.

Corina Lanfranchi, *Das Puschlav. Wanderungen zwischen Gletscherseen und Kastanienwäldern,* Rotpunktverlag, Zürich 2008.

Tommaso Lardelli, *La mia Biografia con un po di storia di Poschiavo nel secolo XIX,* Tipografia Menghini, Poschiavo 2000 (die Zitate in obigem Text wurden von Ursula Riederer ins Deutsche übersetzt).

Robert Obrist, Silva Semadeni, *Costruir, Bauen, Costruire. 1830–1980,* Werk Verlag, Zürich und Bern 1986.

Ludmilla Seifert-Uherkovich, *Poschiavo Borgo. Architekturrundgänge in Graubünden,* Bündner Heimatschutz, Sektion Engadin und Südtäler, Chur 2003.

»Cròtt« heißen diese geschichteten Steinhelme oder auch »Scelé«, denen man im ganzen Puschlav begegnet. Genutzt wurden sie einst als Milchkeller, heute sind sie hier und dort noch als Vorratsraum in Gebrauch.

Bergell

Kraftwerke für Strom und Seele

Maloja (Rundwanderung), Pranzaira–Vicosoprano–Stampa–Soglio–Castasegna

Die Bergeller suchten den wirtschaftlichen Aufschwung. Zu bieten hatten sie Wasserkraft. Die Stadt Zürich suchte nach Standorten für Kraftwerke. Im Bündner Südtal fand das Elektrizitätswerk der Stadt Zürich (EWZ) vertragswillige Partner. Seither fließen im Bergell Wasserzinse, und in Zürich fließt Bergeller Strom. Auf unserer Wanderung der »Wasserstraße« entlang begegnen wir Häusern und Siedlungen von Bruno Giacometti. Der Bruder des berühmten Alberto brachte in den 1950er-Jahren seiner Heimat die Moderne.

Von Prisca Roth

Maloja–Orden–Lägh da Bitabergh–Pass dal Caval– Lägh da Cavloc–Plaun Cuncheta–Isola (Rückfahrt nach Maloja mit dem Schiff)	**5 h**
↗ **350 m** ↘ **350 m**	
Pranzaira–Vicosoprano–Borgonovo–Stampa–Coltura–Promontogno (Der Besuch der Staumauer Albigna dauert zusätzlich 2 h)	**2 h**
↗ **920 m** (mit der Luftseilbahn) ↘ **360 m**	
Promontogno–Soglio–Castasegna–Bondo	**4 h**
↗ **290 m** ↘ **410 m**	

Charakter
Abwechslungsreiche Wanderungen, teils mit großer Fernsicht übers Oberengadin und ins Bergell. Sämtliche Wanderwege sind gut markiert.

Beste Jahreszeit
1. Tag (drei Seen): Anfang/Mitte Juni bis Anfang Oktober.
2. Tag (Talwanderung): Mai bis Oktober (die Staumauer und die Kraftwerkzentrale in Löbbia können nur von Juni bis September besucht werden).
3. Tag: (Castasegna–Soglio–Bondo): April bis Anfang November.

Verkehrsmittel
Von St. Moritz fährt stündlich ein Postauto ins Bergell. Weiterfahrt bis nach Chiavenna (Italien) alle zwei Stunden
Das Schiff von Isola nach Maloja fährt ca. von Mitte Juni bis Ende September, auf Anfrage bis Anfang Oktober, 081 838 50 50
Luftseilbahn zur Staumauer Albigna, in Betrieb 1. Juni–30. Sept., 7–11.30 Uhr und 13.15–16.45 Uhr, 058 319 64 14

Übernachten und essen

Maloja: Garni Villa La Rosée, 081 824 31 33, www.villa-la-rosee.ch
Stiftung Salecina, Orden, 081 824 32 39, www.salecina.ch. Das Bildungs- und Ferienzentrum Salecina liegt etwas außerhalb von Maloja (ca. 15 Min. zu Fuß Richtung Lägh da Cavloc)
Plaun da Lej: Ristorante Murtaröl, 081 826 53 50. Montag Ruhetag
Vicosoprano: Hotel Pranzaira, 081 822 14 55, www.pranzaira.ch
Albergo Corona, 081 822 12 35, www.hotelcorona.ch
Hotel Piz Cam, 081 822 12 80, www.hotels-suisse.ch/piz-cam/piz-cam-al
Promontogno: Hotel Bregaglia, 081 822 17 77
Soglio: Palazzo Salis, 081 822 112 08, www.palazzosalis.ch
Castasegna: Locanda Rocca Bella, 081 834 00 77, www.locandaroccabella.ch
Ristorante/Garni Post, 081 822 10 60, www.garnibarpost.ch

Einkaufen

Läden gibt es in den Dörfern: Maloja, Vicosoprano, Bondo, Promontogno, Soglio und Castasegna.

Museen, Besichtigungen

Biblioteca Pubblica, Maloja. Öffnungszeiten: Mo 19.30–21 Uhr, Mi 14.30–17.30 Uhr, Fr 15.30–17.30 Uhr
Talmuseum Ciäsa Granda, Stampa. Öffnungszeiten: 1. Juni–20. Okt., täglich 14–17 Uhr, 15. Juli–15. Sept. zusätzlich auch So 9.30–11.30 Uhr
Palazzo Castelmur, Coltura. Öffnungszeiten: 15. Juni–15. Okt. 14–17 Uhr, 15. Juli–15. Sept. 11–17 Uhr. Mo geschlossen.
Besichtigung der Albigna-Staumauer: 1. Juni–30. Sept. Di 9–11 Uhr. Teilnehmerzahl max. 16, min. 6 Personen. Erwachsene 25 CHF, Kinder 12 CHF. Reservation: 058 319 64 14.
Die Führungen durch das Kraftwerk Löbbia sind gratis, 1. Juni–30. Sept., Di 14 Uhr.
Mühle Scartazzini, Promontogno. Besichtigung nach telefonischer Anmeldung: 081 822 11 13

Information

Ente Turistico/Kur- und Verkehrsverein, Maloja, 081 824 31 88, Fax 081 824 36 37, www.maloja.ch
Ente Turistico Pro Bregaglia, Stampa, 081 822 15 55, Fax 081 822 16 44, www.bregaglia.ch

Karten

Landeskarte 1:25 000, Blatt 1276 (Val Bregaglia) und Blatt 1296 (Sciora)

»Die Engadiner Dörfer reihen sich aneinander wie die wertvollen Perlen einer Kette. Die Brosche, herrlich türkis, ruht in der Halsgrube, in ihr spiegeln sich die Wolken, die Wiesen von Isola, der Berg Margna …« Mit diesen poetischen Worten beschrieb Fulvio Reto, Lehrer, Großrat und Sozialist aus Soglio, 1918 die Landschaft um den Silsersee. Diese Idylle werde jedoch seit einiger Zeit durch Berge von Bauschutt und Baugruben zerstört, die Gegend von unzähligen Masten und Drähten überspannt: »Pali di telegrafo, pali di telefono, pali di trasmissione, ciascuno con tre sbarre di ferri traversali, ciascuno con sei isolatori.« Die touristische Entwicklung setzte ihre ersten Zeichen.

Wir starten unsere Wanderung zu den drei Seen in Maloja, dem ersten Dorf auf Bergeller Boden. Maloja war bis in die zweite Hälfte des 19. Jahrhunderts die Alp der unten im Tal liegenden Gemeinde Stampa. Graf Camille Frédéric de Renesse, ein Belgier aus holländischem Adel, läutete auf dieser sumpfigen Alp als erster die touristische Ära ein. 1882 ließ der Spekulant vom Churer Architekten Alexan-

Idylle im Abendlicht: der Blick von Sils über den Silsersee Richtung Maloja/Bergell.

der Kuoni unter anderem das Schweizerhaus erbauen, ein etwas deplatziert wirkendes Holzchalet mitten im Dorf.

Von hier aus verlassen wir den Kurort Richtung Bitabergh und stehen plötzlich vor dem fürchterlichen »Sturz ins Bergell«. So beschrieb die Schriftstellerin Annemarie Schwarzenbach den Blick in das enge, wilde und bereits südlich anmutende Bergtal. Hinter uns steht trotzig am Abgrund das älteste Gasthaus Malojas, das Maloja Kulm. Nach rund 250 Metern entlang der Passstraße biegen wir links ab und gelangen zur Villa Baldini, einem historischen Bau mit klassizistischen und gotischen Motiven. Im Innern hat Augusto Giacometti (1877–1947) sein erstes Wandbild realisiert: *il sogno* (1905).

Wir folgen dem Wegweiser Richtung Bitabergh und erreichen kurz darauf das erste Bauwerk des Elektrizitätswerks der Stadt Zürich (EWZ): die größte Hochwasser-Rückhaltemauer der Schweiz (1969–1971). Etwas trostlos, dieses leere Becken; ein Trost ist Gottfried Honeggers Installation »Culur« mit ihren neun farbigen Säulen auf der Mauerkrone. Die zehnte Säule steht etwas weiter entfernt beim Bildungs- und Ferienzentrum Salecina. Gaudenzio Giovanoli, der einzige Bergeller Parteifreund unseres Sozialisten Fulvio Reto, vermittelte 1971 seinen Zürcher Freunden Amalie und Theo Pinkus den Bauernhof Orden. Salecina entwickelte sich bald darauf zu einem »Ort des organisierten Zufalls« (Theo Pinkus) und zum Treffpunkt der linken, alternativen und feministischen Bewegung aus ganz Europa.

Nach der Rückhaltemauer Orden beginnt ein besonderer Wald. Tarzan gleich, kann man sich hier an Seilen zwischen

Die Hochwasser-Rückhaltemauer in Orden bei Maloja.

Tausende ließen sich hier schon weiterbilden: das Bildungs- und Ferienzentrum Salecina.

Die wohl meist zitierte Seenlandschaft der Schweiz, gesehen von der Motta Salecina aus.

Arven und Lärchen durch einen Abenteuerparcours schwingen; man bewegt sich auf hölzernen Stegen, kann Strickleitern erklimmen und kommt dabei ganz schön ins Schwitzen. Wer will, kann sich am Ende dieses in die Landschaft gesetzten Hindernislaufes im Lägh da Bitabergh abkühlen. In einem richtig warmen Sommer kann er sich durchaus auf 18 Grad erwärmen …

Die Ziegenalp beim Pferdepass

Nach diesem Sprung ins Wasser sind wir fit für den Aufstieg nach Motta Salecina. Nach 300 Höhenmetern wird man mit einer wunderbaren Aussicht auf die Oberengadiner Seen und einem Blick tief hinunter ins Bergell belohnt. Über den Pass dal Caval, den Pferdepass, gelangt man an den Lägh da Cavloc. Pferde sind hier nur noch selten zu sehen, hingegen kraxeln Ziegen an den Hängen herum. Auf der Alp Cavloc werden die meisten Bergeller Ziegen gesömmert, und der Hirt bereitet hier den »Büscion« zu, einen feinen, crèmigen Ziegenkäse. Dafür wurde 2003 die verfallene Käserei wieder instand gesetzt – eine typische Alpkäserei, die aus vier hintereinander liegenden, quer zum Hang gestellten Räumen besteht: einem Aufenthaltsraum, der Käserei, dem ersten und dem zweiten

Keller. Die sanfte Sanierung leitete der Architekt Renato Maurizio zusammen mit der kantonalen Denkmalpflege.

Nach einer kurzen Rast – wir haben die Gelegenheit wahrgenommen und etwas Ziegenkäse gekauft, der mit Olivenöl beträufelt, einem Stück Brot und einem Glas Rotwein vorzüglich schmeckt! – umrunden wir auf der rechten Seite den Lägh da Cavloc bis hin zu seiner nördlichsten Spitze. Auf der Straße angelangt, überqueren wir den Fluss Orlegna und gelangen zum Ferienzentrum Salecina, wo wir die Straße verlassen und den Wanderweg nach Maloja einschlagen. Der schmale Weg führt zuerst durch eine Moorlandschaft voller Zwergsträucher und Wollgras. Nach einem kurzen Stück durch den Wald sind wir – eccoci! – wieder in der Neuzeit angelangt! Wir schauen und geben unserem Kritiker Fulvio Reto Recht: Zwar sind die Kabel und Drähte inzwischen unter die Erde verlegt worden, doch wird die Landschaft hemmungslos zersiedelt und verbaut. Thronten die drei Natursteinhäuser des Architekten Renato Maurizio nicht so prominent auf einem Hügel neben dem Hotel Maloja-Palace, man würde sie im Wirrwarr der Häuser im Pseudo-Engadinerstil kaum erblicken.

Im Lägh da Cavloc spiegeln sich der Piz di Rossi und der Zugang zum geschichtsträchtigen Murettopass.

Die touristische Aufrüstung, schrieb Fulvio Reto Anfang des 20. Jahrhunderts, habe die Gegend dermaßen verunstaltet, dass man jetzt getrost dem Wasserkraftwerkprojekt des Silsersees zustimmen könne. Unsere Wanderung führt uns nun zu diesem dritten und größten See. Eine erste Variante (1905) sah vor, den Wasserspiegel des Silsersees um vier bis fünf Meter zu erhöhen und eine Staumauer quer durch den See zu bauen. Die Gemeinde Sils, die »Pro Patria«, ja das ganze Engadin stellte sich gegen dieses Projekt. Nur das Bergell, wohin das Wasser fließen sollte, setzte sich dafür ein. Eine zweite Variante (1918) sah vor, den Wasserspiegel im Winter um vier bis fünf Meter zu senken. Der Abfluss des Inns wäre im Gegensatz zum ersten Projekt nicht verändert worden. Doch auch dieses Vorhaben war dank der Anstrengungen der Schweizerischen Vereinigung für Heimatschutz, des Bundes für Naturschutz wie auch privater Kreise chancenlos.

Der Silsersee wurde 1947 endgültig unter Schutz gestellt, und damit waren auch all diese Kraftwerkprojekte vom Tisch. Wir wandern auf einem bequemen Weg dem Silsersee entlang, vorbei an unverbauten Wiesen und alten, dicht aneinandergebauten Häusern und besteigen in Isola das Schiff, das uns zurück nach Maloja bringt. Wem auf dem See der Malojawind keine Tränen in die Augen treibt, erkennt bald den

Die drei Häuser auf dem kleinen Hügel in Maloja haben eine demonstrative Geste. Schlichte und schnörkellose Steinbauten ohne heimattümelnde Anbiederung. »Seht, so geht das auch!«, scheinen sie den zahlreichen Touristenbauten zuzurufen.

Einfamilienhäuser La Motta, Maloja, 2004
Bauherrschaft: anonym
Architektur: Renato Maurizio, Maloja

gewaltigen Hotelkasten des Maloja-Palace. Das vom Grafen de Renesse gebaute Kurhaus wurde 1884 eröffnet und hat eine bewegte Geschichte mit abenteuerlichen und zum Teil nie verwirklichten Plänen. Kurz nach der Eröffnung ging es pleite. Später hätte es einmal zu einem Sanatorium, dann wieder zu einem Badekurhotel umfunktioniert werden sollen, andere sahen dort eher ein Spielcasino oder liebäugelten mit einem Sportpalast. Schließlich wurde es während des Zweiten Weltkrieges von Schweizer Soldaten bewohnt, bevor es die belgische Versicherung Intersoc Jungendlichen aus dem »plat pays« zur Verfügung stellte. Über Jahrzehnte machten hier belgische Kinder Sommer-, Herbst- und Winterferien. Nun steht der Riesenbau wieder einmal leer. Neues Leben einhauchen soll ihm ein italienischer Unternehmer, der den Komplex inzwischen erworben hat. Wie es weitergeht, ist allerdings noch völlig offen.

Uferpartie des Lägh da Cavloc.

Wieder an Land, laufen wir links am Palace-Bau vorbei ins Dorf zurück. Bei der Post angekommen, einem Bau des Bergeller Architekten Bruno Giacometti, dem wir während der nächsten Wanderungen einige Male begegnen werden, sehen wir an der Hauptstraße zwischen zwei Einfamilienhäusern einen kleinen, bronzefarbenen Kubus: die Biblioteca Pubblica von Maloja. Gaudenzio Giovanoli, der ehemalige Lehrer, Sozialist und Genossenschaftler, gründete 1975, ein Jahr vor seinem Tod, zusammen mit seiner Frau die Fondazione Gaudenzio e Palmira Giovanoli und machte damit seine große Bibliothek der Öffentlichkeit zugänglich. Hier befinden sich Bü-

Der Kubus für die Bücher

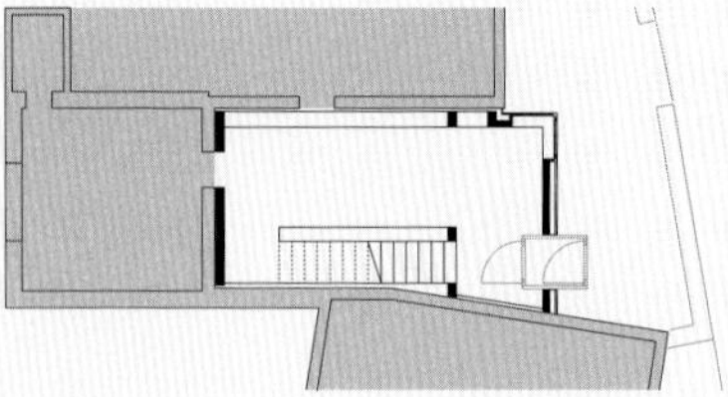

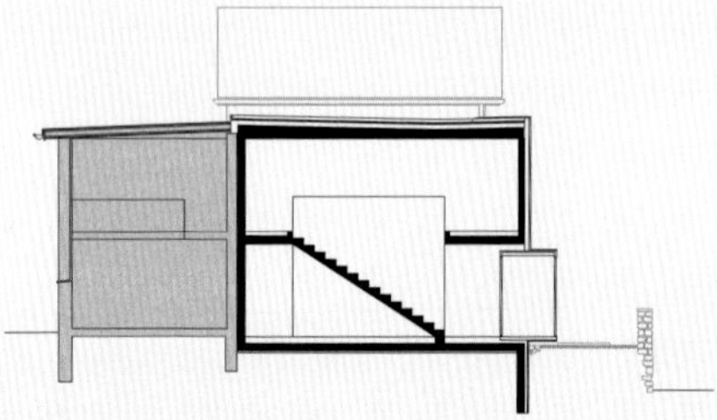

Biblioteca Pubblica, Ca d'Lägh, Maloja, 2003

Bauherrschaft: Fondazione Gaudenzio e Palmira Giovanoli

Architektur: Renato Maurizio, Maloja

Ingenieur: Martin Gini, Maloja

Direktauftrag

Der Neubau für die Bibliothek, ein bronze-gelbfarbiger, beschrifteter Kubus steht unscheinbar zwischen zwei Einfamilienhäusern. Der Architekt Renato Maurizio hat ihn 2003 entworfen, weil der alte Verbindungsbau nicht mehr den Zwecken der Stiftung, der Fondazione Gaudenzio e Palmira Giovanoli, entsprach und den öffentlichen Charakter der Bibliothek kaum betonte. Der Kubus grenzt sich, zwischen den beiden Häusern eingeklemmt, durch Form, Farbe und Material von den alten Gebäuden ab. Das frühere Flachdach hat das Haus zwar behalten, der Neubau ist aber um einiges weiter nach vorne gerückt. Der Kontrast wird durch die Fassade verstärkt: Sie besteht aus acht beschrifteten Aluminiumpanelen. Die drei Spiegelgläser, die bei schönem Wetter das Blau des Himmels und die umstehenden Häuser wiedergeben, scheinen die Abgrenzung zwischen der alltäglichen Außenwelt und der inneren Lesewelt der Bibliothek zu akzentuieren. Die Texte auf der Fassade wollen hingegen die Neugier des Passanten wecken. Die Zitate stammen von Bergeller Künstlern: von Malern wie Giovanni Giacometti, von Schriftstellern wie Giovanni Andrea Maurizio oder den Primarschülern von Maloja.

cher über das Bergell, über seine Geschichte und Geschichten, über Fauna und Flora, und natürlich auch Werke über die bekannteste Künstlerfamilie aus dem Tal: die Giacometti. Im Archiv der Bibliothek kann auch nachgelesen werden, wovon die Bergeller zu den Zeiten von Fulvio Reto und Gaudenzio Giovanoli träumten. Die beiden Lehrer kommentierten in bissigen und sarkastischen Artikeln in ihrer eigenen Zeitung – der »tragisch-humoristischen« *Bregaglia del Popolo* – das Zeitgeschehen. Fulvio Reto engagierte sich jahrzehntelang für die Nutzung der Wasserkraft. Er erhoffte sich daraus nicht nur ein paar Annehmlichkeiten für den Alltag, sondern einen ökonomischen Aufschwung. Seine Idee: Im Tal sollten kleinere industrielle Anlagen entstehen, vor allem aber sollte eine Eisenbahn von St. Moritz nach Chiavenna gebaut werden.

Wer nach unserer Drei-Seen-Wanderung gut essen will, steigt in Maloja ins Postauto und fährt nach Plaun da Lej (ca. 5 Minuten). Im Ristorante Murtaröl am Silsersee werden vor allem Fischliebhaber auf ihre Rechnung kommen. Neben frischem Fisch aus dem Silsersee bietet die vielseitige und

Seinen Einstand als Architekt in seiner Heimat gab Bruno Giacometti mit der Post Maloja und gleich mit einem Flachdach. Die Postdirektion in Bern war alles andere als begeistert und gab ein Konkurrenzprojekt im »Engadiner-Stil« und mit Satteldach in Auftrag. Giacometti setzte sich durch.

Postgebäude Maloja, 1950
Bauherrschaft: PTT, Bern
Architektur: Bruno Giacometti, Zürich

nicht gerade preiswerte Speisekarte Süß- und Meerwasserfische, Krustentiere und Muscheln, die der Wirt zweimal wöchentlich auf dem Fischmarkt in Milano einkauft. Das letzte Postauto bringt uns auch nach Mitternacht noch in unsere Bleibe nach Maloja, in das gediegene Bed & Breakfast La Rosée. Das im Jahr 1885 erbaute Chalet liegt etwas zurückversetzt hinter der Post an stiller Lage in einem Arvenwäldchen und hat ein paar wenige im Stil der Zeit erhaltene Zimmer.

Der Strom der Zeit

Am Morgen unseres zweiten Wandertages verlassen wir Maloja und fahren mit dem Postauto die zwölf Haarnadelkurven hinunter bis nach Pranzaira, der Talstation der Luftseilbahn, die hinauf zum Albigna-Stausee führt. Die Wanderung geht heute entlang von Strommasten, dem Fluss Maira – oder was von ihm übrig geblieben ist – zu den Bauten Bruno Giacomettis bis nach Promontogno.

Doch vorerst geht es in die Höhe. Über unseren Köpfen liegt die imposante Staumauer Albigna (1955–1959). Wer

Diese Seilbahnstation betritt, wer sich hinauf zur Albigna-Staumauer ziehen lassen – oder einfach nur Bruno Giacomettis schlichten Flachdachbau mit seinen trapezförmigen Seitenwänden anschauen will.

Seilbahnstation Pranzaira, Vicosoprano, 1955
Bauherrschaft: Elektrizitätswerk der Stadt Zürich
Architektur: Bruno Giacometti, Zürich

die rund 900 Höhenmeter nicht zu Fuß überwinden will, nimmt die Seilbahn. Wir entscheiden uns für die gemächliche Tour – allein schon wegen der Seilbahnstation von Bruno Giacometti.

Wir sitzen in der kleinen Kabine, blicken aus luftiger Höhe ins Bergtal und erinnern uns an Erzählungen vom 24. Oktober 1954, als zur Feier von Castasegna bis Maloja sämtliche Kirchenglocken läuteten. Die Stadtzürcher hatten soeben den Kredit von etwas mehr als 197 Millionen Franken für den Bau der Bergeller Kraftwerke gutgeheißen. Für die Bergeller war das ein Freudentag. Seit Anfang des Jahrhunderts hatten sie zahlreiche Varianten für die Nutzung der Wasserkraft diskutiert; doch die Jahre verstrichen, ohne dass etwas geschah. Und für die Stadt Zürich bot sich die günstige Gelegenheit, an einem neuen Ort in den Alpen widerstandslos ein weiteres Wasserkraftprojekt zu verwirklichen.

Mit dem positiven Entscheid aus Zürich konnte der von Fulvio Reto ersehnte Aufschwung des Bergells beginnen – und der hatte auch Auswirkungen auf die Architektur. Die Stadt Zürich wollte mit den für die Kraftwerkanlagen nötigen Bauten zeitgenössische Architektur ins Bergell bringen. Mit dieser heiklen Aufgabe beauftragte man Bruno Giacometti, den jüngsten Bruder des weltberühmten Künstlers Alberto Giacometti. Er arbeitete als erfolgreicher Architekt in Zürich und war ein »mit den Verhältnissen des Tales gut vertrauter gebürtiger Bergeller«, wie der Vorstand des EWZ schrieb. Ihm wurde der gewünschte Kulturtransfer zwischen dem alpinen Tal und dem urbanen Zürich zugetraut. Und die Zürcher EWZ-Manager wussten natürlich auch: Ein Nicht-Bergeller hätte den Bergellern die zeitgenössische Architektur wohl kaum schmackhaft machen können.

Ein letztes Auf und Ab beim letzten Mast, dann überqueren wir eine Schlucht und kommen am Fuße der Staumauer an. Von hier starten die Führungen in die Hohlkammern der Gewichtsmauer. Warme Kleidung, gute Schuhe und ein bisschen Kondition fürs Treppensteigen sind von Vorteil.

Nach der zweistündigen Besichtigung und etwas durchnässt – von der hohen Luftfeuchtigkeit oder doch eher vom

Schweiß? – gondeln wir wieder ins Tal. Dass 1954 alle Kirchenglocken läuteten, zeigt, dass die Bergeller den Zürcher Entscheid als einen historischen Moment empfanden. Bei der Einweihungsfeier des EWZ-Werks im Jahre 1961 wertete der Bergeller Kreispräsident Giacomo Maurizio den Kraftwerkbau als einen der »wichtigsten Marksteine« in der Geschichte des Bergells, »der auf einen Schlag eine geradezu revolutionäre Umgestaltung seiner bisherigen Struktur mit sich gebracht hat«.

Die »Umgestaltung« wurde sofort sichtbar. Der Albigna-Wasserfall, ein weitherum bewundertes Naturschauspiel, versiegte. Dafür erhob sich nun hoch oben in den Bergen die 115 Meter hohe Staumauer, ein Meisterstück der Ingenieure,

Die Albigna-Staumauer, der imposante Betonriegel im Hochgebirge, ist das Hauptbauwerk der oberen Ausbaustufe des Bergells.

Die Betonkathedrale

Staumauer Albigna, 1955–1959

Bauherrschaft: Elektrizitätswerk der Stadt Zürich (EWZ)

Ingenieur: Büro für Wasserkraftanlagen der Stadt Zürich unter der Leitung von Oberingenieur Walter Zingg

Direktauftrag

Man könnte sich in einer Kathedrale wähnen, wären da nicht die enorme Luftfeuchtigkeit, die Kälte, die Dunkelheit und das schwere Schuhwerk an den Füßen. Das Echo hallt sekundenlang durch die Gänge und Etagen, danach ist es wieder still, nur das Tropfen, vielleicht ein kleines Rauschen ... oder bildet man sich alles nur ein? Ein bisschen mulmig wird es einem schon, ja man hat sogar das Gefühl, dass von der Wand, die dem Stausee zugewandt ist, das Wasser drückt, während man sich auf der anderen Seite vor einem schauderhaften Abgrund fürchtet. Da kommt einem der Führer mit seinen technischen Erklärungen wie gerufen. Man befinde sich in einer sicheren Staumauern, die allein durch ihr Gewicht, dank einem Betonvolumen von fast 940 000 Kubikmeter, auf festem Granitfelsen stehe, ohne Verankerungen, ohne Armierungseisen. 745 Meter lang und 115 Meter hoch ist die Mauer, und je weiter man zur Mitte der Gewichtsmauer vorstößt, umso höher werden die Hohlräume, umso imposanter der Eindruck. Insgesamt 1280 Stufen steigen wir zuerst hinunter, dann, beim Erreichen des Tiefpunktes, also in der Staumauermitte, wo auch der Abfluss geregelt wird, wieder hinauf. Mit dem auf 2100 Meter liegenden Stausee ist die Albigna nach dem Lago Bianco der zweithöchst gelegene Wasserspeicher Graubündens.

Wie Schildkröten lauern die Turbinen in der Kraftwerkzentrale in Löbbia.

ein Symbol des Aufschwungs und ein Herrschaftszeichen des Menschen in der Wildnis. Außerhalb der Dörfer Vicosoprano und Castasegna entstanden Wohnsiedlungen für Betriebsangestellte. Auf den ehemaligen Pferdeweiden in Löbbia und mitten im Kastanienwald in Brentan wurden zwei Kraftwerkzentralen gebaut. Nicht sichtbar sind die über 20 Kilometer Stollen und die drei kleinen, unterirdischen Kraftwerkzentralen Lizun (Casaccia), Plan Canin (Lägh da Cavloc) und Prä (Bondo).

Die Werke des EWZ verschafften den Leuten im Bergell nicht nur neue Arbeitsplätze und den Gemeinden dank des Wasserzinses bis heute zusätzliche Einnahmequellen. Sie schützen das Bergtal auch vor Unwetterschäden. Der Fluss Maira trat vor dem Bau der Staumauer in regelmäßigen Abständen über die Ufer. Allein zwischen 1827 und 1927 zwölf

Wo bei Casaccia früher Pferde weideten, steht nun die Zentrale Löbbia. Ein kleines Ensemble: Der betonierte Sockel des Gebäudes und das Stauwehr sind rechtwinklig zusammengebaut. Ein Steg führt über das Wasser. Die rasterartige Fassade ist ein Paradestück der zweiten Moderne in der Schweizer Architektur.

Zentrale Löbbia, Casaccia, 1959
Bauherrschaft: Elektrizitätswerk der Stadt Zürich
Architektur: Gebrüder Pfister, Zürich, und Ingenieurbüro für bauliche Anlagen der Industriellen Betriebe der Stadt Zürich

Mal. Verheerend waren die Überschwemmungen von 1927. Nach dem Bau der Albigna-Staumauer und der Rückhaltemauer in Orden blieb die Maira in ihrem Bachbett. Und als im Sommer 1987 intensive Regenfälle Poschiavo unter Schlamm und Wasser setzten, gab es aus dem Bergell keine Schäden zu melden.

Dialog zwischen Ort und Welt

Zurück in Pranzaira und durchaus froh, wieder festen Boden unter den Füßen zu haben, können wir von hier aus entweder das Kraftwerk in Löbbia besuchen (wer das macht, sieht und hört die Turbinen, die vom gespeicherten Wasser des Albigna-Stausees angetrieben werden) oder der Maira entlang nach Vicosoprano wandern.

Nachdem wir die Maira auf der Brücke bei Roticcio überquert haben und auf der rechten Flussseite weiter durchs Tal wandern, gelangen wir nach Vicosoprano, dem Hauptort des Bergells. Noch bevor wir den historischen Dorfkern er-

Die stufenförmig versetzten Doppel-Einfamilienhäuser à fünf Einheiten stehen parallel zum Berghang. Sie sind zurückhaltend gestaltet, und konfrontiert man sie mit den in der Gegend vorhandenen imposanten Palazzi, hat die Siedlung etwas von Arbeiterbaracken.

Wohnsiedlung EWZ, Vicosoprano, 1959
Bauherrschaft: Elektrizitätswerk der Stadt Zürich
Architektur: Bruno Giacometti, Zürich

Der pädagogische Steinhaufen

Schulhaus Stampa, 1962, erweitert 2002

Bauherrschaft: Gemeinde Stampa

Architektur: Bruno Giacometti, Zürich (Schulhaus),
Kurt und Mierta Lazzarini, Samedan (Erweiterung)

Ingenieur: Martin Gini, Maloja

Wettbewerb

»Musc'ne« heißen im Bergeller Dialekt die steinernen Haufen, die von den Bauern auf den Wiesen aufgeschichtet wurden. Bruno Giacometti ließ sich bei seinem Schulhausbau in Stampa (1961/62) von einer solchen »Musc'na« inspirieren. Die Ostfassade, die ganz aus Naturstein ist, und das weit hinuntergezogene, pyramidenförmige Steinplattendach vermitteln den Eindruck eines gedrungenen, kunstvoll zusammengetragenen Steinhaufens. Ganz anders wirkt die Schulanlage von der westlichen Seite her: Die drei Geschosse und die großflächigen Glasfassaden der Schulzimmer verleihen dem Haus einen stattlichen Eindruck. Dieser Bau Giacomettis ist, vor allem dank dem äußerst reduzierten Gebrauch von Materialien und der klugen Positionierung, eines seiner besten Werke im Bergell.

Ende der 90er-Jahre gewannen die Architekten Kurt und Mierta Lazzarini aus Samedan den Architekturwettbewerb zur Erweiterung der Schulanlage. Der Neubau (2002) vermeidet den direkten Kontakt mit Giacomettis Werk, er steht frei etwas abseits und zurückversetzt. Die Materialwahl knüpft an jene von Giacometti an (Stein, Holz, Glas), die Formgebung jedoch ist zeitgenössisch-postmodern. Zwar besitzt der Neubau dadurch eine eigene Identität, trotzdem hat man das Gefühl, wie es der Bergeller Architekt Armando Ruinelli zutreffend ausdrückt, vor einer auf den Kopf gestellten Struktur zu stehen, wobei der obere Teil aus Kastanienholzbrettern wichtiger erscheint als die Basis, bestehend aus zwei Glasscheiben, mit Kieselsteinen gefüllt.

reichen, sehen wir rechts die von Bruno Giacometti entworfene EWZ-Wohnsiedlung (1955–1959). Zwei Häuserzeilen, bestehend aus je fünf leicht versetzten Vier- und Fünfzimmer-Wohnungen, sind so auf dem Grundstück platziert, dass sie die Topografie des terrassierten Geländes aufnehmen. Diese Wohnsiedlung zeigt, welche Art und Weise des Bauens die Zürcher und Bruno Giacometti den Bergellern schmackhaft machten. Der Architekt verstand es, den »Dialog zwischen Ort und Welt« zu führen, indem er die Formensprache der zeitgenössischen Architektur der 1950er-Jahre der ländlichen Umgebung anpasste – ohne regionalistische oder gar folkloristische Anbiederung. Seine Bauherren, namentlich der EWZ-Oberingenieur Walter Zingg, werteten die Veränderung der vertrauten Orts- und Landschaftsbilder sogar als Beitrag »zum Heimatschutz, im wahren Sinne des Wortes« – ein Urteil, das heute noch gilt.

Der Zuckerbäckerbaron Giovanni Castelmur (1800–1871) kam zu Geld und zeigte das auch: sein Palazzo in Coltura.

Wir überqueren den Fluss auf einer alten Steinbrücke, wandern durch den historischen Dorfkern und vorbei am ehemaligen Hotel Elvezia, dem heutigen Sitz der Bergeller EWZ-Filiale. Auf unserem Weg nach Borgonovo treffen wir mitten im Wald den mittelalterlichen Galgen. In Borgonovo bringt uns erneut eine geschwungene Steinbrücke über die Maira. Auf einer dem Dorf Stampa gegenüberliegenden Terrasse, mitten auf einer großen

Wiesenmatte, stoßen wir auf Giacomettis Schulhaus Samarovan – die architektonische Umsetzung einer »Musc'na«.

Der Weg von der »Musc'na«, dem Steinhaufen (er entstand, indem die Bauern nach und nach Steine aus den Wiesen trugen und an einem einzigen Ort aufschichteten), hin zum herrschaftlichen Palazzo in Coltura ist nicht weit. Eine Besichtigung des rosaroten Prachtbaus im kleinen Weiler lohnt sich. Nicht nur wegen der mit Tromp-l'Œils verzierten Repräsentationsräume, der ausladenden Polstergruppen, schweren Brokatvorhänge und anderer prunkvoller Gegenstände, die sich der Zuckerbäckerbaron Giovanni Castelmur (1800–1871) Mitte des 19. Jahrhunderts angeschafft hat. Auch wer etwas über die Geschichte der Bergeller Zuckerbäcker erfahren will, wird hier fündig.

Von Coltura geht es weiter nach Caccior, von wo man auf die Burganlage Castelmur und die Kirche Nossa Donna sieht. Im Talboden angekommen, überqueren wir die Maira ein letztes Mal auf einer alten Brücke und gelangen auf der ehemaligen Kantonsstraße nach Promontogno. Unübersehbar das Hotel Bregaglia, ein großer Bau mitten im Tal, die eine Seite Italien zugewandt, die andere den Granitgipfeln

Das Hotel Bregaglia in Promontogno ist ein Schmuckstück aus der Belle Epoque, in dem viele Zimmer im Originalzustand belassen worden sind.

Auf dem Weg nach Borgonovo trifft der Wanderer auf die Überreste eines Galgens aus dem Mittelalter.

des Badile und der Scioragruppe. In diesem Hotel erwartet uns nicht nur gute lokale Küche – Kastanienravioli und Kastanienkuchen –, sondern auch viel Charme aus der Belle Epoque. Architekt dieses imposanten Gebäudes war der in Vicenza geborene Giovanni Sottovia, ein umtriebiger Baumeister, der sowohl in Poschiavo als auch im Oberengadin zahlreiche Spuren hinterlassen hat. Da das Gebäude lange Zeit leer stand und bis heute nicht groß renoviert wurde, befinden sich noch etliche Zimmer im Originalzustand. Weil das Hotel in seinen Anfängen Sommergästen auf dem Weg ins Engadin vor allem als Zwischenstation diente, hat es keine Heizung und ist deshalb nach wie vor nur in der Sommersaison geöffnet.

Bauen an der Grenze

Der dritte Tag führt uns nach Castasegna und an die schweizerisch-italienische Grenze. Hier ist man mehrheitlich reformiert, drüben katholisch. Hier spricht man Bargaiot, drüben Lumbard. Hier heißt der Fluss Maira, drüben Mera. Hier ist man Schweizer, drüben auch Europäerin. Wer hier wohnt, wird zum Grenzgänger. Das Dort ist ihm vertraut. Bereits Fulvio Reto konnte ohne seine Freunde in den italienischen Bars nicht leben. Während in Italien die Faschisten an die Macht kamen und es immer schwieriger wurde, in Castasegna die Landesgrenze zu passieren, entschloss sich Fulvio Reto, einem italienischen Brigadier Privatstunden in Deutsch zu erteilen. Als Gegenleistung ließ man ihn unbehelligt die Grenze passieren.

Die von Laubbäumen gesäumte Steintreppe führt von Promontogno hinauf nach Soglio.

Noch stehen wir aber in Promontogno. Wir verlassen das Dorf auf der alten Kantonsstraße, biegen gleich nach dem Tunnel in die Straße nach Caccior ein und steigen bei der ersten Gelegenheit links ein Sträßchen hoch. Vorbei an drei

Häusern gelangen wir nach wenigen Metern auf die Via Bregaglia (auf diese Weise kann man sich den Umweg über Caccior sparen). Stufe um Stufe steigen wir auf einem Plattenweg hinauf nach Soglio, das nicht nur wegen seiner Lage und des atemberaubenden Blicks auf die Berge begeistert. Auch die Verbindung von herrschaftlicher und einfacher bäuerlicher Architektur ist bemerkenswert auf dieser Sonnenterrasse.

In einem solchen Kontext Neues bauen oder Altes renovieren, verlangt ein Gespür für die Interpretation historisch gewachsener Strukturen. Der Architekt Armando Ruinelli zeigt anhand mehrerer Bauten in Soglio, was das heißt. Eindrücklich ist dieses Wechselspiel am Wohnhaus und Fotostudio des in New York tätigen Werbefotografen Raymond Meier. Dieser Bau liegt am oberen Dorfrand, gleich hinter dem Garten des Palazzo Salis. Die zwei Häuser, das eine grau verputzt, das andere mit Eichenbrettern verschalt, fügen sich wie beiläufig in das Dorf ein. Die diversen Arbeitsräume, die Dunkelkammern, das Archiv und das Büro sowie das großzügige Atelier, befinden sich unter der Erde und

Raymond Meier ist ein erfolgreicher Fotograf, der in New York lebt. Für ein paar Monate im Jahr aber zieht er sich nach Soglio zurück, wo er sich ein temporäres Zuhause bauen ließ. Besonders eindrücklich ist das im Untergeschoss eingerichtete Atelier, das nur durch ein seitliches Oblicht erhellt wird.

Atelier und Wohnhaus Meier, Soglio, 2003
Bauherrschaft: Raymond Meier
Architektur: Ruinelli Associati Architetti, Soglio

Soglio, Bergells Sonnenterrasse und Lieblingsort vieler Literaten, Philosophen und Künstler.

werden über Oblichter erhellt. Für diesen Bau wurde Ruinellis Architekturstudio mit dem Häuser Award 2005 ausgezeichnet.

Wasser donnert ins Tal

Wir verlassen Soglio mit Blick talauswärts, queren auf gleicher Höhe gemächlich stotzige Wiesen, wandern vorbei an Ställen. Kurz vor Dascciun gelangen wir zur überaus steilen Standseilbahn, deren Endstation über 300 Höhenmeter höher, beim Eingang eines Wasserschlosses, liegt. Gespeist wird es über einen 12 Kilometer langen Druckstollen, der von der Kraftwerkzentrale in Löbbia herführt. Von dort oben donnert das Wasser in einem Druckschacht exakt 733 Meter ins Tal hinunter, wo es die Turbinen des Kraftwerkes Castasegna rotieren lässt.

Auch wir stürzen uns ins Tal, von unserem Standort aus sind es aber nur etwas mehr als 400 Höhenmeter. Gemächlich steigen wir die über 1000 Steinstufen hinunter, bis wir mitten im Kastanienwald Brentan und in Bruno Giacomettis Wohnbausiedlung stehen. Hier errichtete er in den 50er-Jahren im bereits stark ausgelichteten und mit einigen

Gartenarbeit in einem der typischen, kleinparzelligen Grundstücke hinter dem Palazzo Salis.

Kastaniendörrhäuschen, den »Cascine«, bebauten Kastanienwald elf Wohnhäuser für das EWZ-Personal. Auch hier hat sich der Zürcher Stadtrat klug verhalten. Im Wissen um die Bedeutung dieses »schönsten Kastanienwaldes Europas« bestimmte er 1956, dass die Wohnhäuser in »aufgelockerter Weise anzuordnen« und »in ihrer Größe den bestehenden Cascinen anzugleichen« seien. Bruno Giacometti

Die architektonische Lösung ist einfach, der technische Vorgang etwas komplizierter. Doch erst wer in der Kraftwerkzentrale von Castasegna steht und die Turbinen arbeiten hört, erahnt, welche Kraft hier das Wasser hat, das von Soglio her 733 Meter in die Tiefe donnert.

Kavernenzentrale Castasegna, 1959
Bauherrschaft: Elektrizitätswerk der Stadt Zürich
Architektur: Gebrüder Pfister, Zürich, und Ingenieurbüro für bauliche Anlagen der Industriellen Betriebe der Stadt Zürich

Wohnhaus für EWZ-Angestellte oder Zöllner.

setzte diese Vorgabe mit kleinvolumigen Baukörpern um. Mit Materialien wie Bruchstein für die Sockel, Lärchenholz für die Verkleidung der Fassade und Gneis für die Dächer passte er die Bauten der Umgebung an. Ohne die großzügigen Platzverhältnisse, die uralten Kastanienbäume und die nahen Gipfel der Sciora-Gruppe könnte man sich hier auch in einer städtischen Wohnsiedlung wähnen. Das muss nicht weiter erstaunen, denn Bruno Giacometti, der Bergeller mit Büro in Zürich, hat auch in Zürich Wohnungen gebaut – zum Beispiel die Siedlung Manegg. Dennoch überrascht es, wie die Siedlung Brentan in den Alpen ein städtebauliches Ideal verkörpert: jenes der durchgrünten, gegliederten und aufgelockerten Stadt.

Wenig später erreichen wir das Grenzdorf Castasegna, das seit über hundert Jahren mit einer Sehenswürdigkeit aufwartet. Bereits 1862 zeigte ein Zolldirektor, dass man auch in Castasegna architektonisch auf dem neusten Stand

Bruchstein im Sockel, Lärchenholz als Fassadenverkleidung, Gneis für das Dach: Diese Wohnbausiedlung für die Kraftwerkangestellten und Zöllner hat Bruno Giacometti bei Castasegna mit Rücksicht auf die natürlichen Gegebenheiten in den Kastanienwald gestellt.

Wohnbausiedlung Brentan, Castasegna, 1959
Bauherrschaft:
Elektrizitätswerk der Stadt Zürich
Architektur:
Bruno Giacometti, Zürich

Der Vogelfangturm

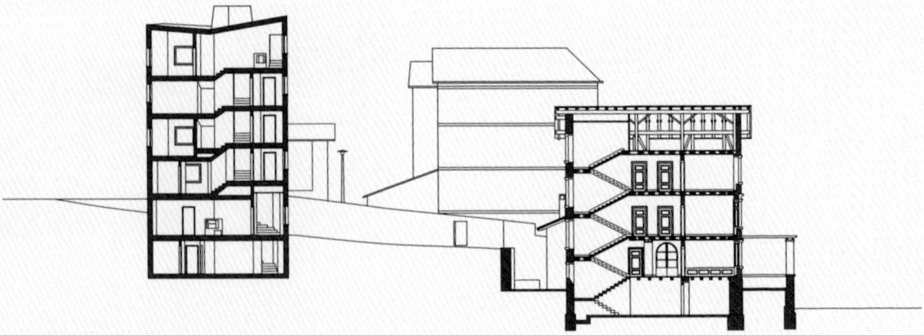

Villa Garbald, Via Principale 5, Castasegna, 1862

Bauherrschaft: Agostino und Johanna Garbald

Architektur: Gottfried Semper

Umbau und Erweiterung, 2004

Bauherrschaft: Fondazione Garbald, Zürich

Architektur: Miller & Maranta, Basel

Garten: Jane Bihr-de Salis, Kallern

Ingenieur: Conzett, Bronzini, Gartmann, Chur

Wettbewerb

Im Jahr 2001 wurde auf Initiative des Bündner Heimatschutzes ein Architekturwettbewerb für die Erweiterung der Villa Garbald durchgeführt. Das Architekturbüro Miller & Maranta aus Basel überzeugte die Jury mit dem »Roccolo«. Der Turm liegt im hinteren Teil des Gartens; er scheint aus den Gartenmauern herauszuwachsen. Seine Form erinnert an die norditalienischen Türmlein zum Vogelfang, eben den Roccolo. Der Turm unterscheidet sich mit seiner amorphen Form deutlich von den gewöhnlichen Wohnhäusern des Tales. Dank der Materialien und der Verarbeitung – betonierte und anschließend mit Hochdruck abgespritzte Betonwände sowie nach außen wie Flügel aufklappbare Fensterläden aus Holz – sucht das Gebäude jedoch in seiner äußeren Erscheinung den Charakter der Gartenmauern wiederzugeben. Im Roccolo sind die Gästezimmer und Seminarräume untergebracht. Zusammen mit der renovierten Villa Garbald, dem einzigen Bau von Gottfried Semper südlich der Alpen, ist das Seminarzentrum ein Begegnungsort sowohl für Zürcher Studenten und Professorinnen als auch für die einheimische Bevölkerung.

Die rote Kiste

Zollpavillon, Castasegna, 1959 (heute: Postautostation)

Bauherrschaft: Eidgenössische Zolldirektion, Bern

Architektur: Bruno Giacometti, Zürich

Restaurierung 2006

Architektur: Armando Ruinelli, Soglio

Direktauftrag

Mit dieser kleinen, leichten, über dem Abgrund schwebenden »roten Kiste« in Castasegna lässt sich das schweizerische Staatsverständnis gut erklären. Nicht zu aufdringlich soll der Staat architektonisch präsentiert werden. So steht der feingliedrige rote Zollpavillon schon fast provokativ dem mächtigen italienischen Zollgebäude aus dem 19. Jahrhundert gegenüber. Nicht die politische oder kulturelle Position des Staates soll das Gebäude repräsentieren, sondern gestalterische und bauliche Qualitäten zeigen. Obwohl der Pavillon über dem abfallenden Straßenrand gebaut wurde, scheint er auf solider Basis – ausgeklügelter Schweizer Ingenieur- und Architektenarbeit sei dank – zu stehen. Die staatliche Architektur soll nach außen tragen, was seinem Inneren entspricht.

Dieses Gebäude von Bruno Giacometti hebt sich von seinen anderen Bauten ab. Nicht Bruchstein, Holz und Gneis, sondern mit

Aluminium verkleidete dünne Holzwände, kein asymmetrisches Satteldach, sondern ein Flachdach zeichnen dieses Kleinod aus. Es dient heute als Postautohaltestelle.

nist. Agostino Garbald und seine Frau, als Schriftstellerin besser bekannt unter dem Pseudonym Silvia Andrea, beauftragten Gottfried Semper (1803–1879), ihnen eine kleine Villa unweit des Zolls zu bauen – jenen Gottfried Semper, der auch die Eidgenössische Technische Hochschule (ETH) in Zürich entworfen hat. Die Fondazione Garbald, die von den Kindern Andrea und Margherita in Erinnerung an ihre Mutter Silvia Andrea 1955 gegründet wurde, stellte sich zur Aufgabe, die im italienischen Landhausstil erbaute Villa in ein Zentrum für Künste, Wissenschaft und Handwerk umzugestalten. Ende der 90er-Jahre konnte der Stiftungsrat unter dem Präsidium von Hans Danuser die ETH als Partnerin gewinnen. Mittlerweile sitzt auch die Universität Zürich im Boot. Damit die Villa Garbald als Denklabor genutzt und mit der dafür angemessenen Seminarinfrastruktur ausgestattet werden konnte, entstand 2003 der »Roccolo«, ein Turm im Garten der Semper-Villa, entworfen von Miller & Maranta.

Nach Italien sind es nun nur noch ein paar Meter. Ein Schritt über die Grenze muss sein. Bald stehen wir an der Brücke des Lovero-Baches und sehen dicke Eisenstäbe. Sie markieren den früheren Grenzübergang, der jetzt geschlossen ist. Seit Castasegna umfahren wird, wird der Zoll weiter unten in der Talsohle abgewickelt. Zeuge der Vergangenheit sind hier nur noch die italienische Kaserne und der von Bruno Giacometti gebaute Zollpavillon.

Nach einem Spaziergang durch Castasegna gelangen wir über eine Brücke auf die andere Talseite, von wo aus wir über Casnac und Motta nach Bondo wandern. Auf dem Weg zwischen Bondo und Promontogno lassen wir unsere drei Wandertage in den »Crotti« ausklingen. Hier ist es auch an heißen Sommertagen stets angenehm frisch. Wir setzen uns, trinken und essen und verweilen beim Bocciaspielen, bis die Sonne hinter den Bergen untergeht. Und spätestens jetzt, wenn Donato, der Wirt, die farbigen Lichter anzündet, fragen wir uns, wo die Elektrifizierung des Bergells denn ihren Ursprung hat. Die Antwort steht in der Mühle Scartazzini in Promontogno. Dort kann man die erste Turbine samt Stromgenerator besichtigen. Damit brann-

ten in den Dörfern Promontogno, Bondo, Castasegna und Soglio bereits 1901 die ersten Glühbirnen – mehr als ein halbes Jahrhundert bevor die Stadt Zürich im abgelegenen Südtal Strom zu produzieren begann.

Grenzstation Castasegna, das südlichste Dorf im Bergell.

Literatur

Ursula Bauer, Jürg Frischknecht, *Grenzland Bergell. Wege und Geschichten zwischen Maloja und Chiavenna,* Rotpunktverlag, Zürich 2003.

Conradin Clavuot und Jürg Ragettli, *Die Kraftwerkbauten in Graubünden,* Verlag Bündner Monatsblatt, Chur 1991.

Roland Frischknecht, Carmelia Maissen, Armando Ruinelli u.a., *Bruno Giacometti, Architekt,* Beiheft des Bündner Monatsblattes, Verlag Bündner Monatsblatt, Chur 2008.

Sonja Hildebrand, Marie A. Lerjen (Hrsg.), *Villa Garbald – Gottfried Semper – Miller & Maranta,* Verlag gta, Zürich 2004.

Die Stadt Zürich stillt ihren Energiehunger im Bergell. In: Hansjürg Gredig, Walter Willi, Verein für Bündner Kulturforschung (Hrsg.), *Unter Strom,* Verlag Bündner Monatsblatt, Chur 2006. S. 310–316.

Isabelle Rucki, Stefan Keller (Hrsg.), *Das Hotel Bregaglia – Ein Findling im Bergell,* Institut für Kulturforschung Graubünden, Verlag Hier und Jetzt, Baden 2009.

Misox / Rheinwald / Viamala

Im Korridor

Von Bellinzona durch drei Täler nach Thusis

Eines der wichtigsten und größten Bauwerke der zeitgenössischen Architektur der Schweiz ist die Autobahn. In Graubünden heißt sie A 13. Diesem Korridor entlang führt unsere Wanderung: von Bellinzona durch die Mesolcina, über den San-Bernardino-Pass, hinunter ins Rheinwald, durchs Schams und durch die Viamala. Was hat sie an Architektur geboren? Brücken, Passagen, Unterkünfte? Mit auf den Weg durch die Täler und ins Gebirge nimmt uns ein Stadtwanderer. Das ergibt einen besonderen Blick.

Von Benedikt Loderer

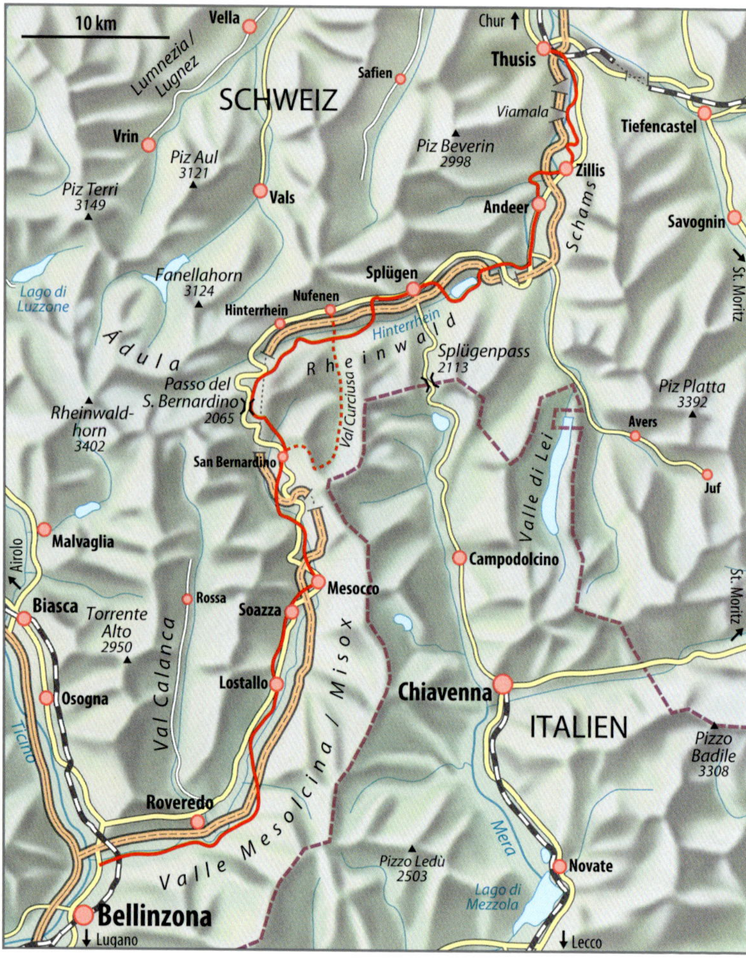

Bellinzona–Grotto Basso–Roveredo–Lostallo–Soazza ↗ 560 m	6 h 30
Soazza–Mesocco–San Bernardino ↗ 900 m	3 h 45
San Bernardino Dorf–San Bernardino Hospiz–Hinterrhein–Splügen ↗ 585 m ↘ 800 m	7 h 30
Splügen–Andeer ↘ 480 m	4 h
Andeer–Zillis–Reischen–Viamala–Hohen Rätien–Thusis ↗ 250 m ↘ 550 m	5 h 30

Charakter
Wanderung dem europäischen Verkehrskanal entlang. Für Naturverbundene ist eigentlich nur die Strecke von Zillis über Hohen Rätien nach Thusis ertragreich – die A 13 ist allerdings auch dort unüberseh- und hörbar.

Beste Jahreszeit
Juli bis Oktober

Verkehrsmittel
Von Chur bis Bellinzona direkter Postautokurs im Stundentakt mit Haltestellen in allen Dörfern. Der Bus fährt durch den Tunnel, nicht über den Pass. Von Mitte Juni bis Mitte Okt. fährt dreimal täglich ein Postautokurs von Hinterrhein über den Pass nach San Bernardino Dorf und zurück, 081 651 11 85.

Variante
Wer zwischendurch den Hör-, Riech- und Sehorganen sowie dem Gemüt Erholung gönnen möchte, nimmt von San Bernardino den Weg über Val Curciusa nach Nufenen, eine der schönsten Wanderungen in der Gegend. San Bernardino–Bocchetta di Curciusa–Alp de Rog–Nufenen 6 h 30, Aufstieg 810 m, Abstieg 850 m

Übernachten und essen
Motel da Lumino, Lumino, 091 829 12 52
Hotel Restaurant Al Cacciatore, Soazza, 091 831 18 20, www.hotel-cacciatore.com
Casa a Marca di sopra, Mesocco, 091 831 11 10
Gasthaus Rheinwald, Nufenen, Zimmer und Massenlager, 081 664 13 90
Alte Herberge Weiss Kreuz, Splügen, 081 630 91 30, www.weiss-kreuz.ch
Hotel Bodenhaus, Splügen, 081 650 90 90, www.hotel-bodenhaus.ch
Hotel Fravi, Andeer, 081 660 01 01, www.fravi-hotel.ch
Kiosk Viamala (April–Okt.), Snacks

Einkaufen
In Bellinzona, Splügen, Andeer und Thusis kriegt man alles. Dorfläden in Roverdo, Mesocco, San Bernardino, Hinterrhein und Nufenen.

Museen, Besichtigungen
Das Festungsmuseum Crestawald, Öffnungszeiten: Juni–Okt. Sa 10–17 Uhr, Gruppen auf Anfrage das ganze Jahr, 081 650 90 30, www.festung.gr.ch
Ausstellung zur Kirche von Zillis, Am Postplatz, Öffnungszeiten: April–Okt. täglich 8–18 Uhr, 24. Dez.–31. März Mi 13–16 Uhr, 081 661 22 55
Ecomuseum Viamala, Verein KulturRaum ViaMala, Sils i.D., 081 630 07 01, www.kulturraum-viamala.ch
Hohen Rätien. Das Gelände ist ganzjährig zugänglich, die Gebäude (Kirche St. Johann, Hoch Rialt) und die archäologischen Grabungen März–Okt., www.hohenraetien.ch

Information
Allgemein zum Misox: Portale Istituzionale del Moesano, www.moesano.ch
San Bernardino: Ente turistico San Bernardino Vacanze, 091 832 12 14, www.sanbernardino.ch
Splügen: Viamala Ferien, Bodenplatz, 081 650 90 30, www.viamala.ch
Thusis: Thusis Tourismus, 081 651 11 34, www.viamala.ch

Karten
Landeskarte 1:50 000, Blatt 277 (Roveredo); Blatt 267 (San Bernardino); Blatt 257 (Safiental)

Eine Schäferidylle bei Cama mit Autobahnsound im Hintergrund.

Das ist keine Schönwanderung vom Typ Naturgenuss, sondern ein Marsch durch den Korridor. Sicher, Natur, genauer Berge gibt es zuhauf, doch will keine andächtige Stimmung aufkommen. Nur ganz am Schluss, in der Viamala, wird es mal wildromantisch. Es ist zu laut unterwegs, das genervte Ohr stört das betrachtende Auge, anders herum: Die Autobahn A 13 lärmt fast durchgehend. Der ständige Generalbass des Verkehrs lässt den Wanderer nicht aus den wattigen Klauen. Er merkt es am eigenen Leib: Das ist kein Familienwanderweg, sondern eine Schlagader des Schweizerkörpers, ja, des europäischen Verkehrskreislaufs.

Vom Bahnhof Bellinzona geht man Richtung Arbedo durchs Gewerbegebiet, die Agglomeration entlässt den Wanderer nicht so schnell. An der Kantonsstraße wartet eine Überraschung, das Mehrfamilienhaus von Roberto Bianconi, jenes mit den vorgesetzten Balkonen auf der einen und dem freistehenden Treppenturm auf der andern Schmalseite – ein außergewöhnliches Wohn- und Geschäftshaus. Ein viergeschossiger, scharf geschnittener Kubus mit Bandfenstern hat auf seinen Schmalseiten zwei Ausstülpungen. Bei genauerem Hinsehen entdeckt man in der einen das Treppenhaus, in der andern die Balkone der Wohnungen. Dieses Haus ist ein kleines Manifest. Es war eines der wenigen Mehrfamilienhäuser, das in der legendären Ausstellung »Tendenzza. Neuere Architektur im Tessin« von 1975 zu sehen war. Das, was einer Architektengeneration zum Vorbild wurde, ist in diesem Haus verkörpert. Ein kühles, rationalistisches Verhältnis zur Moderne verbindet sich mit einer trotzigen Ungeduld. Jetzt ist Schluss mit dem Tessiner Zoccoliland, jetzt holen wir den Rückstand auf und machen aus dem Tessin einen zeitgenössischen Kanton. Dieses Haus hat nichts von der teuren Exklusivität der eleganten Einfamilienhäuser der Tendenzza, nichts von der Großartigkeit ihrer Schulhäuser. Es ist ein Mietshaus, mehr nicht. Und doch einiges mehr: ein Stück politische Architektur. So soll der Normalbürger wohnen können. Das alles kommt uns in den Sinn, während wir durch die Agglo wandern.

Aber wie war das mit Arbedo 1422? Die Eidgenossen verloren die Schlacht, weil sie mit Viehraub beschäftigt waren, ihre Art von Kriegführung halt. Doch glücklich ein Land, das unterdessen von den gelben Wegweisern regiert wird! Ihnen nach geht es zuerst durchs Hüsliland, dann südlich der Moesa in den Wald und wird romantisch. Doch vom andern Ufer her dröhnt die Autobahn, sie streicht jedes Taugenichts-Weltgefühl durch. Bald erreicht man das Grotto Basso, wo die Pensionierten auf Stühlen herumhocken; es ist die Waldschenke ins Tessinische übersetzt. Drüben, jenseits der Moesa, sieht man den Kirchturm von Lumino.

Schroffe Felswände, sanfter Talgrund – das Misox. Hier der Weiler Dosseda bei Lostallo.

Über Soazza thront das Ospizio; einst Sitz der Kapuziner, ist es heute das Pfarrhaus.

Am einsamen Motel di Lumino vorbei, ein Klassiker aus den 50er-Jahren, geeignet für Flitterwochen und Ehebruch, kommt man eine Stunde später in Roveredo an. Roveredo ist das Zentrum des Misox, hier gibt es historische Akkumulation, genauer eine mittelalterliche Steinkirche mit lombardischem Turm. Muss man besichtigen. Ein Mittag-

In Cama gibt es, was es im Puschlav, Bergell und Veltlin auch gibt. Die Crotti – alte Hütten aus Stein, die als Vorratskeller dienten. Die »Crotti di Cama«, die sie erschließenden Wege aus Steinplatten und die Pfade in die Kastanienwälder, werden Stück um Stück ausgebessert und restauriert.

Crotti, Cama, o.J.
Bauherrschaft: Fondazione per la rivitalizzazione dei grotti di Cama
Architektur: Fernando Albertini, Grono

essen in der Bar Cairo gleich nebenan, anständig, preisgünstig, stärkend.

Von Roveredo an zieht es sich. Man marschiert zwar immer schön im Talboden, der Weg geht leise auf und ab, zuweilen rauscht der Fluss lauter als die Autobahn, aber der Wanderer langweilt sich. Er hat jetzt drei Stunden lang dasselbe Landschaftsbild vor Augen: Berge mit Waldflanken rechts und links, geradeaus die beiden Leitlinien Bach und Autobahn. Dieser folgt der Wanderweg mal näher, mal entfernter, immer aber von ihr beherrscht. Wenn sich jemand hier mit dem Postauto einen Überbrückungskredit gönnt, ist das keine Sünde wider den Wandergeist.

Unterwegs, so zwei Kilometer vor Lostallo, wirds erzieherisch. Man hat mit großem Aufwand die urspüngliche Auenlandschaft wieder hingebaut und erklärt den Wanderern, worum es geht und wie die Pflanzen heißen. Natur ist, wenn man echt simuliert. Alles muss unter Kontrolle bleiben, den Fluss machen lassen, ihm das Mäandern gestatten, da sei der Mensch vor! Darum darf er sein Auengebiet nur bewässern, überschwemmen darf er es nicht. Die Moesa bleibt zwischen Dämmen eingesperrt, so wie die Autobahn zwischen Drahtzäunen.

La Stazione abbandonata

Eine kleine Industriebrache im Gebirge – der Bahnhof von Lostallo.

In Lostallo gibt es zwar drei Restaurants, aber zu Wanderers Frust sind an seinem Besuchstag alle zu. Hier im Dorf ist es nicht die Autobahn, die dröhnt, sondern die Rasenmäher, die kreischen. Dieses aggressive Geräusch ist die Erkennungsmelodie der Agglomeration. Der geschorene Rasen ist hier die Erscheinungsform der Natur. Wo der Rasenmäher tönt, ist Agglo, die Ohrenanalyse ist hier schlüssiger als der Anblick.

In Lostallo gibt es einen Viale della Stazione, quer zur Straßen- und Talrichtung, die schnurgerade von Bäumen eingefasst auf das Bahnhöfli zusteuert, ein Stücklein Stadtbaukunst. Die Überreste der einstigen Schmalspurbahn, die von 1907 bis 1979 von Bellinzona nach Mesocco fuhr, sind hier zum ersten Mal deutlich zu sehen. Verlassenheit schwebt um den Bahnhof, auch das Misox hat seine Brachen.

Der Wanderweg benützt nun das Trassee der einstigen Bahn, was zu angenehmen, ausgeglichenen Steigungen führt. Man durchquert die einstigen Bahntunnel, die sich durch Felsvorsprünge bohren. Etwas über dem Talboden hat man die Übersicht und zählt zusammen: Drei Wege führen durch das Tal: Die Autobahn A 13, die Kantonsstraße und der Wanderweg. die Autobahn ist für die Fremden, sie fahren mit 120 Stundenkilometern durch. Das Misox ist für sie nur ein Korridor. Jedes Anhalten ist eine Betriebsstörung. Die hohen Geschwindigkeiten verlangen große Radien und geringe Steigungen, was zu großen Kunstbauten führt. Wo es gebirgig wird, berührt die Straße das Gelände nur, sie ist ihm aufgesetzt oder sie gräbt sich mit Tunneln hindurch. Der Autofahrer hat ein von der Frontscheibe, der Geschwindigkeit und vom Überlebenskampf beschränktes Sichtfeld. Einen Röhrenblick.

Die Ca'd Pared in Soazza, renoviert von Fernando Albertini.

Die Kantonsstraße ist für die Einheimischen und fürs Postauto. Man fährt 60 Stundenkilometer. Sie ist die Verbindung von Dorf zu Dorf. Wollen die Einheimischen weiter, nach Bellinzona zum Beispiel, wechseln sie auf die Autobahn. Die Kantonsstraße gehorcht noch der Topografie, genauer, windet sich durch sie hindurch. Es gilt der Grundsatz: lieber eine Kurve mehr und eine Brücke weniger. Hier herrscht der frontale Blick. Der Wanderweg schließlich ist für die Touristen und Passwanderer, sie gehen nicht, sie ergehen sich mit höchstens 5 Stundenkilometern. Ihr Weg kann steil und kurvenreich sein, denn Wanderer sind die gelenkigsten aller Verkehrsteilnehmer. Sie allein können stehenbleiben und den panoramischen Blick genießen. Jeder der drei Wege ist sorgfältig unterhalten, da reut uns kein Geld. Diese Dreiteilung geht auch auf der Nordseite weiter, sie ist das Bildungsgesetz der Nordsüdachse.

Hoch über Soazza thront die Kirche S. Martino.

Soazza sieht man kommen. Wie ein Postkartensujet steht die Kirche auf einem Felsen, ein weit wirkendes Merkzeichen. Ein Ensemble mit Friedhofskappelle, Schreittreppe, Gottesacker und Kirche, Blick ins Tal, kurz, eine Freude des Heimatkundlers. So blasiert kann auch ein Passwanderer nicht sein, von dieser eindrücklichen Gebäudegruppe nicht berührt zu werden.

Noch knapp eine Stunde bis Mesocco, wo ich übernachten will. Nur, ein Bett zu finden, ist nicht einfach, ein Albergo gibt es nicht mehr. Immerhin, an einem stattlichen Haus

Mesocco! Endstation! Alle aussteigen! Seit 1979 für immer.

verspricht eine Telefonnummer Hilfe. Eine halbe Stunde später ist die Verwalterin da und weist mir ein Zimmer im Palazzo an. 350 Jahre vor mir hat hier Carlo Borromaeo, der Gegenreformator, einmal übernachtet. Sein Bett ist zu besichtigen.

Ein Restaurant gibts noch, das Fasani. Ich bin allein, nachdem die Jasser gegangen sind. Das Essen ist traditionell, das, was Mutter kocht. Danach durch den stillen Ort gegangen, Fernsehflackern in den Fenstern, kein Mensch auf der Gasse. Nicht ausgestorben ist Mesocco, sondern ausgedünnt. Hier ist nicht nichts los, hier ist fast niemand mehr da. Spaziergang im Dorf. Auch hier ist die Kirche gekonnt als Merkpunkt in der Landschaft inszeniert. Eine steile Treppe mit den Kreuzwegstationen überspringt mit einer Brücke den Bahneinschnitt und endet vor der Kirche, die auf einem Felsen sitzt. Vom Kirchhügel sieht man die Burg aus erhöhter Position. Die Sperrfestung sitzt wie ein Halszäpfli im Tal.

San Bernardino liegt 800 Meter höher als Mesocco, Stichwort »Südrampe«. Die A 13 will ihre regelmäßige flache Steigung haben, darum löst sie sich vom Grund und überschreitet das Tal mit zwei riesigen Schritten, zwei Bogenbrücken, dem Ponte Nanin und dem Ponte Cascella. Ein Werk des Bündner Ingenieurs Christian Menn, fertig geworden 1967. Menn ist der Brückenpapst seiner Generation. Die Landschaft wäre ärmer, wenn diese beiden Brücken nicht hinter- und übereinander dastünden. Die technische Eleganz überzeugt, der Bogen ist architektonisch sicher besser als ein Balken. Der Wanderweg windet sich zu Füßen der Brückenpfeiler den linken Hang hinauf und führt durchs Heidiland, wie sich's der Tourist ausdenkt: Arvenwald und Alp. Auch ein Seeli fehlt nicht, auch wenns nur das Ausgleichsbecken des im Fels versteckten Kraftwerks ist. Das Wasser kommt vom Lago d'Isola unterhalb der Passhöhe und aus dem benachbarten Calancatal.

Mesocco – einst mächtiger Sitz am Pass, heute ein schlafender, idyllischer Ort mit Straßensound.

Nach drei Stunden in San Bernardino, einem wohlgeordneten Dorf. Man spürt einen planenden Willen. Nicht ein wirrer Chaletteppich füllt die Mulde, sondern große »Mehrfamilienhäuser«. Irgendwann einmal muss hier jemand groß

Die Zwillinge

Ponte Nanin, 500 Meter Luftlinie südlich von Pian S. Giacomo, 1967

Gesamtlänge:	192 m
Bogenspannweite:	112 m

Ponte Cascella, 500 Meter Luftlinie südlich von Pian S. Giacomo, 1968

Gesamtlänge:	192 m
Bogenspannweite:	96 m
Bauherrschaft:	Schweizerische Eidgenossenschaft
Projektverfasser/Ingenieur:	Christian Menn, Chur

Direktauftrag

Eingerüstige Zwillingsbrücken sind die beiden. Der Ponte Nanin 1967 und der Ponte Cascella 1968 sind mit dem gleichen Lehrgerüst gebaut worden. Die Zwillingsbrücken sind ein dreifaches Denkmal. Für die Kunst des Lehrgerüstbaus zum ersten. Die hatte mit dem Bündner Zimmermeister Richard Coray ihren Höhepunkt. Ist der Bau beendet, verschwindet das Lehrgerüst, doch ist es oft eine ebenso kunstvolle Ingenieurleistung wie die Brücke selbst. Mit den gestiegenen Lohnkosten in den 1960er-Jahren wurde das zu teuer. Das zweimal gebrauchte Lehrgerüst half sparen. Dann sind die Zwillingsbrücken die späten Exemplare einer aussterbenden Art. Die Vorspanntechnik, die in den 60er-Jahren große Vorschritte machte, hat sie verdrängt. Die Balkenbrücke setzte sich durch. Schließlich sind die beiden Brücken auch ein Denkmal für den Ingenieur Christian Menn (*1927). Er ist der schweizerische Brückenbauer schlechthin. Stellvertretend seien nur drei genannt: Felsenaubrücke bei Bern (1974), Ganterbrücke am Simplon (1980) und die Sunnibergbrücke bei Klosters (1997). Menn ist die Leitfigur des größten Bauwerks, das in der Schweiz je gebaut wurde: des Nationalstraßennetzes.

Der Bogen (Nanin 112 m, Cascella 96 m Spannweite) bildet mit den Stützen und dem Fahrbahnträger ein monolithisches Rahmensystem, was eine günstige Verteilung der Belastungen erlaubt. Die Fahrbahnplatte kragt fast drei Meter über den Bogen hinaus, was dazu führt, dass der Scheitel im Schatten liegt, ein Schönheitsfehler, der durch die »starke Auflösung erträglich ist«, wie der deutsche Brückenpapst Fritz Leonhardt urteilt. Menn ist einer jener wenigen mehrdimensionalen Ingenieure, der über sein Tun nachdachte. Nicht bloß ein funktionaler Zweckbau sei das Ziel. »Neben ihrer funktionalen Aufgabe war und ist eine Brücke ein Kulturdenkmal. Sie widerspiegelt nicht nur das technische Können, sondern auch den Geist der Zeit, in der sie erbaut wurde.«

Hotel Albarella in San Bernardino – hier macht Mailand Ferien.

Kirche San Bernardino (1897), eine Kopie von San Carlo al Corso in Mailand.

geplant und groß investiert haben und hat Feriengebirge vom Typ Megève aufgeschichtet. Sie sind hässlich, doch ihre Größe entspricht der der Berge. Wenigstens keine Hüsli, seufzt erleichtert der Passwanderer.

Keine Kühe, aber Hochspannung

Der Fußweg zum Pass führt am größten der Feriengebirge vorüber, lauter italienische Namen auf den Klingelschildern. Man muss San Bernardino als die nördlichste Insel des Archipels Milano verstehen. Diese Bewohner von San Bernardino sind Agglomeriten, die in den Alpen eine neue Art der Weidewirtschaft eingeführt haben. Sie ernten den Schnee und sind nur im Winter auf dieser Meereshöhe.

Es geht aufwärts, aber am 20. August 2008 steckt der Pass, den die Römer schon als Übergang benutzten, im Nebel. Man sieht nur fünfzig Meter weit, doch die Markierungen des Wanderwegs geleiten den Irrenden sicher auf die Passhöhe. Man hört nur den Wind, der scharf von Norden bläst. Oben steht ein Blockhaus, ein Steinblock von Hospiz. Das obligatorische Bergseeli gibts auf der flachen Passhöhe auf 2065 Metern über Meer auch.

Beim Abstieg ins Rheinwald, auf der Tällialp, habe ich zum ersten Mal eine Kuh gesehen, und das seit Bellinzona. Liegt das daran, dass man mit dem Auto auf die Tällialp fahren kann? Bald werden Kühe in den Alpen eine aussterbende Spezies auf der roten Liste sein.

Auf halber Höhe blickt man ins Tal und sieht die Auslegeordnung an Panzern, Lastwagen und Übungspisten, die zum Schießplatz Hinterrhein gehören. Die nationale Sicherheit gehört zu den wenigen Produkten, die in den Alpen zu konkurrenzfähigen Preisen produziert werden können, doch der Markt dafür schrumpft.

Von oben blickt man auch auf die Straßenbretzel, die vor dem Eingang des San Bernardino-Tunnels liegen, und wird daran erinnert, dass hier die europäische Achse den Berg durchspießt. Doch den 6600 Meter langen Straßentunnel von San Bernardino nach Hinterrhein nimmt der Wanderweg nicht zur Kenntnis. Wanderwege sind ohnehin der Versuch, die vorhandene Autoschweiz zu umgehen, die selektive Wahrnehmung mit den Füßen. Dabei war der Tunnel, als er 1967 eröffnet wurde, ein Stück Nationalstolz, die erste wintersichere Verbindung des Misox mit dem übrigen Graubünden und eine späte Erfüllung des Ostalpenbahnversprechens.

Die alte Passstraße macht den Eindruck von Sonntagsausflug. Wir unterhalten sie für die Ledermenschen auf dem Motorrad und die Opelfahrer. Der Wanderweg nimmt an

Ein Capriccio der Architektur oberhalb von San Bernardino – der Lüftungsschacht für den Tunnel.

Vier gemauerte Pfeiler, ein Dach drauf, ausgefacht mit Holz – der Gaden von Hinterrhein ist ein Archetyp bäuerlichen Bauens.

den Serpentinen der Passstraße vorbei die Abkürzung und kreuzt eine Hochspannungsleitung. Diese fällt kaum auf vor dem vielfleckigen Hintergrund des Gebirges, doch kann, wer unter dem Mast steht, sie nicht verdrängen. Auf der europäischen Achse werden nicht bloß auf der Straße Menschen und Güter verschoben, sondern über unseren Köpfen auch Energie. Die Hochspannungsleitungen lösen sich noch radikaler vom Gelände als die A 13, sie schwingen sich in Kilometerbögen von Mast zu Mast mit einem Minimum an Erdberührung. Fliegen ist die nächste Stufe.

Die richtige Natur

In Hinterrhein ist Verschnaufen. Mitten durchs Dorf führt die alte Landstraße, ein Bsetzistreifen, ums Dorf herum läuft die Umfahrungsstraße, eine Asphaltpiste, neben dem Dorf dröhnt die A 13, eine Betonrinne. Hinterrhein ist erstklassig erschlossen und trotzdem gibt es keine Beiz, aber immerhin ein Lädeli, wo auch Kaffee zu haben ist. Ist er getrunken, marschieren wir, immer die Autostraße im Ohr, von Hinterrhein Richtung Splügen.

Das »Schlosshuus« in Nufenen, erbaut 1715, widerspiegelt den Wohlstand früherer Transitzeiten.

Im Norden wiederholt sich, was wir im Süden schon erlebten, der Talschlauch. Zwischen Splügen und Andeer wäre das Postauto wiederum keine Sünde. Der Weg geht im Talboden auf der Südseite durch grüne Matten und lichten Wald, immer begleitet vom Brausen der Straße. Murmeltiere sind zu sehen, Menschen hingegen keine. Die Touristen sind unter der Woche im Unterland und die Einheimischen mit dem Auto auf der Kantonsstraße unterwegs.

Splügen – der Ort, wo Alpenüberquerer wie wir schon seit je gerastet haben. Denn von hier aus geht es nicht nur über den San-Bernardino-Pass nach Süden, sondern auch über den Splügenpass, auf dem die Grenze nach Italien verläuft, nach Chiavenna. Aber Splügen ist auch ein Touristenort und hat also gute Hotels. Wir essen und schlafen in der Alten Herberge Weiss Kreuz, denn das ist eine Perle guter Architektur. Hier, im Weiss Kreuz, erinnert sich der Passwanderer, dass Splügen hätte ersäuft werden sollen. Die Kraftwerke Hinterrhein planten in den 1930er-Jahren eine 115 Meter hohe Mauer quer durchs Tal, die einen neun Kilometer langen Stausee abschloss. Die rund 400 Bewohner sollten umgesiedelt werden. Dank des zähen Widerstandes der Rhein-

Das alte Hotel

Hotel Weiss Kreuz, Oberdorf 66, Splügen, 2000

Bauherrschaft: Hans Rudolf Luzi, Splügen

Architektur: Hans Rudolf Luzi, Splügen

Direktauftrag

Der Transitverkehr über die beiden Pässe Splügen und San Bernardino hat während 700 Jahren das Leben der Leute von Splügen bestimmt und auch das Erscheinungsbild des Dorfkerns: Die Häuser sind nicht nach Süden ausgerichtet, der Sonne entgegen, sondern Richtung Saumweg. So auch das Weiss Kreuz. Es ist als Turmhaus im 14. Jahrhundert auf einen Felssporn über dem Dorf gebaut worden und ruft: Ich bin wichtig! Seit 1519 ist es als Motel der Säumer und ihrer Pferde bekannt, aber mit dem Ausbau der Passstraßen (1818–1823) begann das Weiss Kreuz zu zerfallen. Das »Bodenhaus« am Dorfplatz wurde ausgebaut und war für die Kutschen besser gelegen.

Das Weiss Kreuz erwachte erst im Jahr 2000 wieder – renoviert als kleines Hotel (Ausstattung: 16 Zimmer, 32 Betten). Hier sehen wir, was zeitgenössische Denkmalpflege will: das Alte reparieren und nur das Nötigste in zeitgenössischer Formensprache zufügen. Öffnungen lassen, wo sie immer waren, die Fassade reprofilieren, das alte Scheunentor mit großen Fenstern schließen, das Tenn als Restaurant und so denn auch der Widerspruch: Neue Funktionen müssen in alten Räumen Platz finden. Im Innern haben die Restauratoren die Spuren der Geschichte möglichst belassen, die Zimmer sind nicht gleichförmig, sondern eine Jahrhundertreise durch einen Rastort des Transits. Und wir sehen, dass Architektur in den Alpen nicht aus dem Berg geboren ist, sondern alle Stile der Hauptstädte gaben sich hier oben die Hand – bis heute, wo das Denkmaldenken stilbildend ist.

Splügen – hier war Rast- und Lagerort. Das Weiss Kreuz thront über dem Dorf.

walder Gemeinden scheiterte das Projekt 1944, obschon Wasserkraft, genauer Elektrizität, ein weiteres Produkt ist, das sich in den Alpen konkurrenzfähig herstellen lässt.

Gut genährt und richtig ausgeschlafen starten wir am nächsten Tag. Nach wenigen Minuten kommen wir an der Walserburg vorbei. Ein Plakätli klärt den Wanderer auf. Nicht der Bevölkerungsdruck allein habe die Walser im 13. Jahrhundert zur Auswanderung getrieben, sondern sie seien auch gezogen worden. Die Herren von Vaz waren froh um neue Untertanen hier im Rheinwald, ein feudales Ansiedlungsprogramm.

Weiter geht es auf der linken Talseite auf halber Höhe, dann vom Hang wieder hinunter zum Sufnersee. Dem folgt der Wanderweg am Südufer entlang. Doch steckt der Weg im Wald, vom See nichts zu sehen. Damit wird der Passwanderer um die Seesicht betrogen, doch die ist ein Touristenrecht. Seen sind immer gut, selbst wenn sie künstlich sind. Ist der Kunstsee nun eine Bereicherung der Landschaft oder ein Raub an der Natur? Gestohlen wird ihr das Wasser, das durch Stollen läuft und im Kraftwerk malochen muss. Die große europäische Achse wird damit zum Arbeitsweg. Doch die in ihren Gefühlen schlampenden Touristen halten den See für einen ästhetischen Mehrwert, sie sind Landschaftskonsumenten, die das Schöne im »Natürlichen« suchen. Doch wer auf dieser Strecke über die Natur nachdenkt, verheddert sich zwangsläufig. Es gibt keine richtige Natur in der falschen.

Nach dem See geht es steil nach unten und plötzlich steht der Wanderer vor einem Denkmal. In der Felswand stecken zwei Trichter, aus denen Röhren gucken: Bunkerkanone 10,5 cm auf Hebellafette. Die Festung Crestawald sperrte den Splügenpass und ist heute ein Festungsmuseum. So nackt, so ohne Tarnung haben diese zwei Kanonenrohre etwas Niedliches, sie scheinen nicht bös gemeint. Die Guisan-Schweiz wirkt hier so putzig.

Weiter in die Roflaschlucht, wo der Wanderweg unterhalb der Kantonsstraße direkt am Hinterrhein entlang-

Ein Treppenturm, drei Wohngeschosse – herrschaftliches Wohnen an der alten Passstraße von Splügen.

Einst war das Bodenhaus von Splügen Lagerhaus und Umschlagplatz; als vor 200 Jahren Reisen nach Italien in Mode kamen, wurde es eines der ersten Hotels des Kantons Graubünden. Friedrich Nietzsche, William Turner, Luis Napoleon schliefen da. Und Max Frisch pflegte auf seiner Autofahrt ins Tessin hier »Jeninser« zu trinken. Heute hat es 26 schön renovierte Zimmer und drei Restaurants.

Bodenhaus, Splügen, 1722
Bauherrschaft und Hotelier heute:
Angela und Willibald Löschl

Maillarts Brücke

Tschielbach-Brücke, Donath, Fahrstraße Richtung Casti, 1925

Bauherrschaft: Gemeinde Donath

Ingenieur: Robert Maillart

Der Bach hat seine Arbeit getan und eine Schlucht hinterlassen. Die Straße von Donath nach Wergenstein musste darüber hinweg. Der Ingenieur Robert Maillart (1872–1940) »einer der wenigen echten Konstrukteure unserer Epoche« (Max Bill, 1949) gewann den Wettbewerb für die Brücke über den Tschielbach zusammen mit der Bauuntenehmung N. Hartmann & Cie aus St. Moritz. Es ist Maillarts erste erhaltene Stabbogenbrücke. Die Fahrbahn besteht aus einer 16 Zentimeter starken Fahrbahnplatte, die mit den Brüstungen zu einem steifen Trog verbunden ist. Dieser Balken wird von vollwandigen Stützen getragen, die die ganze Fahrbahnbreite einnehmen. Der Bogen ist außerordentlich dünn. Die Bogenuntersicht ist als Bogen ausgebildet, die Aufsicht als Polygon. Der Bogen muss keine Biegungsmomente aufnehmen, weil der Trog der Fahrbahn diese übernimmt. Der elegante Bogen ist zwischen zwei massiven Pfeilern eingespannt, Bogen und Pfeiler gehören nicht zur selben ästhetischen Familie. Die Fahrbahn ist nur 3 Meter breit. Man rechnete 1925 nicht mit viel Verkehr. Die Spannweite beträgt 43 Meter. Damals kostete diese Brücke 40 000 Franken. Ihr Unterhalt muss unterdessen ein Mehrfaches verschlungen haben, und allein für die Sanierung mussten 2010 rund 500 000 Franken aufgebracht werden.

Die A-13-Brücke am Crestawald von Christian Menn.

führt. Doch etwas fehlt: das Donnern und das Tosen. Der Bach ist kastriert, da fließt nur Restwasser. Zu zahm und zu mickrig für die große Kulisse. Domestiziertes Wildwasser ist keines. Man müsste einmal pro Woche die ganze Wasserwucht hinunterstürzen lassen, damit man wieder schaudern könnte.

Kanonenscharte der Festung Crestawald: Der während sechzig Jahren streng geheime Ort ist heute ein Museum.

Andeer endlich. Das Dorf ist so aufgeräumt, so heidilandig hergerichtet, beherrscht von der Kirche auf einem Hoger und vom Hotel Fravi, einem Kasten aus der Belle Epoque, außen majestätischer als innen, doch die Empfangs- und Speiseräume sind noch jugendstilig erhalten. Das angebaute Bad, ein Tourismusprojekt mit 34 Grad warmem Wasser, ist architektonisch ein Betriebsunfall. Hier isch Holz schlächt gmacht nid heimelig. Das Wasser muss geheizt werden, Außenbecken inklusive. Das Tourismusprojekt ist kaum nachhaltig. Viele Häuser in Andeer sind mit romanischen Sinnsprüchen verziert. Alle wichtigen Mitteilungen der Polizei, der

Schule, der Müllabfuhr und der Feuerwehr, das, was verstanden werden muss, sind nur deutsch. Conclusiun?

Von Andeer bis Zillis führt der Höhenweg auf der westlichen Talflanke. Da stoße ich auf ein Schild »Oleodotto del Reno«. Unter mir floss einst der schwarze Saft von Genua nach Ingoldstadt. Der europäische Korridor hatte also auch noch eine Kanalisation. Energie durch Draht und Rohr.

In Donath macht der Wanderer zwei Lernschritte: Er kapiert den Unterschied zwischen einer schnellen und einer langsamen Brücke und was zeitgemäße Landwirtschaft ist. Oberhalb des Dorfes überqueren die Brücken aus zwei Generationen den Tschielbach. Robert Maillart baute 1925 die ältere als versteiften Stabbogen, die jüngere ist ein landläufiger Balken. Der Unterschied liegt nicht nur in der Konstruktion, sondern auch in der Straßenführung. Maillarts Brücke macht einen großen u-förmigen Bogen in den Graben hinein, um die Spannweite zu verringern. Die neue Brücke nimmt den kürzesten Weg geradeaus über den Graben und dabei die größere Spannweite in Kauf. Die erste Brücke ist für Bauernkarren und Stotterautos geplant, die zweite für VW Golf und Fremdencar.

Das Haus Padrun von Andeer (1501) ist im 16. Jahrhundert mit einem Sgrafitto-Teppich verziert worden, so dicht wie keiner im ganzen Kanton.

Unterhalb des Dorfes steht ein riesiger Stall mitten in den Weiden; ich schau ihn mir an: menschenleer. In etwa sieben großen Viehwohnzimmern sind die Kühe am Wiederkäuen. Doch, ganz hinten, fast verloren, ist ein Mann, der mit dem Laufkran hantiert. Vor der Scheune steht sein Privatauto. Der Bauer kommt zur Arbeit nur vorbei, wohnt vermutlich in seinem Hüsli, wie sein Nachbar, der Bankprokurist.

Viamala

Die Kirche St. Martin in Zillis ist selbstverständlich obligatorisch. Man besorge sich den kleinen Führer, um die biblischen Geschichten aufzuschlüsseln. Zum Beispiel Joseph auf der Flucht nach Ägypten. Ein erstaunliches Vagantenleben für einen Zimmermeister. Immerhin bewahrte sein Traumgesicht sein Kuckucksei vor den Mördern des Herodes. Die übrigen Väter in Betlehem hatten nicht schlecht genug geträumt. Das Gasthaus zur alten Post in Zillis sei den Wanderern empfohlen. Man fühlt sich wie im Heidifilm; die Gaststube hält, was das Wort verspricht.

Hinter Zillis beginnt die Viamala, das landschaftliche Prunkstück der Route. Man betritt das Ecomuseum, das vom Verein KulturRaum ViaMala erfunden wurde, ein Ortsmuseum der zu erwandernden Art. Von Bellinzona bis Thusis ist es weit. Wer wildromantische Naturinszenierung sucht, dem ersetzt die Viamala die gesamte bisherige Strecke, sie ist der abschließende Leckerbissen.

Andeer hat ein Schulhaus aus den 50er-Jahren. Mit dem alten bildet das neue Haus nun ein Ensemble mit einem Hof. Bemerkenswert, welche Sorgfalt die Architekten hier den Details gönnen: weiß betonte Sockel und Dachabschlüsse, graugrüner Kratzputz, schöne Schreinerarbeiten im Innern und stilisierte Murmeltiere als Türgriffe.

Schulhaus, Andeer, 2005
Bauherrschaft: Gemeinde Andeer
Architektur Erweiterung: Joos & Mathys, Andeer/Zürich

Doch zuerst steigt der Wanderweg nach Reischen auf die östliche Talschulter, durch viel Wald und wenig Feld. Bald steigen wir ab und laufen über einen Pfad unter der A 13 zur Punt da Suransus, einer umgekehrten Bogenbrücke. Umgekehrt meint: Der Scheitel liegt am tiefsten, statt am höchsten Punkt. Die Platten aus Andeerer Gneis, worauf man die Brücke überquert, werden von der Spannung der Seile aneinandergepresst und bilden so einen kraftschlüssigen Bogen. Eine raffinierte Erfindung des Ingenieurs Jürg Conzett. Es geht hier nicht um die Tragkraft, die schaffen die Kabel spielend. Es geht um die Stabilität. Die minimierte Konstruktion darf nicht schwanken, sonst kriegen die Leute Angst. Der Bogen ist der Stabilisator. Wie man mit wenig viel erreicht, kann man tief im Loch zwischen den himmelaufragenden, senkrechten Felswänden der Viamala besichtigen. Blickt man nach oben, so entdeckt man die Brücke Christian Menns von 1966 über den Köpfen. Die Auto-

Die Kirche St. Martin in Zillis muss sein, denn man kann nie genug kriegen von den Geschichten, die die 153 an die Decke gemalten Bilder erzählen. Wir liegen auf dem Rücken (oder sitzen in der Kirchenbank, den Spiegel in der Hand) und betrachten die im Stil einer mittelalterlichen Weltkarte aufgemalten Heils-, Helden- und Seefahrergeschichten. Wir werden in Versuchung geführt, dann in der Hölle gebraten und schließlich in den Engelschor aufgenommen.

Kirche St. Martin, Zillis
Erstmals erwähnt: 840
Bilderdecke: 1114
Letztmals renoviert: 2004

Statischer Seiltanz

Traversinersteg, Viamala, 2005

Bauherrschaft: Verein KulturRaum ViaMala, Sils i. D.

Tragwerksplanung: Conzett, Bronzini, Gartmann, Chur

Direktauftrag

Das ist der zweite Travesinersteg. Den ersten, der wundersam wie der Körperbau eines Insekts zwischen Grazilität und Robustheit zu changieren schien, zertrümmerte im Jahre 2000 ein Steinschlag. Rund 70 Meter weiter unten baute der Verein KulturRaum ViaMala eine neue Brücke. Doch wie verbindet man zwei Seiten eines Tobels, wenn die eine 22 Meter höher als die andere liegt? Indem man an einem Seilfachwerk eine Treppe aufhängt. Das ergibt einen direkten, billigeren Weg. Doch darf die Brücke nicht schwingen, sonst haben die Wanderer Angst, denn unter ihnen gähnt ein Abgrund von 70 Metern. Die Tragseile sind ungefähr auf gleicher Höhe in den Widerlagern verankert, die Treppe folgt dem Seilbogen, löst sich darauf davon und landet etwas nach der Mitte im Gegenhang. Alle 3,6 Meter hängt ein Querträger aus Stahl an den Seilen. Diese tragen links und rechts des Gehwegs vier Brettschichtträger, die für die Steifigkeit der Brücke sorgen. Sie dienen auch als Windverband und verhindern den direkten Blick in die beängstigende Tiefe. Die Brücke ist beeindruckend doppelgesichtig: Filigranes Netzwerk und massiver Bogen, Hinauf- und Hinuntersteigen sind ganz verschieden, dem senkrechten, unverrückbaren Fels antwortet ein sanft schaukelndes, dünnes Holzband, die Gegensätze verstärken sich, die Brücke wird zum mythischen Ort. Später werden sich Sagen darum bilden.

Die A 13 ist im Tunnel, die Kantonsstraße wagt sich über die steinerne Viamala-Brücke.

straße kommt aus dem Tunnel, springt über die Schlucht und verschwindet im Tunnel. Würden die Nationen nach der Qualität ihres Ingenieurbaus beurteilt, wer hätte gegen die Schweiz noch eine Chance?

Für die, die von Zillis her wandern, ist die Punt da Saransuns die erste Brücke in der Viamala. Zwei Metallgurte, fest verankert in den Widerlagern, schwingen über den Hinterrhein. In sie eingelassen sind Steinplatten, die das eigene Gewicht gegeneinander drückt und also fest verbindet. Stäbe bilden die Geländer, an denen man sich hält und den Kopf in den Nacken wirft, den Autos hoch oben auf der Betonbrücke unter dem Himmel zuwinkend.

Punt da Suransuns, Viamala, 1999
Bauherrschaft: KulturRaum ViaMala
Ingenieur: Conzett, Bronzini, Gartmann, Chur

So fragen und laufen wir über einen moosigen Weg hinauf zur Kommerzialstraße und dann ihr entlang zum Kiosk der Viamala. Hier kann man in die Felsspalte, ins Berginnere abtauchen, bis zum Fluss hinunter. Der Hinterrhein hat ganze Arbeit geleistet und sich durch den Fels gefressen. Leider arbeitet er nun anderswo, denn auch hier fehlt das Tosen. Gleich beim Kiosk geht der Weg steil hinauf und dann über einen abschüssigen Pfad dem Hang entlang. Bald kommen wir zum Steg über das Traversiner Tobel. Diese Mischung von Brücke und Treppe, entworfen ebenfalls von Jürg Conzett im Jahr 2005, muss man in beiden Richtungen begehen. Hinauf ist heikler, weil man durch die 176 Stufen den Abgrund spürt, hinunter macht keine Angst, weil man den »sichern« Gegenhang vor sich hat. Ein Laboratorium für Angststudien. Warum fühle ich mich gefährdet, wo ich doch weiß, dass mir nichts passieren kann?

Hohen Rätien

Der Turm von Hohen Rätien, den man von der Kommerzialstraße vom gegenüberliegenden Hang aus als Landschaftsmerkzeichen immer wieder sieht, kommt auf dem Höhenweg erst ganz am Schluss zum Vorschein. Auf einem Felsbuckel stehen der Turm, die Kirche und ein Wohnturm. Seit der Spätantike, wird behauptet, sei der Ort besiedelt. Oben hat man endlich wieder einen weiten Atem. Nach all den Schluchten und Waldhöhlen sieht man wieder einmal kilometerweit. Die Brust wird breiter.

Der Abstieg nach Thusis endet nach Wanderersitte in der Beiz im Viamala-Zentrum neben dem Bahnhof, das das, was ihm an architektonischer Qualität fehlt, durch Masse ersetzt. Bei einem Glas Veltliner zählt der Wanderer zusammen: Rund 24 Stunden brauchte er von Bellinzona nach Thusis. An Straßenbaugeschichte der Viamala führt der Wanderweg vorbei. Der römische Pfad ist nachgewiesen. Er

Über 176 Stufen steigt der Wanderer mit seinem Stab über dem Traversinertobel die 62 Meter lange Treppenleiter hinab.

führte über Hohen Rätien und überwand die Schlucht auf der linken Seite mit mehreren aus dem Fels gehauenen Halbgalerien. Später zerfiel der Weg und wurde erst im späten 15. Jahrhundert wieder instand gestellt. Damit wurde der Splügen zur wichtigsten Bündner Transitroute, zum direkten Weg ins Veltlin und nach Mailand. Der Ingenieur Richard La Nicca baute 1818 bis 1821 die erste Fahrstraße, die Kommerzialstraße, die heute im nördlichen Abschnitt ein Schattendasein führt, da die Kantonsstraße sie abgelöst hat. Die Autobahn quält sich mit der Schlucht nicht lange herum. Im engsten Abschnitt, nördlich von Menns Brücke, verschwindet sie für rund 750 Meter im Tunnel, vor Thusis nochmals für 2200 Meter. Wer hier mit dem Auto durchfährt, erfährt nichts. Die Viamala bleibt unsichtbar.

Blick zurück von Thusis auf Hohen Rätien und in die schauerliche Schlucht der Viamala.

Fünf Mal wird der San-Bernardino-Pass überquert: vom Wanderweg, von der Kantonsstraße, unterirdisch von der A13, von der Hochspannungsleitung und von den Röhren des Oleodotto del Reno. Es herrscht ein Gedränge im Korridor.

Literatur

Thomas Vogel und Peter Marti, *Christian Menn, Brückenbauer*, Birkhäuser Verlag, Basel 1997.
Mohsen Mostafavi, *Structure as Space, Engineering and Architecture in the Works of Jürg Conzett and his Partners*, AAS Publications, London 2006.
Wilfried Dechau, *Traversinersteg, Fotografisches Tagebuch*, Wasmuth Verlag, Tübingen 2006.
Martin Heller und Andreas Volk, *Die Schweizer Autobahn*, Museum für Gestaltung, Zürich 1999.
Peter Egloff, *Neu-Splügen wurde nicht gebaut*, Limmat, Zürich 1987.

Albulatal

Durchs Welterbe

Thusis –Alvaschein–Tiefencastel–Filisur–Bergün–Preda

Die Albula-/Berninastrecke der Rhätischen Bahn (RhB) ist ein verkehrstechnisches Wunderwerk, das im Juli 2008 durch die Aufnahme in das Weltkulturerbe der Unesco geadelt worden ist. Wir wandern der Albulastrecke entlang und blicken dabei zurück in die Geschichte des Bahnbaus; wir verweilen dort, wo Altes saniert werden muss, und schauen da genauer hin, wo Neues entstanden oder am Entstehen ist.

Von Marco Guetg

Thusis–Alter Schin–Vaz/ Zorten–Alvaschein–Mistail–Tiefencastel	6 h 30
↗ 510 m ↘ 400 m	
Tiefencastel–Surava–Alvaneu Bad–Landwasser-Viadukt–Filisur	4 h 15
↗ 400 m ↘ 200 m	
Filisur–Bellaluna–Stugl Station–Bergün–Preda	5 h 15
↗ 950 m ↘ 150 m	

Charakter
Leichte, abwechslungsreiche Wanderungen auf gut markierten Wegen an Hängen und im Talboden. Nur wenig Hartbelag.

Beste Jahreszeit
April bis November

Verkehrsmittel
Das ganze Wandergebiet ist mit dem öffentlichen Verkehr erreichbar (Rhätische Bahn und Postauto).

Übernachten und essen
Hotel Restaurant Albula & Julier, Tiefencastel. 081 659 04 00, www.albula-tiefencastel.com
Hotel Restaurant Grischuna, Filisur, 081 404 11 80
Hotel Restaurant Rätia, Filisur, 081 404 11 05, www.raetia.ch
Hotel Schöntal, Filisur 081 404 21 72, www.schoental.ch
Hotel Bellaluna, Filisur, 081 404 20 00, www.bellaluna.ch
Hotel Kurhaus, Bergün, 081 407 22 22, www.kurhausberguen.ch. Das Kurhaus bietet auch Wohnungen für bis zu 7 Personen oder Massenlager an.
Hotel Restaurant Weisses Kreuz, Bergün, 081 407 11 61, www.weisseskreuz-berguen.ch
Hotel Restaurant Ladina, Bergün, 081 407 11 29, www.hotelladina.ch
Hotel Restaurant Preda Kulm, Bergün/Preda, 081 407 11 46, www.preda-kulm.ch
Restaurant Fuschena, Bergün, 081 407 12 03, www.fuschena.berguen.ch

Einkaufen
In Tiefencastel und Filisur hat es einen Laden. In Alvaneu Bad bietet die Bäckerei Buschor auch Lebensmittel an.
Bergün hat zwei Bäckereien, zwei Läden, eine Metzgerei und vor allem: viele Biobauern, die ihre Produkte direkt ab Hof verkaufen. Meistens hats vor den Wohnhäusern kleine Selbstbedienungs-»Kioske« mit einer Kasse.

Museen
Bergün: Ortsmuseum, Öffnungszeiten, Winter: Dez.–April, Mi 14–17.30 Uhr, 19–21 Uhr, Do und So 14–17.30 Uhr; Sommer: Mi 14–17 Uhr, 19–21 Uhr, Do, Sa, So 14–17.30 Uhr; Vorführung Modelleisenbahn Mi 19.30–21 Uhr und Do 16–17.30 Uhr. 081 407 12 77, www.berguen.ch
Geplant ist ein Bahnmuseum in Bergün (Wettbewerbsgewinner: Hans-Jörg Ruch, St. Moritz), das sowohl architektonisch wie bezüglich der Ausstellungskonzeption eine Perle in der Region werden dürfte.

Kultur/Natur
Seit 1960 finden jeweils an fünf Sommertagen die »Bergüner Abendkonzerte« mit klassischer Musik statt.
Zwischen Alvaschein und Preda bewegen wir uns im Parc Ela, dessen Verwalter verschiedene Veranstaltungen anbieten, 081 659 16 18, www.parc-ela.ch

Information
Bergün/Filisur Tourismus, 081 407 11 52, www.berguen.ch
Tiefencastel: Parc Ela, 081 508 01 12 (Management)

Karten
Landeskarte 1:25 000, Blatt 1215 (Thusis), 1216 (Filisur), 1236 (Savognin), 1237 (Albulapass/Pass d'Alvra). Ausreichend ist auch die neue Wanderkarte Parc Ela, 1:50 000.

In den Fels gehauener Weg durch den Alten Schin. Hier begegnen sich Biker und Wanderer.

Bahnhof Thusis, Schwellenhöhe 697 Meter über Meer. Hier also beginnt, was am 7. Juli 2008, kurz nach 21 Uhr, im kanadischen Quebec von der Unesco mit dem Etikett »Welterbe« geadelt worden ist: die »Rhätische Bahn in der Landschaft Albula/Bernina«.

Oder doch nicht? Wir stehen unter dem überdachten Mittelperron, blicken hinüber zum Aufnahmegebäude von 1992 und sehen: eine Stahl-/Glaskonstruktion mit Tonnendächern, die offensichtlich an die Gründerzeit erinnern sollte. Dahinter wuchtet sich das Viamala-Zentrum mit der Postautostation den Hang hoch. Und wie wir schließlich die im gleichen Jahr für die Rhätische Bahn (RhB) erstellte Betonbrücke über den Hinterrhein entdecken, reiben wir uns die Augen und denken: Nein, »das handwerklich exzellent erstellte Meisterwerk« von »höchster baugeschichtlicher Qualität«, wie die RhB und ihre Anlagen in der Eingabe an die Unesco resümierend qualifiziert werden, muss etwa 300 Meter weiter vorne beginnen.

Zum Unesco-Welterbe ernannt wurde nicht nur die Schmalspurbahn. Das tourismusträchtige Label »Rhätische Bahn in der Landschaft Albula/Bernina« ist vielmehr ein etwa 500 bis 1000 Meter breites Band, das sich über 122

Kilometer von Thusis bis Tirano durch den Albulatunnel und über den Berninapass südwärts schlängelt. Der Nordrampe dieses Bandes entlang – 44 Bahnkilometer sind es von Thusis bis nach Preda, Schwellenhöhe 1789 Meter über Meer –, werden wir in den nächsten drei Tagen unterwegs sein.

Blätter aus dem Rucksack

Wir verlassen den Bahnhof Thusis Richtung Scharans. Die erste Viertelstunde führt durch Wohnquartiere an den Hinterrhein und über eine Hängebrücke. Die nächsten 800 Meter halten wir uns einfach die Ohren zu. Sie führen der A 13 entlang, hinüber nach Cumparduns und nach St. Agata. Erstmals steht »Alter Schin« auf einem Wegweiser. Wir sind, wo wir hinwollen. Von nun an gehts bergauf.

Punkt 995 ist eine Waldlichtung. Wir machen einen Halt, greifen im Rucksack nach Speis und Trank und einem Bündel Papiere. Es sind Fotokopien aus Publikationen über die Rhätische Bahn und ihre Bauten. Nach diesen Blättern aus dem Rucksack werden wir in den nächsten drei Tagen öfters greifen. Wir wollen uns ja kundig machen über das, was Jürg

Das einstige Herzstück des Alten Schins. Der stockdunkle Tunnel wird jetzt mit Solarenergie ausgeleuchtet.

Conzett, der Churer Ingenieur, Brückenbauer und Verfasser des Kunstführers *Die Albulabahn,* von dieser Strecke hält: »Das Zusammenspiel von Landschaft, Ingenieurkunst und Architektur verleiht der Albulabahn den Charakter eines Gesamtkunstwerkes.«

Wir brechen auf, verlassen den Forstweg und erleben die erste Überraschung. Wo einst Wurzeln Stolperfallen bildeten, windet sich nun ein verbreiterter Weg durch den Wald. Der Alte Schin wurde für Biker hergerichtet. Und bei der Schlüsselstelle, die für so manches Geschichtlein gut war, werden wir um ein weiteres Abenteuer betrogen; der 100 Meter lange Tunnel mit seiner leichten Krümmung, durch den sich Generationen von Wanderern im Dunkeln tasteten und durch Morast wateten, ist beleuchtet. Eine Solaranlage beim Eingang liefert den Strom.

Ist der Tunnel passiert, sind die ärgsten Steigungen überwunden. Sachte mäandert der Weg durch den Wald und an Felswänden vorbei. Nach dreieinhalb Stunden erreichen wir eine Anhöhe mit einer Feldkapelle. Sie ist keinem Heili-

Die namenlose Kapelle bei Muldain markiert den Ausgang bzw. den Eingang des Alten Schins. Hinten am Gegenhang die Gemeinde Stierva.

gen geweiht. Sie wurde an den Eingang zum Alten Schin gestellt, damit Gott den Passanten durch die Schlucht und den Hirten und Holzfällern in der Schlucht beistehe.

Der Ort lädt zur Rast. Vom Verkehr ist hier oben fast nichts zu hören. Gelegentlich kreischt ein Zug. Links neben der Station erblicken wir den 164 Meter langen Solis-Viadukt, gebaut »aus Kieselkalkstein«, steht auf einem Blatt im Rucksack, »ein großes Gewölbe mit drei Sparbogen auf jeder Seite. Höhe 89 Meter«. Der Solis-Viadukt ist damit »die höchste Brücke der Rhätischen Bahn« mit der »größten Spannweite der Albulabahn-Brücken«. Es sind Sätze von Jürg Conzett – und ein kulturhistorisches Aperçu liefert er auch noch mit: Am Projekt hat der junge Robert Maillart mitgearbeitet.

Fünf Jahre hat man an der Albulabahn gebaut, bis die Strecke von Thusis nach Celerina am 1. Juli 1903 eröffnet wurde, 25,8 Millionen Franken hat das »Gesamtkunstwerk« gekostet, lesen wir von einem Blatt voller Fakten und erfahren: Über 4000 Arbeiter waren in den Sommermonaten au-

Der Solis-Viadukt steht ein bisschen im Schatten des Landwasser-Viaduktes. Dabei darf auch er sich sehen lassen. Er führt die RhB auf die andere Talseite, imponiert mit seinen drei Sparbogen, ist 164 Meter lang und 85 Meter hoch und damit die höchste und am weitesten gespannte Steinbrücke der Albulabahn.

Solis-Viadukt, Solis/Alvaschein, 1901/02
Bauherrschaft: Rhätische Bahn
Ingenieure: verschiedene Vorprojekte – unter anderem von Robert Maillart. Das definitive Projekt stammt wahrscheinlich von Hans Studer.

ßerhalb des Albulatunnels im Einsatz, die meisten Italiener aus Kalabrien – »europäische Chinesen«, nannte sie der Reporter der *Engadiner Post* im Oktober 1898. Untergebracht wurden die Arbeiter in Barackensiedlungen längs der Eisenbahnlinie. Westlich der Station Solis und an schattiger Stelle in der Schlucht ist inzwischen der Flurname »Calabria« landestopografisch verbrieft.

Feldweg Richtung Muldain. Mit Blick auf das Lenzer Horn.

Über hundert Jahre stehen die Brücken und Tunnels der RhB schon. Die Jahre haben Spuren hinterlassen. Vor allem das Wasser verursachte Schäden im Mauerwerk. Es sickert durch die Ritzen und löst Kalk aus dem Mörtel. Die Brücken müssen saniert werden. Doch wie? Immerhin sind sie Teil des Gesamtkunstwerks RhB, und seit dem 7. Juli 2008, kurz nach 21 Uhr, steht das Unesco-Welterbe unter besonderer Beobachtung …

Wir sitzen vor der Kapelle, schauen in die Schlucht und zum 102 Meter langen Lochtobel-Viadukt bei Solis mit seinem auffallend weißen Band an der Brückenkrone. Er ist einer der ersten Viadukte, der nach einem Gesamtkonzept instand gesetzt wurde, das die RhB zusammen mit dem Churer Ingenieurbüro Conzett, Bronzini, Gartmann und der kantonalen Denkmalpflege erarbeitet hat. Die Mauern wurden saniert und die Fahrbahn mit einem Betontrog abgedichtet. Die Konsolen der Mauerkrone bestehen neu aus Sichtbeton, die darunterliegenden Mauerwerksteile und Konsolsteine wurden aus dem alten Material dem Betontrog vorgemauert. »Instandsetzung nach Typ A2« heißt das in der Terminologie der RhB-Ingenieure. Als nächstes kommt das Wahrzeichnen der RhB, der Landwasser-Viadukt bei Filisur, an die Reihe. Weil er ein Objekt von besonderer Bedeutung ist, wird er nach dem »Typus II« saniert. Die Ab-

Blick von Muldain hinunter nach Alvaschein. Rechts gehts ins Oberhalbstein, links ins Albulatal. Im Hintergrund die drei Bergüner Stöcke (von links: Piz Ela, Corn da Tinizong, Piz Mitgel).

deckplatten aus Granit werden herausgelöst, es folgt die Betonabdichtung, und dann werden die Granitplatten wieder darauf gestellt. Von außen bleibt der Eingriff unsichtbar.

Erinnerungsort und Kraftort

Von der Kapelle aus kann man gleich hinunter auf die Kantonsstraße stechen. Wir machen einen kleinen Umweg, steigen kurz hoch, wandern hinüber nach Muldain, einer der drei rätoromanischen Fraktionen von Vaz/Obervaz, vorbei an der Kirche Johannes Baptista und am Junkerhaus. Von hier gehts der Kantonsstraße entlang Richtung Zorten, danach den steilen Kuhweg über Terranaira runter auf die Kantonsstraße und weiter nach Nivagl.

Mit dem Schulhaus von Alvaschein haben Bearth & Deplazes bereits früh einen Markstein gesetzt. Der dreigeschossige, turmartige Bau aus Stein und Holz am Dorfrand bildet mit der Mehrzweckhalle ein reizendes Ensemble und prägt die Silhouette des Dorfes und die Berglandschaft.

Schulhaus Alvaschein, 1991
Bauherrschaft: Gemeinde Alvaschein
Architektur: Bearth & Deplazes, Chur

Flach und auf einer Landwirtschaftsstraße gehts über Wiesen hinüber nach Alvaschein, vorbei am Schulhaus und der Mehrzweckhalle, einem Ensemble am Rand des Dorfes, mit denen Bearth & Deplazes 1991 einen ersten Akzent im Bündner Schulhausbau gesetzt haben. Über Pasqual erreichen wir schließlich Mistail mit seiner karolingischen Kirche, gebaut um 800 – das weitaus beliebteste sakrale Postkartensujet der Region. Ein »Kraftort« sei das, sagen die Promotoren des Parcs Ela, dessen Revier wir hier betreten. 600 Quadratkilometer umfasst dieser Park; er erstreckt sich über zwei Täler und umfasst 21 Gemeinden. Der Parc Ela ist der größte regionale Naturpark der Schweiz. Noch ist er im Aufbau. Gesetzt ist das Ziel: »Naturschutz und wirtschaftliche Entwicklung unter einen Hut zu bringen.« Bis Preda werden wir uns im Parc Ela bewegen. Doch jetzt verlassen wir den »Kraftort« und brechen auf nach Tiefencastel, unserem Schlafort.

Mit der Umfahrung Tiefencastels wurden ein paar reizende Waldwege Richtung Surava zerstört. Wir wandern

Der kleine Abstecher lohnt sich. Die Kirche St. Peter in Mistail mit ihren drei Apsiden ist eine der ältesten Sakralbauten der Schweiz (gebaut um 800). Die ursprünglichen Malereien sind nur noch fragmentarisch vorhanden. Die heute sichtbaren Wandmalereien wurden um 1400 geschaffen.

Kirche St. Peter, Mistail/Alvaschein, um 800
Die Kirche liegt zwischen Alvaschein und Tiefencastel. Wer dem Wegweiser »Mistail« folgt, kann den Ort nicht verfehlen.

Der berühmte Bogen

Landwasser-Viadukt, 1902

Bauherrschaft:	Rhätische Bahn, Chur
Ingenieure:	Firma Müller & Zeerleder, 1901
Konzept Instandsetzung:	Conzett, Bronzini, Gartmann, Chur, Rhätische Bahn und Kantonale Denkmalpflege (Sanierung 2009)
Lichtinstallation:	Milena Laneve, 2006

Kein Zweifel: Der Landwasser-Viadukt ist das meist fotografierte Sujet der gesamten Welterbestrecke (an zweiter Stelle kommt dann die Rhätische Bahn vor dem Morteratschgletscher). Wer vor diesem Viadukt steht, knipst ein Bild oder postet sich später eine Postkarte. Und schließlich taucht der Landwasser-Viadukt immer auch dann auf, wenn die Rhätische Bahn für die Rhätische Bahn wirbt ... Was macht seine Faszination aus? Ists die reine Ingenieurarbeit? Möglich, nur: Die wäre auch beim Solis-Viadukt eindrücklich, inklusive Ambiente. Ists der Bogen, den die Brücke wirft? Ist es seine Lage am Eingang zur Landwasserschlucht und in unwegsamem Gelände? Ists, dass er direkt in einen Tunnel mündet?

Ein paar technische Daten: Spannweiten 6 x 20 Meter, Höhe 65 Meter, Kurvenradius 100, polygonale Anordnung der Bögen mit um 50 Zentimeter vergrößerter Breite. Die Gewölbe entsprechen mit 90 Zentimetern Stärke im Scheitel und 1,35 Metern am Kämpfer der Normalität. Mit 9200 Kubikmeter Volumen besitzt der Landwasser-Viadukt die größte Mauerwerkskubatur aller Bauten der Albulabahn.

Seit Ende Dezember 2006 leuchtet der Landwasser-Viadukt nach Einbruch der Dunkelheit. Milena Laneve hat sich in ihrer Diplomarbeit an der Hochschule für Gestaltung und Kunst in Zürich mit der Illumination befasst. Wenns Nacht wird, tauchen Scheinwerfer die Bögen in sanftes Licht, und je dunkler es wird, desto intensiver nimmt das Licht zu, wandeln sich die Farben von tiefem Blau über Türkis in Gelb, Orange und Rot bis zu Violett – das gesamte Spektrum des Regenbogens beleuchtet die Brücke und leuchtet in die Nacht in einem sich wiederholenden Kreislauf.

Das Dach über dem Kopf

Bahnhof Filisur, 2005

Bauherrschaft: Rhätische Bahn, Chur
Architektur: Walter Bieler, Bonaduz
Bauingenieur: Walter Bieler, Bonaduz
Direktauftrag

Der Bahnhof Filisur ist ein Knotenpunkt. Hier zweigt die Strecke nach Davos ab, hier wird ein- und aus- und umgestiegen. Das tat man von Anbeginn ohne Dach über dem Kopf. Um die neuen betrieblichen Anforderungen zu erfüllen und das Umsteigen sicherer zu gestalten, musste der Gleis- und Perronbereich ausgebaut werden. Jetzt haben die Perronanlagen beim Bahnhof Filisur ein Dach und eine Unterführung.

Der Bonaduzer Holzbauingenieur Walter Bieler erhielt einen Direktauftrag. 86 Meter lang ist die Holzüberdachung. Zwei Meter lange Leimholzplatten tragen einen hohlen Kastenträger, darüber sind die weit ausladenden, dünnen Dachflächen mit zehn Zentimeter starken Leimholzplatten konstruiert. Steigt man von der Unterführung hoch zum Perron, wird der Unterschied zu anderen Bahnhöfen spürbar. Die parallelen Scheiben stehen sich jeweils gegenüber und spannen auf zwei Seiten offene, kleine Räume auf. Man fühlt sich ein wenig geborgen, ist bei stechender Sonne oder Schneefall oder Regen geschützt. Die Konstruktion wirkt hier transparent – im Gegensatz zur Seitenansicht.

Walter Bielers hölzernes Perrondach – es wurde 2007 mit dem Bündner Holzbaupreis ausgezeichnet – hebt sich von den alten Holzbauten des Bahnhofs ab und ist doch bestens dazugefügt. Ein Kontrast wie auch eine plausible Variante, die dokumentiert, wie die RhB-Bahnhöfe weitergebaut werden können.

Filisur

Auf dem Wasserweg Ansaina zwischen Alvaneu Bad und Filisur. Im Hintergrund der Piz Mutschetta.

linksseitig der Albula entlang über Surava nach Alvaneu. Eingangs Alvaneu Bad nehmen wir einen Hauch Golf mit, mehr nicht, sondern gehen über die alte Holzbrücke und hinauf zum Bahnhof Alvaneu Bad, Schwellenhöhe 999 Meter über Meer. Hier beginnt der Wasserweg Ansaina, eine 7-Kilometer-Wanderschlaufe – ein Info-Trail als Teil des Parcs Ela.

Auf schmalen Pfaden, über Holzroststrecken und an einer Schwefelquelle vorbei führt die Wanderung. Unten die Greens im Wiesengrün, ein Kur- und Wellnessbad, das Clubhaus, gebaut mit »viel Stil, urbaner Eleganz, verbunden mit Tradition«, heißt es im Selbstbeschrieb. Wir schauen und sehen: fünf Gebäude mit Giebeldach um einen Turm, ein bisschen Engadiner Stil mit ein wenig Tirol als Zitat. 30 Millionen wurden in das Golfzentrum Alvaneu investiert. Wir schauen und denken: Das Albulatal und die

---

Die Lage ist gut und der Bau fällt auf. Das darf er auch. Schließlich hauste hier der Sektionsingenieur der RhB. Ein typisches Beispiel des »Bündner Heimatstils«, der als plastisch starke, malerische und regionalistische Architekturtradition des frühen 20. Jahrhunderts in die Kunstgeschichte eingegangen ist.

Ingenieurhaus RhB, Bahnhofstraße, Filisur, 1913
Bauherrschaft: Rhätische Bahn
Architektur: Meinrad Lorenz, Chur

Architektur, das ist auch eine Geschichte im Konditionalis. Für Alvaneu Bad hatten Jüngling und Hagmann (1994) einen Wettbewerb gewonnen für ein Kurhotel mit Thermalbad und Residenzen. Den Investor aus Davos kümmerte das wenig. Er ließ bauen, was jetzt steht.

Dass das Besondere nah ist, davon kündet nach knapp vierzig Minuten Talgrundwandern ein Schild. »Fotopunkt« steht drauf, ein Pfeil weist nach oben. Selbstverständlich steigen wir hoch, erreichen das Trassee der RhB und stehen erstmals im Leben dort, wo wir schon unzählige Male im Leben vorbeigefahren sind, wo schon Tausende entzückt ihren Fotoapparat gezückt haben. Der Aufstieg auf die Höhe des Landwasser-Viadukts lohnt sich, wie es sich auch lohnt, später ein wenig unter dem Landwasser-Viadukt zu verweilen. Diese Masse und Höhe! Aus Kieselkalkstein sei er gebaut, lesen wir. Und blieben wir hier ein paar Stunden sitzen, sähen wir dieses RhB-Wahrzeichen gar in einem anderen Licht. Denn seit Ende Dezember 2006 wird es nachts illuminiert.

Das Gemeindehaus Filisur von Robert Obrist steht für das wiedererwachte Interesse an regionalen Bautraditionen und Bauformen Ende der 1970er-Jahre. Sowohl in Volumen wie formaler Gestaltung nimmt das Gebäude Bezug auf den Kontext. Doch es kopiert ihn nicht, sondern interpretiert ihn neu.

Gemeindehaus Filisur, Hauptstraße, 1977
Bauherrschaft: Gemeinde Filisur
Architektur: Robert Obrist, St. Moritz

Im Estrich dieses herrschaftlichen Hauses, das der charakteristischen Engadinerhaus-Typologie nicht ganz folgt, steht die Jahreszahl 1663.

Wir legen eine kleine Schlaufe ein, wandern dem Landwasser entlang Richtung Wiesen, passieren jenen Ort, von wo 1901/02 der Kieselkalkstein für den Viadukt herbeigekarrt wurde. Hier im Wald ist es kühl auch an heißen Tagen; wir überqueren den Fluss, steigen hoch auf den Schönboden, um von dort über den Forstweg nach Filisur zu gelangen, genauer: zum Bahnhof Filisur, Schwellenhöhe 1080 Meter über Meer, um zu sehen, dass auch an denkmalpflegerisch heiklen Orten Neues zum Alten gebaut werden kann.

Das Stationsgebäude, seiner einstigen Funktion enthoben, wurde in seine ursprüngliche Form zurückgebaut. Die Gleis- und Perronanlagen mit den Dächern hat Walter Bieler, der Holzbauingenieur aus Bonaduz, zwischen 2003 und 2005 realisiert. Die Station ist heute ein Kiosk. Verkauft werden hier Kuchen, Getränke und Billette. In der Holzveranda und bei einem Kaffee greifen wir nach den Blättern im Rucksack. Die Zwischenstationen auf der Albulabahn sind Normbauten wie anderswo auf der RhB-Strecke. Doch zwischen Thusis und Preda entschied man sich für ein einziges Modell, schreibt der Kunsthistoriker Leza Dosch: »Es entstand ein lang gestreckter, zweige-

schossiger Kantholz-Blockbau mit einem Güterraum aus Bohlenwänden, der in den Varianten ›Güterraum rechts oder links‹ zu haben war.« In Filisur ist es der Typ mit »Güterraum rechts«.

Wir übernachten im Grischuna. Kein Hotel auf der Albulastrecke liegt so nahe an den Schienen. Eisenbahnfreunde aus aller Welt gehen hier ein und aus, und es hat sich herumgesprochen, welche Zimmer man belegen soll: Zimmer 11 und 21. Sie liegen am nächsten bei den Gleisen und geben dem fotografierenden Freak quasi vom Bett aus freie Sicht auf den Bahnhof und die ein- und ausfahrenden Züge.

Ein magischer Ort, die Bellaluna. Der Name kommt von bal all'üna, dem Tanz der Hexen nachts um ein Uhr. Seit 1988 stand das Haus beim einstigen Bergwerk leer. 2001 kaufte es ein einheimisches Brüderpaar; sie investierten und renovierten. Seither steht am Hexenplatz eine Herberge, die im Sommer vielfältige Kunst- und Kulturprogramme veranstaltet.

Restaurant/Hotel Bellaluna, Filisur, 2003
Bauherrschaft: André und Bruno Brazerol
Architektur: Bruno Brazerol, Surava

Vom Bahnhofplatz führt ein direkter Weg ins Dorf. Wir machen einen kleinen Umweg, gehen der Bahnhofstraße entlang und treffen zuerst auf ein Wohnhaus im Bündner Heimatstil, dieser eigenartigen Mischung aus voluminöser, rustikaler Gemütlichkeit und der weltläufigen Heiterkeit des Jugendstils, die die Architektur vor hundert Jahren prägte. Hier, an exponierter Stelle, hauste der Herr Sektionsingenieur der RhB; an der Wendeschlaufe der Straße passieren wir das einstige Dienstwohnhaus für RhB-Angestellte, ein ausladendes Gebäude aus dem Jahre 1913, das unter den Einheimischen »Kriegsschiff« heißt. Und bevor wir hinunter zur Albula gehen, spazieren wir durchs Dorf, vorbei am Gemeindehaus von Robert Obrist, schauen und denken: Man kann die traditionelle Baukultur auch zitieren, ohne gleich Kitsch zu produzieren.

An der Albula angelangt, gehts gemütlich dem Fluss entlang Richtung Bellaluna. Gegenüber schleift sich die RhB mit 35 Promille Steigung die Hänge hoch, durch Kehrtunnels und über Brücken, sie kommt und geht und kommt, bis sie endgültig hinter dem Bergüner Stein verschwindet.

Gleichgewicht der Vorurteile

Bei Bellaluna, knapp 90 Fußminuten von Filisur entfernt, informiert eine Tafel, was einst hier war. Ein Bergwerk. Eisen-, Kupfer- und Zink-Erze wurden hier von 1565 bis 1847 gewonnen. In Bellaluna, lesen wir auf einem Blatt aus dem Rucksack, stand auch eine der größten Barackensiedlungen während des Baus der Albulalinie. Man hat die Arbeiter aus dem Süden damals bewusst etwas von den Dörfern ferngehalten. Misstrauisch oder gar verächtlich beäugt wurden sie vor allem von der Churer Presse. Am 5. Oktober 1899 steht im *Freien Rätier,* dass »der Albulabahnbau ruhig seinen Gang geht und man bis dato nicht belästigt war durch die bekannten Gesangsvorträge der Italiener«, ja, dass »... die Italiener gezwungen werden, die Straße und deren nächste Nähe zu respektieren und ihre unanständigen Bräuche, wenn sie davon nicht lassen können, abseits auszuüben«.

Arbeiterbaracke in Spinas, beim Südportal des Albulatunnels.

Die Engadiner hatten offenbar weniger Mühe mit ihren Sprachverwandten. Am 4. Dezember 1901 wird im *Fögl d'Engiadina* kritisiert, dass »auf dieser Seite, im Norden der Berge« es Mode sei, »auch über die italienischen Arbeiter herzuziehen, insbesondere ihres Geizes wegen und ihrer Bereitschaft, das Messer zu Hilfe zu nehmen«. Und weil die Churer im Norden eher kritisch nach Süden schauen, blickt der Engadiner im Süden eher kritisch nach Norden und meint: »Wenn wir anstelle der Italiener Deutsche hätten, um die Arbeiten auszuführen, [...] so bräuchte es nicht 10, sondern 100 Landjäger, um sie bei der Stange zu halten.« Das Gleichgewicht der Vorurteile war damit wieder hergestellt.

Bellaluna hat seinen Namen von »bal all' üna«, dem Tanz der Hexen nachts um eins. Bellaluna, der Hexenplatz. Ende 1963 verschanzte sich hier eine Sekte, betete und wartete auf den Weltuntergang. Legendär die »Bellaluna«-Wirtin Paula Roth. Sie erwarb die Liegenschaft 1962 und wurde durch ihre liebenswerte Schrulligkeit zu einer weit über die Region hinaus bekannten Gastgeberin. 1988 wurde Paula Roth wegen ein paar lumpiger Franken erschlagen. Das

Haus zerfiel, bis 2001 das einheimische Brüderpaar André und Bruno Brazerol die Liegenschaft kauften und renovierten. Seit 2003 steht auf dem Hexenplatz ein Haus, bei dem man gerne verweilt, wo man gut isst und auch übernachten kann und, wenns sich trifft, man den Wandertag gar bei einem Konzert ausklingen lassen kann.

Ruppig gehts nach Bellaluna den Berg hinauf zur Station Stuls/Stugl, Schwellenhöhe 1277 Meter über Meer. Auf dem Steinbrückchen über den Schienen machen wir einen Halt, wischen uns den Schweiß aus den Augen, greifen zu den Blättern im Rucksack und lesen. Die Station Stuls/Stugl, schreibt Leza Dosch, sei ein Ort, »wo sich ein bahnhistorisches Ensemble erhalten hat. Das Aufnahmegebäude folgt hier dem Typus eines erweiterten Wärterhauses; nordwestlich davon steht das eigentliche Wärterhaus. Zur Gruppe gehören des Weiteren eine Arbeiterbaracke mit Vorgarten, ein Waschhaus, ein Passagierabort und ein jüngerer Stationsbrunnen aus Kunststein. Mit der Baracke hat sich ein Zeuge der Temporärarchitektur aus der Pionierzeit erhalten, wie er in größerer Anzahl in Preda und in Spinas beidseits des Albulatunnels bestanden hatte.«

Das RhB-Chalet bei der Kreuzungsstation Stugl.

Wir überqueren den Platz und folgen der Markierung Richtung Bergün. Es ist ein einsames Wegstück der Bahn entlang. Und wie wir die Höhe erreicht und die Fahrstraße nach Stugl überquert haben, blicken wir nach wenigen weiteren Wanderminuten hinunter auf Bergün. Im Baedeker, lesen wir, wurde Bergün bereits bei der Eröffnung der Albulalinie 1903 als »gut besuchter Luftkurort« bezeichnet. Unübersehbar das Kurhaus am nördlichen Dorfrand. Eröffnet wurde es 1906, und es war ziemlich komfortabel für die damalige

Kaum lichtet sich auf dem Weg von Stugl nach Bergün der Wald, zeigt sich der Kurort mit seinem dominierenden Kurhaus.

Zeit. Es hätte dem »Luftkurort an der Rhätischen Bahn« Hotelgäste bringen sollen. Doch die Gäste fuhren direkt ins Engadin. Mit medizinischen Argumenten wurde das drohende Desaster zu verhindern versucht. Bergün wird, lesen wir, »als Zwischenstation und Übergang von und nach dem Engadin« angepriesen, denn »es ist heute eine unbestreitbare Tatsache, dass ein rascher Klima-, Luft- und hauptsächlich Höhenwechsel für eine beträchtliche Zahl der Kur- und Erholungsbedürftigen gesundheitlich nicht gleichgültig ist, ja dass ein solcher sogar die bedenklichsten Folgen nach sich ziehen kann«.

Die Argumente blieben ohne Wirkung. Von nun an gings bergab. 1949, nach einem Dachstockbrand, musste das Haus geschlossen werden. Ab 1952 schließlich wurde das Kurhaus durch den Schweizerischen Verein für Familienherbergen betrieben, doch die Renovationen, die im Lauf der Jahre nötig gewesen wären, unterblieben. Eine Wende trat 2002 ein. Eine neue Aktiengesellschaft, getragen auch

Der Rosensaal

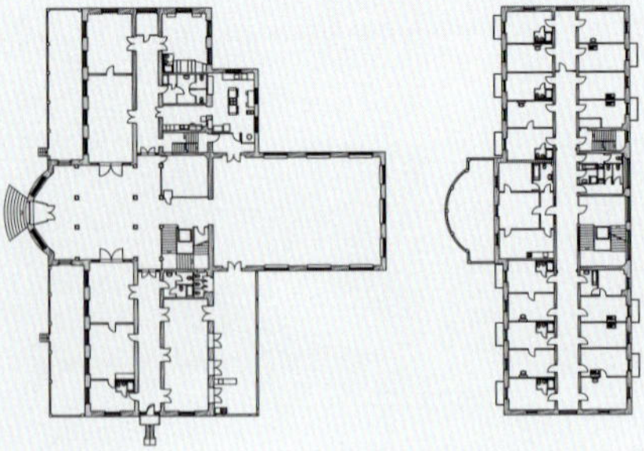

Hotel Kurhaus, Bergün, 1906

Renovation seit 2002

Bauherrschaft: Kurhaus AG

Architektur: Dalcher Studer Architekten, Sissach BL

Bauleitung: Heini Dalcher

Direktauftrag

Dass 1952 der Schweizerische Verein Familienherbergen das Kurhaus Bergün übernahm, hatte Vor- und Nachteile. Der Nachteil: Der Verein nutzte das Haus, reparierte aber nur wenig. Nach 50 Jahren bröckelten Fassadenteile und tropfte es durch Dach und Terrassen. Damit schien das Schicksal besiegelt. Der Vorteil: Weil die neuen Besitzer nur wenig reparierten, wurde auch nur wenig zerstört. Von dieser Art der unfreiwilligen Konservierung profitiert nun die neue Kurhaus AG. Sie übernahm 2002 die Liegenschaft. Seither wird sie unter der Leitung des Architekten Heini Dalcher Schritt um Schritt saniert. Das heißt: Das Bergüner Kurhaus wird, wo es machbar und sinnvoll ist, in seinen ursprünglichen Zustand zurückgeführt. Kenntnisreich und mithilfe der kantonalen Denkmalpflege.

Ein Prunkstück ist der 220 Quadratmeter große Speisesaal. Jahre diente er als Schlafsaal. Alles, was an den verspielten Jugendstil erinnerte, wurde übertüncht. Als man schließlich unter den neueren Schichten tatsächlich noch originale Malereien von 1906 entdeckte, legte man sie wieder frei. Rund 40 Prozent der ursprünglichen Ornamentierung kam dabei zum Vorschein. Der Rest wurde nachgemalt. Glücklicherweise hatten selbst das Wandtäfer und die Fensterflügel alle Umbauten und Umnutzungen überlebt. Wer heute den Saal betritt, staunt, mit welcher Opulenz das zeittypische Rosenmotiv in diesem Speisesaal eingesetzt worden ist, sieht die gemalten Rosenranken nicht nur an der Saaldecke, sondern auch an den Fenstern, entdeckt selbst die in die Holzpaneele geschnitzten Rosen ... Dieser Speise- wie Ballsaal ist ein der Art Nouveau verpflichtetes Gesamtkunstwerk, das allerdings einen Mangel hat: die Akustik. Halten sich wenige Menschen im Saal auf, hallt es, sind es viele, überschlagen sich die Stimmen. Doch Klänge vergehen – Bilder aber bleiben.

Das Haus Jenatsch in Bergün mit Fassadenmalerei aus dem Jahr 1554.

von Unterländern, die als Kinder zusammen mit ihren Eltern im Kurhaus in den Ferien waren, schaut seither zu den Dingen. Unter der Federführung des Architekten Heini Dalcher wird diese Jugendstilperle schrittweise wieder hergerichtet. Sorgfältig, kenntnisreich und liebevoll.

Ein Kontrapunkt zu Thusis

Bahnhof Bergün, Schwellenhöhe 1367 Meter über Meer. Wir blicken hinunter und wissen: In ein paar Jahren wird das Bahnareal anders aussehen. Die Gleis- und Perronanlagen werden umgebaut sein, und für das Aufnahmegebäude läuft ein Architekturwettbewerb. Die Chancen, dass Bergün architektonisch einen positiven Kontrapunkt zu Thusis liefern wird, stehen hoch.

Was tun mit einem nicht mehr benutzten Stall mitten im Dorf? Man kann ihn abreißen oder umbauen. Daniele Marques hat sich für einen Umbau der besonderen Art entschieden. Nichts wird kaschiert. Der alte Stall bleibt als Stall stehen, das Neue wird hineingestellt.

Einfamilienhaus Ragonesi, Bergün, 1994
Bauherrschaft: Marco Ragonesi, Luzern
Architektur: Daniele Marques, Luzern

Die Maiensäßsiedlung Naz unterhalb von Preda. Dahinter geht es ins Val Mulix.

Doch vielleicht kommt alles anders, weil auf dem Bahnhofareal auch noch ein leeres Zeughaus steht. Irgendeine Armeereform hat seine Funktion wegrationalisiert. Die RhB hat das Gebäude gekauft und an den »Verein Bahnmuseum« vermietet. Seit 2007 sollte dort ein Bahnmuseum stehen – die Architektengemeinschaft Hans-Jörg Ruch, St. Moritz und Kaschka Knapkiewicz und Axel Fickert, Zürich, hatten den Architektur-Wettbewerb gewonnen, Juri Steiner, der Direktor des Klee-Museums in Bern, jenen für die Szenografie. Doch es harzt. Bei der RhB liebäugelt man damit, auf dem Bahnhofareal ein Dienstleistungszentrum einzurichten: für die RhB, den Parc Ela, das Bahnmuseum, das

Schäfer & Risch hatten 1928 an diesem Ort bereits ein Schulhaus gebaut. In den 1990er-Jahren wurde der Wunsch nach einer Turn- und Mehrzweckhalle laut. Filigran steht der hölzerne Bau nun neben dem alten Bau – als eigenständige Ergänzung.

Turn- und Mehrzweckhalle, Bergün, 1999
Bauherrschaft:
Gemeinde Bergün
Architektur:
Martin Heim und Reto Zindel, Chur

Unesco-Label … Wenn das Dienstleistungszentrum kommt, brauchts den alten Bahnhof nicht mehr. Dann wird er gemäß RhB-Doktrin in den Originalzustand zurückgebaut, und Bergün hätte seinen ursprünglichen Prototyp des Zwischenstationsgebäudes wieder, mit »Güterraum links«.

Bevor wir zu den letzten zwei Stunden unsrer Albulabahn-Wanderung aufbrechen, peilen wir noch das Schulhaus in Bergün an, 1928 von Schäfer & Risch gebaut. Uns interessiert die filigrane Turn- und Mehrzweckhalle aus Holz, die Martin Heim und Reto Zindel neben diesen mächtigen Bau im Heimatstil gestellt haben. Dann gehts los. Hinauf nach Preda, 5 Kilometer Luftlinie, 400 Meter Höhendifferenz. Wir laufen zügig und gradlinig, über Treppchen und Pfade, während die RhB die gleiche Strecke auf einer verschlungenen Linienführung zurücklegt, die das Trassee auf 12 Kilometer verlängert. Wir bewegen uns auf dem »Bahnhistorischen Lehrpfad« und lassen detailliert Revue passieren, was uns auf unseren drei Wandertagen begleitet hat. Und wenn wir schließlich die Station Preda erreichen, Schwellenhöhe 1789 Meter über Meer, stehen wir auch vor dem Nordportal des 5865 Meter langen Albulatunnels und damit an jenem Ort, der noch Kopfzerbrechen bereiten wird. Der Albulatunnel, seit 1903 in Betrieb, hat weder eine Beleuchtung noch Handläufe noch einen Sicherheitsstollen noch Handyempfang. Sicher ist nur: Er muss saniert werden. Aber wie? Alles ist möglich. Als Vorprojekt lässt der Verwaltungsrat der RhB sogar den Bau eines neuen Tunnels ausarbeiten.

Die Eisenbahnbauarbeiter am Albulatunnel 1898–1903.

Nostalgie auf Rädern: im Salonspeisewagen der RhB.

Literatur

Die »Blätter aus dem Rucksack« enthalten Kopien aus:

Luzi [Leza] Dosch, *Die Bauten der Rhätischen Bahn. Geschichte einer Architektur von 1889 bis 1949*, Terra Grischuna Buchverlag, Chur 1984 (vergriffen).

Jürg Conzett, *Die Albulabahn*, hrsg. von der Gesellschaft für Schweizerische Kunstgeschichte, Bern 1980 (vergriffen).

Unesco Welterbe »Rhätische Bahn in der Landschaft Albula/Bernina«, *Bündner Monatsblatt*, 4/2008.

Guadench Dazzi, »›Die braunen Söhne des Südens‹. Die Eisenbahnbauarbeiter am Albultaltunnel 1898–1903«. Seminararbeit Historisches Seminar Universität Zürich, WS 1994/95.

»Kurhaus Bergün«, *Hauszeitung*, Nr. 3, Winter 2004/05.

Domleschg/Heinzenberg

Gebaute Öffentlichkeit

Thusis–Paspels–Rothenbrunnen und Obertschappina–Flerden–Cazis

Der Kanton Graubünden ist ein vorbildlicher Bauherr. Im Domleschg zwischen Thusis und Rothenbrunnen gibt es dafür zahlreiche Belege – Schulhäuser, Kliniken, Heime. Dazu eine berggeformte Raststätte, eine Urhütte als Kapelle und eine Kleingemeinde, die mit Erfolg auf eine Bauzone setzt, in der nachhaltig und zukunftsverträglich gebaut werden soll.

Von Jano Felice Pajarola

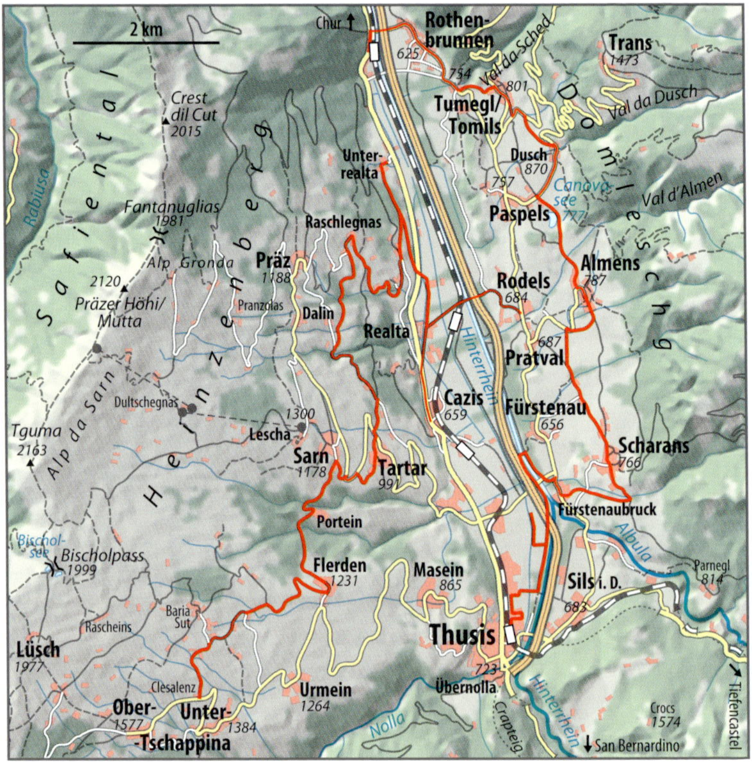

Thusis–Scharans–Paspels–Rothenbrunnen Station	3 h 45
↗ 274 m ↘ 348 m	
Obertschappina–Flerden–Raschlegnas–Cazis	5 h 15
↗ 159 m ↘ 990 m	

Charakter

Am ersten Tag (Domleschg) einfache Talwanderung, größtenteils auf Fahrsträßchen oder gut unterhaltenen Wanderwegen, meist gut markiert. Am zweiten Tag (Heinzenberg) mehr Ausdauer und gutes Schuhwerk erforderlich, zu Beginn Bergwanderweg, markierte Fahrsträßchen oder Wanderwege, im letzten Drittel teils auch nicht beschilderte Pfade.

Beste Jahreszeit
April bis Juni, September und Oktober

Verkehrsmittel
Zwischen Thusis und Rhäzüns verkehren tagsüber zwischen 7 und 20 Uhr stündlich Postautokurse in beiden Richtungen, eine Route führt via Unterrealta–Cazis, eine via Domleschg. Im Talboden sind außerdem Rothenbrunnen, Rodels-Realta, Cazis und Thusis an die Linie der Rhätischen Bahn angeschlossen, Regionalzüge ebenfalls zwischen 7 und 20 Uhr stündlich in beiden Richtungen. Via Flerden nach Obertschappina und retour fährt das Postauto ab Thusis zweimal am Vormittag sowie mehrmals am Nachmittag und am Abend.

Varianten
Am 1. Tag können verschiedene Teilstrecken mit dem Postauto zurückgelegt werden, Paspels–Tomils oder Tomils–Rothenbrunnen (Zeitgewinn jeweils etwa eine halbe Stunde).
Am 2. Tag kann man das Postauto nach Obertschappina–Clesalenz bereits in Flerden verlassen und dort in die Route einsteigen; Zeitgewinn rund 45 Minuten. Außerdem kann man in Oberrealta die Wanderung unterbrechen und stattdessen in Unterrealta das Postauto bis zur Klinik Beverin nehmen (Einsparung etwa 50 Minuten).

Übernachten und essen
Gyger Bed & Breakfast, Thusis, 081 651 11 23, www.gyger-thusis.ch
Trattoria Bernina, Thusis, 081 630 09 44
Hotel Weiss Kreuz, Thusis, 081 650 08 50, www.weisskreuz.ch
Viamala Hotel, Thusis, 081 650 08 08, www.viamalahotel.ch
Viamala Raststätte, Thusis, 081 632 10 20, www.viamala-raststaette.ch, tägl. geöffnet
Waldheim, Fürstenaubruck, 081 651 13 78, www.gasthauswaldheim.ch, Mi Ruhetag
Scalottas, Scharans, 081 632 18 18, www.scalottas.ch, tägl. geöffnet
Landhus, Almens, 081 655 13 61, www.landhus-almens.ch, Mo und Di Ruhetag
Central, Rothenbrunnen, 081 655 11 08, Mi Ruhetag
Gemsli, Flerden, 081 651 16 14, Mo bis Mi Ruhetag
Alpina, Tartar, 081 651 11 58, Do Ruhetag
La Plazza, Klinik Beverin, 081 632 21 11, www.minigolf-beverin.ch, tägl. geöffnet

Einkaufen
Diverse Einkaufsmöglichkeiten in Thusis. In Scharans gibt es beim Gemeindehaus einen Laden, in Paspels an der Hauptstraße, in Tomils beim Dorfeingang.

Museen, Besichtigungen
Ökobauzone Genna Sut, Flerden, mit ÖkoEnergieWeg
Kapelle S. Maria Magdalena, Dusch (Schlüssel im Restaurant Triangel in Paspels)
Steinkirche, Cazis

Information
Gästeinformation Thusis-Heinzenberg-Domleschg-Feldis-Mutten, Bahnhof Thusis, Tel. 081 651 11 34, www.viamala.ch

Karten
Wanderkarte 1:50 000, Blatt 257T (Safiental), Landeskarte 1:25 000, Blatt 1215 (Thusis)

Die Fassadenkonstruktion am Schulhaus Thusis.

Bahnhof Thusis, vormittags um halb zehn. Höchste Zeit, uns auf den Weg zu machen, mit dem Wissen im Hinterkopf, dass es auch schon im Frühling an einem so sonnigen Tag heiß werden kann, mittags mitten im Domleschg, wo wir hin wollen. Wie es Robert Indermaurs Figur vor der Treppe zur Unterführung vormacht, ziehen wir los und kommen auch voran, anders als der metallene Mann mit Rucksack; gehen hinab zur Compognastraße, biegen auf der anderen Straßenseite ein in den Sportplatzweg – und haben bereits das erste Objekt unserer Tour vor uns: ein Oberstufenschulhaus, realisiert von 1999 bis 2001, nach 30 Jahren Neubau-Diskussionen, nach Abstrichen im Raumprogramm, »zugeschnitten auf eine Gemeinde, die sich trotz angespannter Finanzlage noch Wachstumsoptionen offen halten will«, wie es die Architekten Dieter Jüngling und Andreas Hagmann formulieren.

Die Gemeinde Thusis musste aus Kostengründen ihre Wünsche zurückstecken. Das Beruhigende: An diesem neuen Schulhaus kann problemlos weitergebaut werden. Die Lärchentäferung täuscht. Dieses Haus ist aus Stein. Ein wesentliches Detail sind die kleinen Kupferlaschen, mit denen die Bretter an der Fassade befestigt sind. Denn hier steht ein Schulhaus und kein Schopf.

Oberstufenschulhaus Compogna, Thusis, 2001
Bauherrschaft: Gemeinde Thusis
Architektur: Jüngling und Hagmann, Chur

Für uns ist es von außen nur erahnbar: Das realisierte Raumprogramm ist das Minimum des Wünschbaren, dafür ist der lärchenholzverkleidete Massivbau mit seinen markanten Kupferoberlichtern auf zwei Seiten erweiterungsfähig. Dank ihrer längs gespannten Tragstruktur kann die Turnhalle auf der Nordseite zur Doppelsporthalle vergrößert werden, auf der Südseite lässt sich der Schultrakt ausbauen. Architektonische Vorsorge für spätere Eventualitäten. Wir betrachten noch kurz aus der Nähe die Lärchenlatten aus dem Thusner Wald, an der Fassade gehalten von kupfernen Laschen, dann gehen wir zurück auf die Compognastraße, biegen bald in den Silserweg ein, streifen das alte Industriegelände von Thusis, Karbid wurde hier unter anderem einst hergestellt, zweigen nach dem Fabrikgelände zuerst links ab, dann rechts, finden einen markierten Weg hinab zu den Sportstätten der Zentrumsgemeinde, wandern weiter bis zur Hängebrücke über den Hinterrhein. Diese überqueren wir nicht, sondern zweigen

Vorne die Raststätte, hinten die Berge. Man sieht augenblicklich, was die Architekten mit diesem »Fenster zur Region« wollten: In der gestaffelten Dachform spiegeln sich die Silhouetten der Berge. Die Thusner Alpenfaltung ist ein Wunderstück zeitgenössischen Bauens mit Holz, denn unter dem Blech spannt eine Holzkonstruktion das Dach auf.

Viamala Raststätte, A 13, Ausfahrt Thusis Nord, 2008
Bauherrschaft: Viamala Raststätte AG
Architektur: Ivano Iseppi und Stefan Kurath, Thusis
Holzingenieur: Walter Bieler, Bonaduz

Schlossburgenspiel

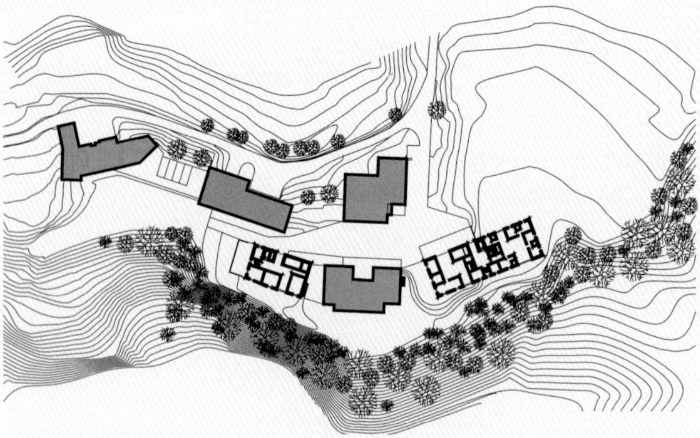

Wohnheime Stiftung Scalottas, Scharans, 2005/06

Bauherrschaft: Stiftung Scalottas, Scharans

Architektur: Corinna Menn, Chur

Ingenieure: Arge Sonderegger-Prevost, Scharans; Bänziger Partner, Chur

Wettbewerb

Zwischen 2006 und 2008 sind im Domleschg gleich in drei Heiminstitutionen Neubauten bezogen worden. Am südlichen Dorfrand von Scharans, auf einer Wiesenterrasse, hat Architektin Corinna Menn das Areal der Stiftung Scalottas um zwei Gebäude erweitert, je ein Wohnheim für schwerstbehinderte Kinder und für Erwachsene.

In ihrer Positionierung auf der Geländekante spielen die beiden Häuser an auf die zahlreichen Burgen und Schlösser im Domleschg, die sich an ähnlichen topografischen Lagen finden. An den Fassaden zeigt Menn einerseits anhand der verschieden großen Fensteröffnungen die Struktur des Innern, ist aber andererseits auch darum besorgt, das Äußere der Bauten nicht zu unruhig werden zu lassen: Unterschiedlich breite Einrahmungen bringen das Gesicht der Häuser ins Gleichmaß.

Innen in den Wohngruppen sind um einen zentralen Raum mit Küche, Aufenthalts- und Essbereich die Zimmer der Bewohner ringartig angeordnet, was den Pflegenden Überblick gewährleistet. Schiebetüren erlauben ein regulierbares Maß an Privatsphäre, ohne den Bezug zur Gemeinschaft zu verlieren. Im Innenausbau hat man Wert darauf gelegt, mit den gewählten Materialien und Farben den Behinderten die Orientierung zu erleichtern.

unmittelbar vor der Brücke beim Reitverbotsschild in den schattigen Dammweg am Fluss ab, nähern uns damit aber auch dem Transitlärm der A13, die dem Tal viel Unangenehmes bringt und viel Nützliches, Möglichkeiten des Profits beispielsweise, wie unser nächster Halt zeigen wird. Blicken wir beim Schießstand Rheinau nach Norden, sehen wir zuerst: das – noch – freie Feld, vielleicht schon bald überbaut mit einer immensen Stromkonverterstation für den Energieaustausch mit Italien. Und dahinter: das »Fenster zur Region«, die Viamala Raststätte Thusis.

Sie ist Landschaftsinszenierung, mit ihren den Bergsilhouetten abgeschauten Dachformen. Und Transitzweckbau, in ihrem kalten Industriekleid. Wer Rast, Ruhe und Nahrung sucht, wird im Inneren fündig, wo unter einem Holzhimmel mit Lampenkugeln und vor weiten Wandöffnungen, die den Blick in die Gegend freigeben, diese Bedürfnisse gestillt werden. Das ist der eine Grund für die Architekten Ivano Iseppi und Stefan Kurath, ihren Bau »Fenster zur Region« zu nennen; der andere ist der Laden mit regionalen

Hier wird gedichtet und komponiert: Es ist das Atelier des »Liederers« Linard Bardill. Die Wände des Hauses sind aus rotem Sichtbeton. Ein auffallendes Element ist die Ornamentierung. Das Rosensymbol, von einem Scharanser Handwerker in die Schalungsbretter geschnitzt, kommt tausendzweihundertmal vor.

Atelier Bardill, Scharans, 2007
Bauherrschaft: Linard Bardill
Architektur: Valerio Olgiati, Flims

Produkten, der das übliche Raststätten-Einkaufseinerlei ergänzt. Wir posten uns ein heimisches Stück Bergkäse, verlassen den Transitpausenplatz, steigen wieder ein in unsere Route beim Schießstand Rheinau, wandern erneut dem Hinterrhein und der A 13 entlang bis zur hölzernen Militärbrücke. Während wir sie überqueren, schauen wir nach links, nach rechts und damit nach vorn auf ein Thema unserer Tour am folgenden Tag: die Rheinkorrektion.

Schnurgerade strömt der Fluss hier gen Norden, Mitte des 19. Jahrhunderts ins Korsett gezwängt von Ingenieur Richard La Nicca, seines Zeichens erster Oberingenieur des Kantons Graubünden. Davon später mehr. Wir tauchen jetzt ein in den Wald vor Fürstenaubruck; mitten im Dorf, bei einem Lastwagenverbotsschild, wählen wir das Sträßchen hinauf zum Alters- und Pflegeheim, und noch bevor wir es erreichen, biegen wir links beim obersten Haus ab in einen etwas versteckten Pfad, flankiert von Hecken und Mäuerchen. Von jetzt an gehts aufwärts nach Scharans, zuerst auf dem steinigen Pfad, dann auf der Asphaltstraße in Richtung

Erinnerung ans Bauernhaus

Schulhaus Chiantun, Scharans, 2005–2007

Bauherrschaft: Stiftung Gott hilft, Zizers
Architektur: Hubert Bischoff, Wolfhalden
Ingenieure: Pöyry Infra AG, Chur (vormals Rätia Ingenieure AG, Chur), Christoph Widmer, Christian Wyss
Wettbewerb

Die kleine Siedlung des Schulheims »Gott hilft« nordwestlich des Scharanser Dorfkerns hat Architekt Hubert Bischoff mit seinem Team saniert und umgebaut, aber auch um das neue Schulhaus Chiantun erweitert. Das optimale Einfügen des Volumens in die bestehende Gesamtanlage verhindert gegenseitig verbaute Fassaden und räumt Platz ein für einen südgerichteten geschützten Pausenhof, der noch zusätzlich gewinnt durch die eindrückliche Aussicht auf den Piz Beverin und den Heinzenberg, den der Ort bietet.
Auch in Scharans exerziert Bischoff vor, was er ähnlich im Zentrum Giuvaulta in Rothenbrunnen umgesetzt hat: ein existierendes Bauten-Ensemble mit scheinbar leichter Hand so zu ergänzen, dass auf wirtschaftliche Weise der von der Bauherrschaft angestrebte betriebliche und architektonische Mehrwert entsteht.

Seine Qualitäten spielt das Schulhaus Chiantun nicht nur im Äußeren aus, sondern auch innen, wo es zumindest in einem Punkt an Valerio Olgiatis Oberstufenschulhaus in Paspels erinnert: Bewusst kalten Eingangs- und Korridorbereichen in rohem Beton stehen warme, vollständig mit einheimischem Lärchenholz getäferte und sehr atmosphärische Schulräume gegenüber, eine Reminiszenz an die Typologie alter Bündner Bauernhäuser mit ihren kühlen Gängen und heimeligen Stuben.

Schülerinnen und Schüler des Schulheims »Gott hilft«.

Parnegl. Erst ein Holzbrücklein linkerhand erlöst uns vom Aufstieg, leitet uns hinüber zu den Bauten der Stiftung Scalottas.

Gebaut wie ein kleines Dorf

Was uns zuerst auffällt, ist ein Neubau gleich an der Hangkante. Die Lärchenholzfenster, von dunklem Beton und hellem Putz umrandet, sorgen für optische Harmonie in der Fassade; sanft ansteigend und abfallend wie der Heinzenberg ist das Dach geformt. Ein Wohnheim für schwerstbehinderte Erwachsene, entworfen von der Churer Architektin Corinna Menn, bezogen im Frühling 2006. Um ein zweites, analog gestaltetes kleineres Gebäude hat sie das kleine Scalottas-Dorf noch erweitert, um ein Kinderwohnheim, ebenfalls an der Hangkante platziert. Und in der oberen Geländekammer, unterhalb der Straße zum Dorf, haben Marcus Gross und Werner Rüegg aus Trin mit Geschick eines der bestehenden Gebäude saniert und um ein Restaurant, eine Großküche und einen Mehrzwecksaal erweitert. Das hellblaue Haus markiert die Nordgrenze des Heimareals. Wir lassen es hinter uns, tauchen ein in die Gassen von Scharans, historische Bausubstanz umgibt uns bald ringsum – oder fast ringsum: In seinem verwaschenen Rot leuchtet uns sanft Valerio Olgiatis Atelierhaus für den »Liederer« und Geschichtenerzähler Linard Bardill entgegen, rosettenverziert der Beton, himmeloffen der Innenhof. Später, in Paspels, werden wir einem von Olgiatis Hauptwerken begegnen, ein Jahrzehnt älter als das Musenhaus für den Musiker.

Wir schlendern durchs Dorf, vorbei an der Kirche, in der einst der umstrittene Pfarrer und Politiker Jürg Jenatsch (1596–1639) predigte, immer geradeaus weiter, lassen schließlich, nach dem Wegweiser in Richtung Fürstenau-Pratval, auch das Familienhäuschenquartier hinter uns, halten am Ausgang von Scharans abwärts. Das Auge schweift über den Heinzenberg, der sich hier offen unserem Blick darbietet, und erreicht schließlich einen markanten Neubau am unteren Ende der kleinen Heimsiedlung »Gott hilft«: das Schulhaus Chiantun des Wolfhaldener Architekten Hubert Bischoff.

Ein Zuhause in familiären Strukturen »für Kinder und Jugendliche mit besonderen Bedürfnissen im Sozial- und im Schulbereich« biete die Institution, haben wir auf deren Website gelesen. Was das bedeutet, erklärt Heimleiter Christophe Sambalé so: »Sie haben in der Regelschule alle eine schwierige Zeit hinter sich und benötigen für ein optimales Lernen einen kleinen, überschaubaren und professionellen Rahmen.« Dank einem umfassenden Sanierungs- und Neubauprojekt können die 6- bis 17-Jährigen und ihre Betreuenden nun seit dem Sommer 2008 in neu konzipierten Wohngruppen leben; in einem modernen Schulhaus lernen, »ein Bau wie ein herabgestürzter und grob bearbeiteter Felsblock«, schildert Sambalé die Idee des Architekten; sich erholen auf dem zwischen den Gebäuden aufgespannten sonnigen Pausenhof. Man fühlt sich wohl hier.

Idylle an der Domleschgerstraße zwischen Pratval und Fürstenau, während im Talgrund der Verkehr über die A 13 braust.

Der Fels von Paspels

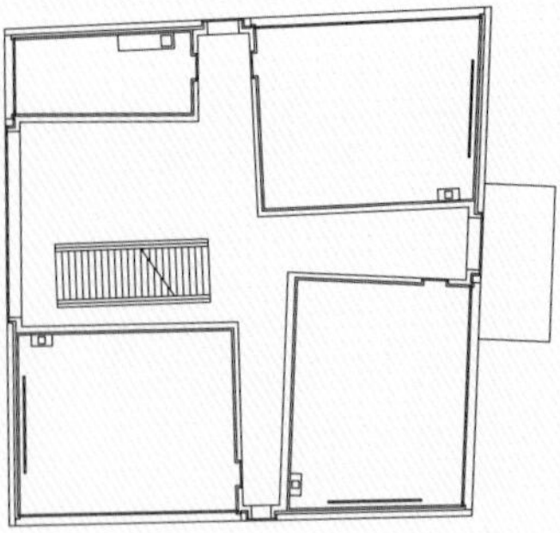

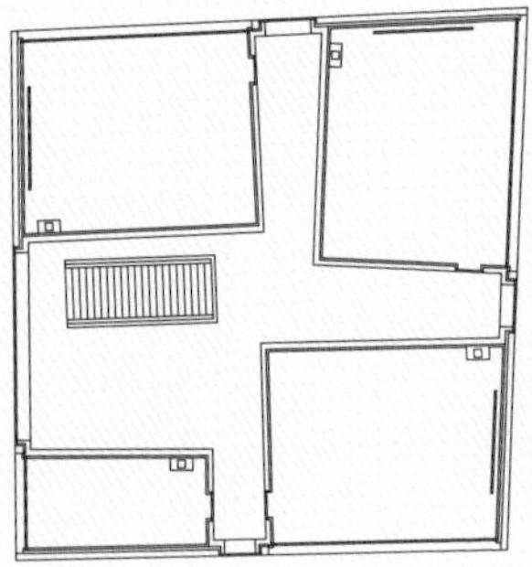

Oberstufenschulhaus Paspels, 1997/98

Bauherrschaft: Politische Gemeinde Paspels

Architektur: Valerio Olgiati, Flims

Ingenieur: Gebhard Decasper, Chur

Wettbewerb

Vieles ist schon geschrieben worden über Valerio Olgiatis Paspelser Oberstufenschulhaus. Ein »stolzer Solitär« sei er, der »Fels von Paspels«, erratisch, von majestätischer Würde und Schlichtheit in seiner »kristallinen Form«, umwittert vom Hauch des Geheimnisvollen trotz seiner klaren Zweckbestimmung, wie die Burgruinen im Tal. »Frech« sei er, ein in Beton gegossener Monolith, zu einem Ganzen zusammengefügt mit der Bronze der Fenster und dem Lärchenholz des Schulstubentäfers.

Wer den Bau vor sich sieht, empfindet auch heute noch ähnlich wie die Medien und die Architekturkritik vor zehn Jahren. Noch immer löst er etwas von jener Ehrfurcht aus, die den Besucher oft auch in alten Bündnerhäusern überkommt. Nicht nur wegen der bekannten Analogie der Materialisierung, der steinernen Gänge, die Olgiati in Beton fasst, der warmen Täferstuben, deren Charakter er in den Schulzimmern wiedererweckt. Es ist auch das Aus-dem-Winkel-Sein, das man in historischen Wohnbauten ebenso findet wie im Paspelser Schulhaus; das Entdecken überraschender Sichten, die Lichtwechsel im Lauf des Tages. Eine unregelmäßige Geometrie ist die Auslöserin all der räumlichen Spannung in Paspels. Größer als fünf Grad sind sie nie, die Abweichungen der Gebäudeecken vom rechten Winkel, doch das genügt. Alle Räume haben ihre leicht spitz- oder stumpfwinkligen Ecken.

Zwischen den Räumen spannt sich auf beiden Etagen ein kreuzförmiger Flur auf, an dessen vier Enden je ein Fenster sitzt, Ursache der wechselnden Lichtstimmungen im Gang. Eine Inszenierung: der Architektur, wenn der Blick im Innern bleibt, der Landschaft, wenn er nach draußen schweift.

»Im ›Gott hilft‹ ist man nicht nur Heimkind, für viele ist es auch eine Heimat geworden«, stellt Sambalé fest. »Aber ich will trotzdem von keinem Kind hören, ihm gefalle es bei uns besser als zu Hause.« Denn das, findet der Heimleiter, könne und dürfe nicht das Ziel der Institution sein. Seine Sätze beschäftigen uns noch eine Weile auf unserem Weg durchs Domleschg, diese Gegend, die wie kaum eine andere in Graubünden verschiedensten Menschen aus verschiedensten Gründen Heimat in Heimen bietet.

Wir machen uns erneut auf den Marsch, wählen oberhalb des Schulhauses Chiantun das Sträßchen nach Rietberg, biegen schließlich noch vor der Hauptstraße, den Veia-da-Pumera-Schildern folgend, ein in den Asphaltweg hinauf nach Almens, durchqueren das malerische Dorf. Bei der reformierten Kirche, der zweiten, an der wir hier vorbeikommen, wählen wir den Weg zum Canovasee. Es ist schon nach zwölf am Mittag, Zeit für eine Rast, vielleicht auch für eine Runde im kühlen Nass.

Machen wir uns den Kopf frei für die nächste architektonische Begegnung. Sieht aus wie eine Seilbahnstation, dieser Betonklotz, schimpften einige. Die meisten finden: ein stolzer Solitär, ein Meilenstein der Bündner Architektur. Oder, fast enthusiastisch: ein im Domleschg niedergegangener Meteorit, glühend vor galaktischer Energie.

Nichts ist im Winkel

Valerio Olgiatis Oberstufenschulhaus in Paspels, das schon wenige Wegbiegungen nach dem Canovasee vor uns steht, »eine Trilogie aus Beton, Holz und Bronze«, wie ein einheimischer Lehrer kurz vor dem Einzug in das 1998 fertiggestellte Gebäude konstatierte. Fast nichts ist in den Grundrissen wirklich im Winkel, auch wenn es auf den ersten Blick so scheinen mag; fast alles ist verzogen, von raffinierter Planerhand, was von Stockwerk zu Stockwerk, von Schulzimmer zu Schulzimmer neue Raumerlebnisse ermöglicht. Wir wandern gleich vor dem Bau rechts hinauf nach Dusch, wenden dem Meteoriten den Rücken zu, doch seine

Energie lenkt unser Auge immer wieder zurück; wir sehen seine scharf geschnittenen Konturen über den Halmen eines Getreidefelds, dann verschwinden sie hinter Trockenmäuerchen, Hecken, Blumen. Das Bild aber bleibt.

Im Weiler Dusch trifft die kupferbekleidete Modernität eines Stallumbaus des Architekturbüros Gujan und Pally aus Curaglia/Igis auf historische Bauten wie das Haus Buol – notabene einst von Valerio Olgiatis Vater Rudolf restauriert. Wir spazieren durch die Hofsiedlung inklusive Stalldurchgang, bis uns ein schmaler, nicht markierter Wiesenpfad nach links in Richtung Tomils führt. Nach einigen Minuten erreichen wir die Hauptstraße, ihr folgen wir bis zum markanten Neubau der Tgea Nuè von Erwin Pelican und Niklaus Lohri, 2008 fertiggestellt, ein Betagtenwohnhaus mit der baulich integrierten Option, später bei Bedarf zum Pflegeheim erweitert zu werden. Wir durchqueren Tomils, wählen beim Schulhaus das Sträßchen in Richtung Rothenbrunnen Station. Der Blick auf Schloss Ortenstein

Seit 1923 ist das Kurhaus Rothenbrunnen kein Kurhaus mehr. Es verlotterte, bis es 1989 einen engagierten Bauherrn fand, der Wohnungen einbaute, die weiße und die rote Quelle sprudeln ließ, einen Garten anlegte – kurz: Schritt um Schritt aus Geschichte eine Zukunft machte. Beispielhaft für seine Sorgfalt ist die Abstellhalle für die Autos – ein filigraner Holzbau mit großer Terrasse.

Abstellhalle Kurhaus, Rothenbrunnen, 1996
Bauherrschaft:
Andreas Marugg
Architekt:
Peter Calonder, Fürstenau

Weiter gebaut

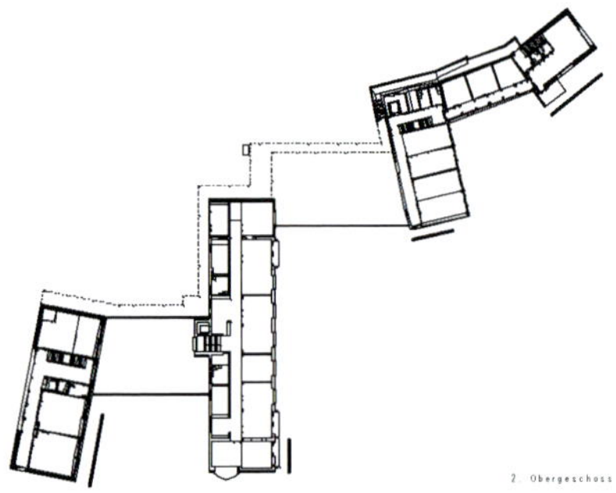

Zentrum Giuvaulta, Rothenbrunnen, 2005–2008

Bauherrschaft: Stiftung Zentrum für Sonderpädagogik, Rothenbrunnen

Architektur: Hubert Bischoff, Wolfhalden

Ingenieure: Pöyry Infra AG, Chur (vormals Rätia Ingenieure AG, Chur), Christoph Widmer, Christian Wyss

Wettbewerb

Mit den Neubauten des Zentrums für Sonderpädagogik Giuvaulta in Rothenbrunnen hat Bischoff, als Sieger aus einem Projektwettbewerb mit 45 Mitbewerbern hervorgegangen, das Schul-, Therapie- und Beschäftigungsareal des Heims für geistig oder mehrfach Behinderte zu einer Anlage mit fächerartigem Grundriss erweitert.

Drei Hauptkörper – das neue Beschäftigungshaus, die sanierte Schule und das ebenfalls erneuerte Therapiegebäude – werden aneinandergekuppelt mit quer gestellten Verbindungstrakten; in den dabei entstehenden Zwischenräumen

öffnen sich zwei großzügige, windgeschützte und gut besonnte Pausenplätze. Ein dritter Verbindungstrakt verknüpft die Therapie mit dem ebenfalls neu erstellten Kindergarten, dem südlichen Abschluss des »Fächers«.
Rund 60 Kinder und 20 erwachsene Betreute können auf dem Areal geschult werden oder in Ateliers tätig sein; ein Tagesinternat vervollständigt das Angebot. Bischoff ist es gelungen, die qualitätsvollen bestehenden Gebäude aus den Jahren 1933 und 1948 in einer klaren, präzisen architektonischen Sprache geschickt weiterzubauen und an die heutigen Bedürfnisse anzupassen, was mit Gesamtkosten von 11,5 Millionen Franken deutlich günstiger zu stehen kam als eine komplett neue Anlage – auch das ein entscheidender Faktor im heutigen öffentlichen Bauen für das Sozialwesen.

begleitet uns ein gutes Stück. Nach kurzem Marsch auf der Hauptstraße biegen wir rechts ab ins Dorf Rothenbrunnen, wo mir mitten drin auf die von 2005 bis 2007 realisierten Neubauten des Zentrums für Sonderpädagogik Giuvaulta stoßen, Hubert Bischoffs zweiter Streich im Domleschg.

Rot leuchtet in der Mitte das von Bischoff sanierte Schulgebäude. 1933 als Jugendheilbad zur Tuberkuloseprävention errichtet von den Churer Architekten Martin Risch und Otto Schäfer, wurde es 1948 von Georg Brunold aus Arosa erweitert. An den Flanken des Areals setzen Bischoffs neues Beschäftigungshaus im Norden und der Kindergarten im Süden kräftige Kontrapunkte in Beton – das größere der beiden Gebäude einem ablegenden Kreuzfahrtschiff gleich, das den Passagieren mit seinen langen Fensterfronten beste Sicht auf die Landschaft bietet. Wir staunen noch und müssen doch weiter, wollen wir in Rothenbrunnen Station den nächsten Regionalzug nach Thusis erwischen.

Ein letztes Mal noch zwinkern uns die fröhlichen Holzskulpturen zu, die der Malanser Künstler Peter Leisinger

Das »genügsame Haus« in der Ökobauzone in Flerden ist ein Pilotprojekt. Gebaut ist es aus Holz, Strohballen, Lehm und Kalk. Energetisch ist das Haus fast autark. Was man nicht sieht: Im hinteren Teil gibt es einen kleinen wissenschaftlichen Pavillon zur Begleitung des Projekts.

Das »genügsame Haus«, Flerden, 2008
Bauherrschaft: Familie Meier Pannek
Architektur: Institut für Bau und Gestaltung an der Hochschule für Technik und Wirtschaft in Chur

Blick über einen Teil des Heinzenbergs. Im Hintergrund der Eingang ins Schams.

mit Giuvaulta-Schülern als Kunst am Bau geschaffen hat, dann eilen wir zum Bahnhof, vorbei am Haus Tscharner mit seinen Hans-Ardüser-Malereien, vorbei am Kurhaus mit seiner preisgekrönten Auto-Einstellhalle aus Holz. Und wieder überqueren wir den Hinterrhein, den korrigierten. Er wird uns am zweiten Wandertag nochmals beschäftigen.

Die Zone der Sonnenanbeter

Mit einer Postautofahrt hinauf an den Heinzenberg bis zur Haltestelle Clesalenz zwischen Unter- und Obertschappina beginnt unser zweiter Wandertag. Und bergauf gehts zuerst auch zu Fuß in Richtung Oberurmein, über blühende Bergwiesen, ein Bächlein, Viehweiden. Erst beim neuen Ferienresort Aclas Heinzenberg, den 21 gleichförmigen Maiensäßhäusern, holt uns die Tourismusbauerei ein. Wir lassen sie rechts und links liegen, halten auf dem Sträßchen abwärts auf Flerden zu, biegen ab in einen Feldweg, und bald, auf einer Kuppe oberhalb des Dorfs, schweift unser Blick nordwärts über den Außerheinzenberg: Die Häusergruppen von Portein, Sarn, Tartar setzen sich in Szene, nur Präz entzieht sich hinter den sanft geschwungenen Hängen unserem

Auge, und vielleicht, denken wir, lässt Conrad Ferdinand Meyer in seinem *Jürg Jenatsch* den Herzog von Rohan nicht umsonst sagen, dieser Berg sei der schönste der Welt. Uns zu Füßen liegt der Talboden, durchzogen von geometrischen Linien: der korrigierte Rhein, die A 13 in ihren langen Geraden, weite Felder und Äcker in ihren Rechtecken. Jenseits des Flusses: das sonnen- und föhnverwöhnte Domleschg mit seinen Burgen und Schlössern, hoch oben die Bergdörfer Feldis, Scheid, Trans, darüber der Fulenberg, das Stätzer Horn, der Piz Danis, der Scalottas, für uns gut zu erkennen an seinem markanten Berghaus. Und ist es ein freundlicher Tag, genießen wir vielleicht für einen Moment in Ruhe diese Aussicht und die Sonnenstrahlen.

Die Gemeinde Sarn. Im Vordergrund die Turnhalle von Fontana & Partner, und hinten erhebt sich der Calanda.

Hinter uns, am Südosthang, erstreckt sich die Flerdner Ökobauzone über das Gebiet Genna Sut, ein Energiespar-Wohngebiet für ökologische Neubauten. Solarzellen und Kollektoren recken sich gen Himmel, Sonnenanbeter der anderen Art. Die Häuser hier erfüllen mindestens den Minergie-Standard, eine Vorgabe der Gemeinde. Im Gegenzug gibts günstiges Bauland für »innovative neue Einwohner«. Eine Strategie namens »ÖkoEnergie Vision«, die aufgeht: Die Bevölkerungszahl hat innert dreier Jahre von 170 auf 204 zugenommen, und die steigende Tendenz hält an. Wer mehr darüber erfahren will, kann sich hier gleich auf den »ÖkoEnergieWeg« machen – eine lohnende Zusatzrunde von Infotafel zu Infotafel.

Am Rand der Ökobauzone gibt es übrigens ein ganz besonderes Gebäude zu sehen: das »genügsame Haus«, ein Pilotprojekt des Instituts für Bau und Gestaltung an der Hochschule für Technik und Wirtschaft in Chur. Ein autarkes Wohnhaus hätte es zuerst werden sollen, ein Ziel, das man während der Umsetzung aber aufgab. Unabhängige Inselanlagen in einem erschlossenen Gebiet seien weder ökologisch noch ökonomisch begründbar, stellte man fest. So ist es nun also eben »genügsam« geworden und arm an aufgewendeter grauer Energie, das terrassenförmige Zuhause einer fünfköpfigen Familie, erstellt aus Holz, Strohballen, Lehm und Kalk, im rückwärtigen Teil ergänzt um einen Forschungspavillon für die wissenschaftliche Begleitung des Projekts. Keine konventionelle Heizung, minimal konzipierte Solaranlagen und Speicher, möglichst kein zusätzlicher Strom aus dem Netz. Ein Modell für die Zukunft?

Die Turnhalle von Sarn mit dem alten Schulhaus, das vorne rechts noch ins Bild schaut.

Wir begeben uns wieder auf unsere Route, halten uns im Dorf unten an den Wegweiser in Richtung Portein, das wir nach 30 Minuten erreichen. Weiter gehts nach Sarn, kühler wirds im Wald, eine letzte Biegung noch, dann kommen sie ins Blickfeld: das renovierte alte Schulhaus mit seinem neckischen Türmchen und die Turnhalle, 2007 mit einem Holzbaupreis Graubünden ausgezeichnet. Das Domat/Emser Büro Rudolf Fontana & Partner hat das relativ große Volumen des neuen Gebäudes örtlich wie auch in der Materialwahl – Lärchenholz-Verschalung statt Mauerwerk – bewusst abgesetzt vom Schulhaus aus den 1930er-Jahren. Dessen Unversehrtheit blieb gewahrt, indem man drei der benötigten neuen Klassenzimmer in ein Geschoss über der Turnhalle auslagerte – auf eine bauliche Erweiterung des alten Schulhauses konnte man so verzichten.

Ein Dorfrundgang in Sarn lohnt sich, vor allem hinauf zum oberen Dorfplatz mit seinen Bauern- und Bürgerhäusern. Unser Weg führt allerdings direkt beim Schulhaus abwärts nach Tartar. Dort angekommen, folgen wir beim Kirchlein und wenig später auf der Hauptstraße dem Wegweiser in Richtung Feuerstelle. Sie ist ein idealer Platz für die Mittagsrast, bevor wir weiter über den Heinzenberg bis nach Oberrealta wandern.

Zeichen über alten Grundmauern

Der Einstieg – ab hier ist die Route vorläufig nicht markiert – liegt etwas versteckt hinter der Dorfvereinshütte bei der Feuerstelle. Nach wenigen Schritten stoßen wir auf die alte Präzerstraße, der wir nun aufwärts folgen durchs Cruttiser- und bis kurz vors Tigniezertobel. Dort biegen wir nach rechts ab in einen Weg, der uns an einem Wingert vorbeiführt, dann halten wir uns an die teilweise im Gras verschwindenden Fahrspuren, gehen in nördlicher Richtung

Ein Baum und eine Bank. Dazwischen eine Kapelle. Ein kleines, schlichtes Einraumhaus. Hinein geht man nicht. Die Kapelle soll vielmehr an diesem Ort wieder ein Zeichen setzen und erinnern, wofür man sie dem heiligen Nepomuk widmete: Damit er die Menschen vor Überschwemmungen durch den Hinterrhein schütze.

Kapelle St. Nepomuk, Oberrealta, 1994
Bauherrschaft: Verein Pro Realta, Realta
Architektur: Rudolf Fontana & Partner, Domat/Ems und Christian Kerez, Zürich.

Eine andere Sicht auf die Kapelle. Im Hintergrund das Domleschg mit dem Piz Danis.

auf den gegenüberliegenden Wald zu, wo wir wieder einen guten Weg finden. Auf der folgenden großen Wiese mit Stall bleiben wir ohne abzubiegen auf diesem Weg. Bald gelangen wir auf die Straße nach Raschlegnas. Nach dem hübsch gelegenen kleinen Weiler gehts weiter über Luvreu und Ratitsch bis kurz vor Oberrealta.

Dort, auf einer Hangkante über der einstigen Schwemmebene des Hinterrheins, steht sie dann, schlicht in der Gestaltung, kraftvoll in ihrer Ausstrahlung, geschaffen 1994 wiederum vom Architekturbüro Rudolf Fontana & Partner und Christian Kerez: die Kapelle Sankt Nepomuk. Nichts Überflüssiges ist an ihr. Sie bietet auch keinen Platz für kirchliche Rituale. Erbaut über den Grundmauern einer früheren Kapelle, deren Patron die Gegend vor Überschwemmungen bewahren sollte, als der Fluss noch ungezähmt war. Nach der Rheinkorrektion brauchte man auch Nepomuks Hilfe nicht mehr, und die Kapelle zerfiel. Der Neubau setzt Zeichen: als Erinnerung an das Gewesene, gegossen in Beton, reduziert auf das Minimum eines Hauses, auf Wände, Dach, Boden, Lichtschlitz, Eingang. Ein kleiner Raum, der uns doch viel Raum lässt.

Wir nehmen uns noch kurz Zeit für einen Blick von der Anhöhe hinab auf die Bündner Arena von Architekt

Die Schiefertafel

Klinik Beverin, Cazis, 1997–2004

Bauherrschaft: Kanton Graubünden

Architektur: Max Kasper, Zürich (Neubauten), Marcus Gross und Werner Rüegg, Trin (Umbauten)

Ingenieure: Prevost + Kleis AG, Thusis; Armin Frigg, Thusis

Kunst am Bau: Hans Danuser, Zürich

Wettbewerb

Räumlichkeiten in der 1916/17 erbauten Anlage bereitstellen, die den Anforderungen einer zeitgemäßen Psychiatrie genügen, und das bei sinnvoller Nutzung der bestehenden Substanz sowie mit Rücksichtnahme auf Otto Manz' symmetrisches Grundmuster der Gebäudeplatzierung: Das war die nicht einfache Aufgabe des 1994 vom Kanton Graubünden eröffneten Architekturwettbewerbs für die Sanierung der Psychiatrischen Klinik Beverin in Cazis. Zwei Bewerber gingen als Sieger hervor: das Zürcher Büro von Max Kasper für die Neubauten, das Büro Gross und Rüegg aus Trin für die Umbauten.

Wer sich heute durch die Klinikanlage bewegt, entdeckt eine lichte Waldsiedlung, in der sich Alt und Neu gegenüberstehen, ohne sich zu konkurrenzieren. Max Kaspers Neubauten – zwei Patientenhäuser und das Zentrumsgebäude – halten sich mit ihren hinterlüfteten, grünlich schimmernden Glasfassaden respektvoll zurück, markieren mit ihrer Transparenz aber gleichzeitig auch selbstbewusst die Baukultur und das Psychiatrieverständnis der Gegenwart. Beides haben Marcus Gross und Werner Rüegg auch in die von ihnen sanierten Altbauten eingebracht. Die neuen Patientenhäuser, den alten Saalbau mit Theater und Kirchenraum flankierend, offenbaren auch dem von außen Betrachtenden ihr Innenleben: Großflächige Fenster weisen auf gemeinsame Aufenthaltsräume hin, kleingliedrige verleihen den Patientenzimmern Geborgenheit.

Der Zentrumsbau hat vom bestehenden Ärztehaus die Funktion des Hauptgebäudes übernommen, als Küchen-, Restaurant- und Ökonomiebau. Es ist aber auch der großzügige Schieferplatz hin zum Saalgebäude, der dem Zentrumshaus seine Ausstrahlung als Mittelpunkt verleiht, ein Teil von Künstler Hans Danusers Werk »Zeichen und Erosion«, das überall auf dem Areal als Kunst am Bau wiederzufinden ist, als Schieferplatz, als Fotografien in den einzelnen Häusern, eine subtile Auseinandersetzung mit der Geschichte und der Geologie des Tals. Bezug zu den örtlichen Gegebenheiten und zur Funktion der Anlage nimmt aber auch die Umgebungsgestaltung, ausgeführt von Vogt Landschaftsarchitekten, Zürich.

Park mit Flanierwegen auf dem Areal der Klinik Beverin.

Hans Marugg, ein 1998 eröffnetes Zentrum für die Landwirtschaft mit Stallungen und einem amphitheaterähnlichen Rund für Veranstaltungen, bevor wir den Weg zurück in Richtung Ratitsch einschlagen. Nach etwa 500 Metern wählen wir den Pfad nach links und halten immer in südlicher Richtung abwärts bis zur Hauptstraße, biegen in den Weg auf der gegenüberliegenden Seite ein, wenden uns beim nahen Hof nach rechts, folgen dem Sträßchen bis zur Psychiatrischen Klinik Beverin.

Was hier steht, gäbe es nicht ohne die Zähmung von Nollabach und Hinterrhein, für die Richard La Nicca 1828 die Pläne erarbeitete. Realisiert wurden die Pläne mittels einer Aktiengesellschaft, an der zunächst Private und Gemeinden beteiligt waren und die später vom Kanton übernommen wurde. Die Wasserläufe wurden eingedämmt, die linksrheinische Ebene verwandelte sich dank gezielter Anschwemmung über die Jahre hinweg in eine Kulturlandschaft. Und wo zuerst die Natur ins Lot gebracht worden war, wollte man nun Menschen ins Lot bringen. 1855 wurde die »Korrektionsanstalt« Realta bezogen, Gefangene und vorerst auch Geisteskranke wurden dort beherbergt; 1919 schließlich gingen die Pforten der neuen Versorgungsanstalt Realta auf, versteckt in einem Wald auf der einstigen Schwemmebene, hermetisch abgeschlossen von der Umgebung. Der Churer Architekt Otto Manz (1871–1953) hatte die Bauten von 1916 bis 1917 – die rigiden Kostenvorstellungen der Kantonsbehörden berücksichtigend – in streng neoklassizistischem Stil als symmetrische Anlage errichtet, auf einer Mittelachse die öffentlichen Gebäude, quer dazu die Patientenhäuser. Die Achse markierte als monumentales Zeichen der Kamin des Heizgebäudes. Er steht noch heute, doch um ihn herum ist vieles nicht mehr wie einst. Etwas außerhalb des Areals ist 1958/59 ein Personalhaus des Churer Architekten Alfred Theus dazugekommen, ein urbaner Hochhausakzent in ländlicher Gegend. Und vor allem: Frei, offen und modern wirkt die heutige Psychiatrische Klinik Beverin seit der umfassenden Sanierung von 1997 bis 2004, der beklemmende Ausdruck einer »Versorgungsanstalt« ist endgültig verschwunden.

Neben dem von Fotokünstler Hans Danuser gestalteten Schieferplatz, heute das Zentrum der Anlage, treffen wir im Klinikrestaurant »La Plazza« den Bündner Kantonsbaumeister Markus Dünner. Von den früheren Wachsälen für geistig Behinderte erzählt er uns, auch hier hat es sie gegeben, »eine trostlose Angelegenheit« und einer der Gründe für die fast 50 Millionen Franken teure Sanierung. Heute verfügt man über Einer- und Zweierzimmer, »wir wollten das Normalitätsprinzip des Wohnens einbringen«. Störende Erweiterungen aus den 1970er-Jahren habe man entfernt und damit »die ursprüngliche Anlage sauber herausgeschält«, diese schließlich, im Raster der wiedergewonnenen Symmetrie, ergänzt um drei zurückhaltende Neubauten des Zürcher Architekten Max Kasper. Nicht nur die Arbeit des Personals sei durch die Sanierung erleichtert worden, auch »die Rückmeldungen der Patienten sind durchwegs positiv«, stellt Dünner fest. Einerseits dank den heutigen Therapiemethoden, anderseits aber auch dank der neuen baulichen Offenheit der Klinik.

Übrigens: Sogar eine öffentliche Minigolfanlage gibt es inzwischen auf dem Areal. Und im Gedenken an Richard La Nicca spielen wir doch gleich eine Runde, hier, wo unsere Wanderung endet. Eine Frage noch, Herr Kantonsbaumeister. Was wir auf der Tour durchs Domleschg und hier in der Klinik an öffentlichen Bauten gesehen haben: Ist alles programmatisch für den Kanton Graubünden als Bauherrn? »Die Bauten im Domleschg«, antwortet Dünner, »sind durchaus richtungsweisend. Alle sind sie das Ergebnis sorgfältig durchgeführter Planungswettbewerbe.« Der Kanton nehme in diesem Bereich seine Vorbildrolle wahr und habe auch die privaten Stiftungen und Trägerschaften vom hohen Qualitätsnutzen des Wettbewerbswesens überzeugen können. Er wolle eine klare Haltung einnehmen bei der Gestaltung der Umwelt, und er wolle vorbildlich handeln. »Denn bauen«, schließt Dünner, »ist eine der öffentlichsten Tätigkeiten der öffentlichen Hand.«

Literatur

Hubert Bischoff, Peter Raschle, *Schulheim Gott hilft. Festschrift zur Einweihung vom 20. Juni 2008*, Rheintaler Druckerei und Verlag AG, Berneck 2008.

Roman Singer, »Das Labyrinthische des Schulhauses Paspels«, Diplomwahlfacharbeit Architekturtheorie (pdf), www.romansinger.ch, Zürich 2001.

Friedbert Kind-Barkauskas, Bruno Kauhsen, Stefan Polónyi, Jörg Brandt, *Beton Atlas. Entwerfen mit Stahlbeton im Hochbau*, Birkhäuser Verlag, Basel 2002.

Hubert Bischoff, *Giuvaulta Zentrum für Sonderpädagogik Rothenbrunnen. Festschrift zur Einweihung vom 17. Mai 2008*, Rheintaler Druckerei und Verlag AG, Berneck 2008.

Christian Wagner, Felice Guarino, »Schlussbericht KTI-Projekt ›Autarkes Wohnen‹« (pdf), www.fh-htwchur.ch, Chur 2007.

Markus Fischer, »Zum Nachlass des Architekten Otto Manz«, in: *Jahresberichte 2000, Denkmalpflege/Archäologischer Dienst Graubünden*, Chur 2001.

Fritz Tuffli, *Asyle Realta und Rothenbrunnen und Anstalt Waldhaus*, Verlag Eckhardt & Pesch, Zürich 1932.

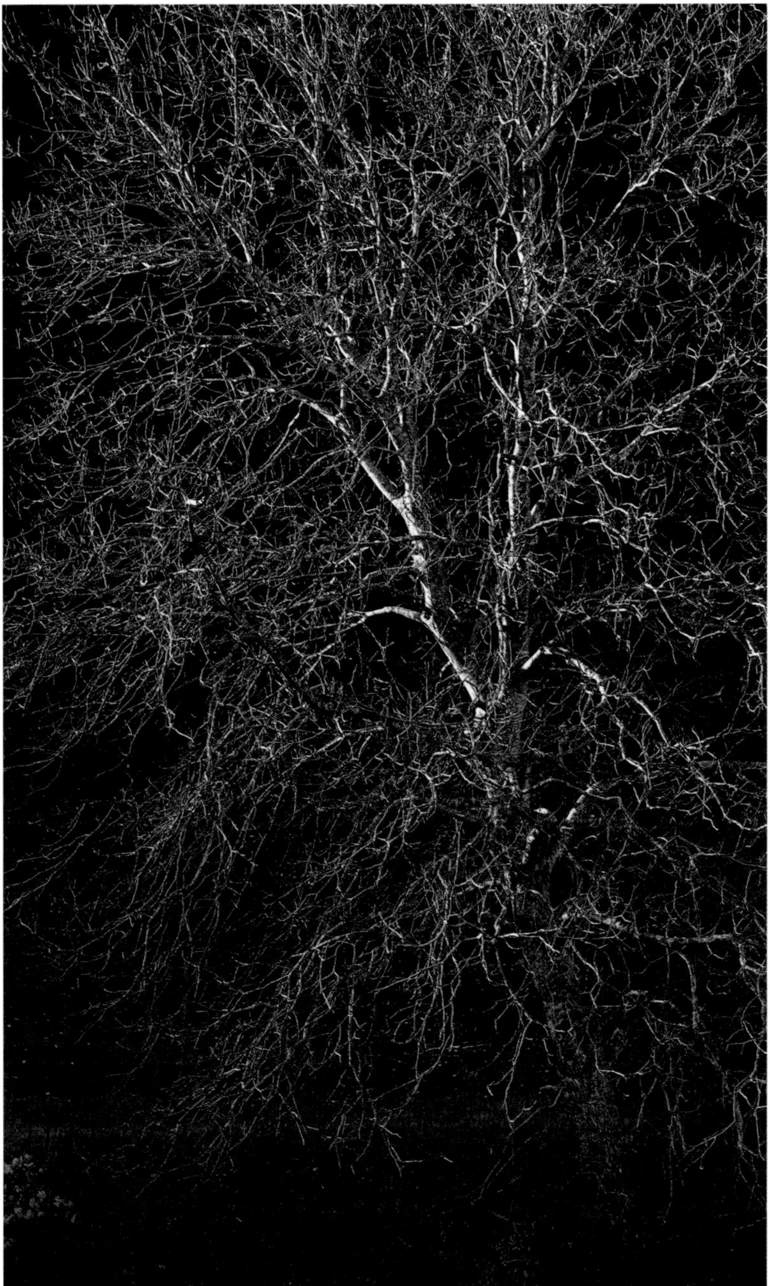

Obere Surselva

Von Himmelsleitern und Bergbauern

Von Trun nach Disentis und zum Lukmanierhospiz

Zum Gewicht des Ortes gehört in der Cadi, der oberen Surselva, der Katholizismus, der die Kultur des Tals bis weit ins 20. Jahrhundert geprägt hat. Das Benediktinerkloster Disentis ist der Fluchtpunkt vieler Kapellen und Kirchen. Die Wanderung beginnt beim Ahorn von Trun, dem Rütli Graubündens. Sie führt über Wald und Weiden zu Peter Zumthors Kapelle von Sogn Benedetg, geht über Disentis in die Val Medel, einem von trotziger Berglandwirtschaft geprägten Tal mit neuen Bauernhöfen und Ziegenalpen.

Von Carmelia Maissen

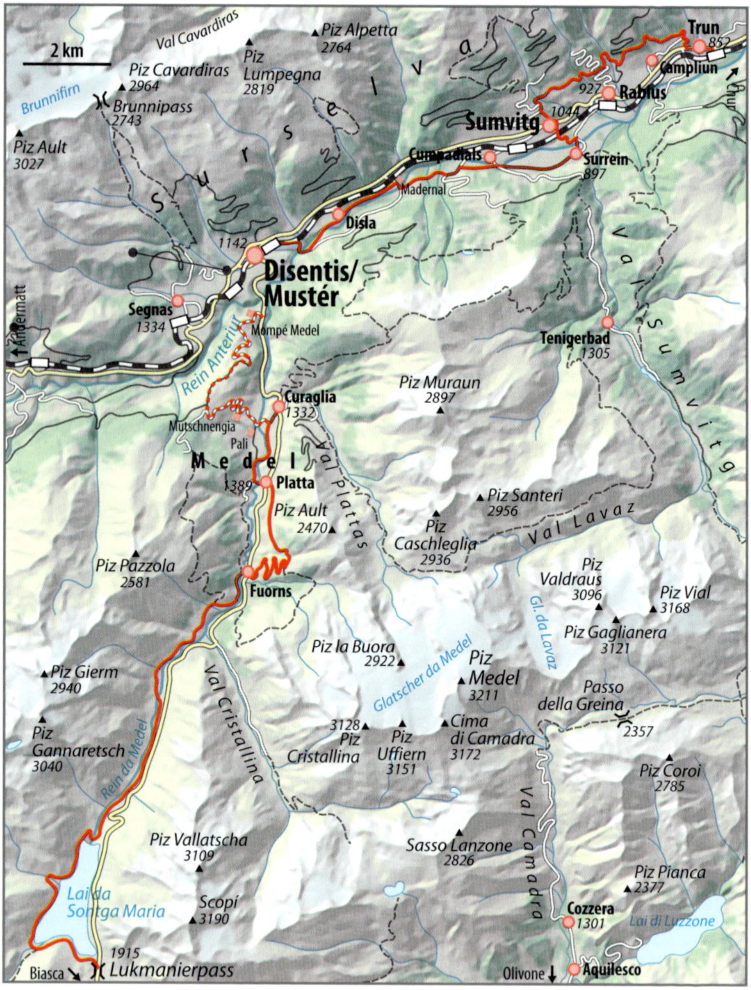

Trun–Sogn Benedetg–Sumvitg–Surrein–Disentis	**5 h 20**
↗ **754 m** ↘ **485 m**	
Curaglia–Platta–Alp Puzzetta–Fuorns–Alp Stgegia–Lukmanierhospiz	**6 h 50**
↗ **1123 m** ↘ **538 m**	

Charakter

Abwechslungsreiche zweitägige Wanderung durch Siedlungen und Kulturräume der oberen Surselva. Der Weg ist durchgehend gut markiert und leicht zu begehen. Der Aufstieg von Platta nach Peinzas ist stellenweise steil.

Beste Jahreszeit
Juni bis Oktober

Verkehrsmittel
Von Chur und Andermatt fährt stündlich ein Zug der Rhätischen Bahn mit Halt in Trun. Von Disentis nach Curaglia fährt das Postauto. Von der Passhöhe des Lukmaniers fährt von Juni bis Oktober ein Postauto retour nach Disentis (das letzte um 17.07 Uhr) oder Richtung Olivone (das letzte um 17.05 Uhr).

Varianten
1. Am zweiten Tag kann man bereits von Disentis aus zu Fuß starten. Der Weg beginnt bei der Dorfkirche und führt westlich der Lukmanierstraße zur romanischen Kapelle Sontga Gada. Hier steigt man in die Schlucht hinunter und auf der anderen Seite des Rheins wieder hinauf nach Mompé Medel. Von hier geht der Weg nach Mutschnengia und Pali, wo man den von Curaglia herkommenden Weg kreuzt (ca. 2 h 30).
2. Statt auf dem Lukmanierpass kann man bereits bei der Staumauer das Postauto retour nach Disentis nehmen (50 Minuten kürzer).

Übernachten und essen
Hotel Casa Tödi, Trun, 081 943 11 21, casa-toedi@casa-toedi.ch, www.casa-toedi.ch, Mitte April–Mitte Mai geschlossen
Ustria Miraval, Sogn Benedetg, 079 657 21 12, Mo und Di Ruhetag
Ustria dalla Staziun, Sumvitg, 081 943 19 22, Mo Ruhetag, Mitte April–Anfang Mai geschlossen, Nov. geschlossen
Ustria Placi Pign, Surrein, 081 943 26 10
Pign Padua Bed & Breakfast, Café, Cavardiras, 081 936 41 70, www.pignpadua.ch, Bed & Breakfast ganzes Jahr offen, Café im Juli und Aug. 7 Tage offen, sonst Mi und Do Ruhetag
Hotel Alpsu, Disentis/Mustér, 081 947 51 17, hotelalpsu.ch, nach Ostern 3 Wochen geschlossen, Nov.–Mitte Dez. geschlossen
Ustria Fravia, Disla, Disentis/Mustér, 081 947 47 36
Stiva Grischuna, Disentis/Mustér, 081 947 52 36, www.buendnerstube-disentis.ch
Hotel Vallatscha, Curaglia/Val Medel, 081 936 44 90, www.vallatscha.com
Hospezi S. Maria, Lukmanierpass, 081 947 51 34, www.lukmanierpass.ch, ca. Mitte Mai–Mitte Okt. geöffnet

Einkaufen
Einkaufsmöglichkeiten in Trun, Sumvitg, Disentis und Curaglia

Museen, Besichtigungen
Trun: Museum Sursilvan Cuort Ligia Grischa, Öffnungszeiten: April–Okt., Mo, Mi und Sa 14–17 Uhr, 081 943 11 39 und 081 943 33 88, www.trun.ch
Disentis/Mustér: Klostermuseum, Öffnungszeiten: Juli–Okt. Di, Do, Sa 14–17 Uhr. An Sonn- und Feiertagen geschlossen, 081 929 69 00, www.kloster-disentis.ch

Information
Gemeinde Trun, 081 920 20 40, www.trun.ch und www.trun-turissem.ch
Kloster Disentis, 081 929 69 00, www.kloster-disentis.ch
Ferienregion Disentis-Sedrun, 081 920 30 20, www.disentis-sedrun.ch
Gemeinde Val Medel, Curaglia, 081 920 33 66, www.medel.ch

Karte
Landeskarte 1:50 000, Blatt 256 (Disentis/Mustér)

»A Trun sut igl Ischi« (»Zu Trun beim Ahorn«) heißt die Hymne der Sursilvaner aus dem Jahr 1864, worin sie die Väter des Grauen Bundes besingen, den diese 1424 unter eben diesem Baum in Trun beschworen haben. Am 28. Juni 1870 wurde der 600-jährige Baum von einem Sturmwind umgeworfen. Es war auch Zeit, denn der Graue Bund war schon siebzig Jahre zuvor im Kanton Graubünden aufgegangen. An seine Stelle kam ein junger Ahorn, den man auf Initiative des späteren Eidgenössischen Oberforstinspektors und Bernina-Erstbesteigers Johann Coaz rechtzeitig aus Samen des alten gezogen hatte. Gleich daneben setzten die sursilvanischen Sänger 1890 einen Granitstein zu Ehren von Gion Antoni Huonder (1824–1867), dem Dichter von »A Trun sut igl Ischi«. Sein Lied hat dazu beigetragen, dass sich die Romanen wieder auf ihre Sprache und Kultur besannen. Der Gedenkstein für Huonder war der Anfang des Curtin d'honur (Ehrenhof) von Trun, in dem seither Persönlichkeiten der Surselva geehrt werden, die sich um die romanische Sprache und Kultur verdient gemacht haben. Hier, bei diesem Rütlibaum der

Trun: Im Schatten die Pfarrkirche Sogn Martin, im Licht die Wallfahrtskirche Maria Licht.

Bündner Geschichte, beginnt unsere Wanderung.

Capriccio von Alois Carigiet: Die Katze streckt ihren Hintern gegen die Kirche.

Doch Trun ist nicht nur reich an Geschichte, sondern auch an Künstlern. Zwei von ihnen, Matias Spescha (1925–2008) und Gieri Schmed (*1943), schufen 2003 Werke für das neue Gemeindezentrum an der Hauptstraße. Die Eisenplastik des nach Südfrankreich ausgewanderten Spescha auf dem Platz und das Eisenrelief des in den Bergen gebliebenen Schmed im Eingang erkunden mit einer spröden Sinnlichkeit den Raum. So unterschiedlich Spescha und Schmed sind, gemeinsam ist ihnen die erste Anregung durch Alois Carigiet (1902–1985). Das Geburtshaus des Illustrators von *Schellenursli* und seines Bruders Zarli Carigiet (1908–1981), dem krausköpfigen Volksschauspieler, steht im Westen des Kirchplatzes. 1975 hat Alois auf die Fassade des gegenüberliegenden Hauses die vier Elemente, vier Jahreszeiten und vier Tageszeiten gemalt. Die fauchende Katze der Nacht ganz oben rechts zeigt mit dem Hintern gegen die Kirche – offenbar eine kleine Rache Carigiets für die Ablehnung der Glasfensterentwürfe, die er in den 50er-Jahren anlässlich der Kirchenrenovation gemacht hatte. Damit war die Enttäuschung ad acta gelegt, denn später schenkte er der Kirchgemeinde für die Totenkapelle eines seiner letzten Werke, die 1981 geschaffene *Nossadunna dalla Glisch* (Maria Licht).

Dorthin führt uns der Weg, vorbei an der Cuort Ligia Grischa, wo einst der Disentiser Abt residierte und die Bundesversammlung des Grauen Bundes tagte. Heute ist der prachtvolle Barockbau ein Museum, das die Geschichte der Region erzählt und Werke der Trunser Künstler zeigt.

Zwischen Erde und Himmel

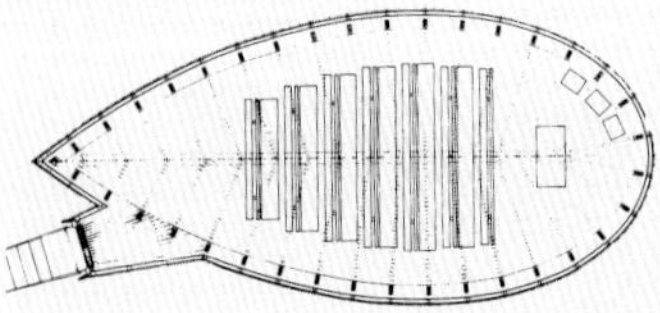

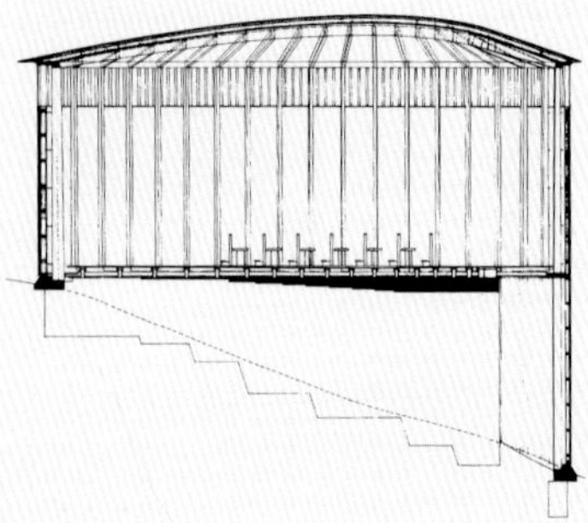

Caplutta Sogn Benedetg, Sumvitg, 1988

Bauherrschaft: Fundaziun Caplutta Sogn Benedetg; Benediktinerabtei Disentis

Architektur: Peter Zumthor, Haldenstein

Ingenieure: Jürg Buchli, Haldenstein; Jürg Conzett, Chur

Farbgebung: Jean Pfaff, Matzendorf/Ventalló; Gieri Schmed, Trun

Wettbewerb

Als ob die Kapelle aus der Erde wachsen würde, setzte Peter Zumthor sie ohne Veränderung der Erdoberfläche und ohne Sockel an den Wegrand. Die Tropfenform des Baus gibt den Inhalt nicht preis. Präzise ist sie eine halbe Lemniskate und exakt mathematisch berechnet. Die liegende Acht ist in der Mathematik das Zeichen für Unendlichkeit. Halbe Unendlichkeit – ob der Architekt uns damit etwas sagen will? Immerhin, das kleine Kreuz auf dem Dach und die Himmelsleiter weisen auf den religiösen Ort hin. 14 Sprossen zählt die Leiter, die Himmel und Erde verbindet: die Stationen des Kreuzweges. Ein Brunnen mit frischem Wasser löscht den Durst des Wanderers und erinnert ihn an die zwiefache Bedeutung des Wassers: Es ist Quell des Lebens, aber auch verantwortlich für viel Leid, wie die Lawine, die 1984 die alte Kapelle zerstört hat.

Das Beherrschende des Rechtecks ist hier der weichen, behütenden Rundung gewichen. Ist es ein Wehrturm, ein Tropfen, ein Blatt, ein Raumschiff oder ein Boot? Wohin geht die Reise?

Der vom Bau wie ein Landesteg abgesetzte Treppenaufgang markiert die Schwelle, an der man von der einen Welt in die andere übertritt. Im Innern empfängt die Besucherin ein heller, festlicher Saal. Im Gegensatz zur profanen, an die umliegenden Häuser und Ställe erinnernden Schindelverkleidung schimmert hier die Wand edel silbrig. Sie schafft Distanz zur Umgebung und erleichtert die innere Sammlung und Ruhe. Gleichzeitig verbindet sie den Innen- mit dem Außenraum, indem sich auf ihr die durch den Fensterkranz eindringenden Licht- und Wetterstimmungen abbilden.

Casa Dei

Vor der Cuort Ligia Grischa biegen wir entlang der Hofmauer in die Seitengasse ab. Im Zickzack geht es durch den Wald steil hinauf, begleitet von den 14 Stationen des Kreuzweges. Der Panoramablick, den wir vom Hügel von Maria Licht aus über das Tal haben, entschädigt uns für den Aufstieg. 1672 weihten die Trunser hier die Kapelle Maria Licht, in der seitdem Pilger von nah und fern die Muttergottes verehren.

Auch Alois Carigiet vertraute sich ihr an, als er 1941 ein Ex voto malte mit der Bitte, Maria möge ihm eine Frau suchen helfen. Offenbar erhörte sie die Bitte. 1942 heiratete der Maler. Die Votivtafel, die an der Südwand des Schiffes hängt, zeigt neben einer Mariendarstellung eine auf die wichtigsten Bauten reduzierte Darstellung von Trun mit der auf einer einsamen Hügelspitze thronenden Maria-Licht-Kapelle. Doch so naiv-heiter die Marienverehrung bei Carigiet erscheint, so politisch motiviert war sie in der Zeit der Gegenreformation, als die Kirche sie förderte, um den Katholizismus zu festigen. In der Cadi (Casa Dei/Gotteshaus)

Am Rand des Dorfes Surrein steht eine »folie de l'architecture«. Eine Blechkiste mit Glasfront ist wie ein Geschoss in einem Heustall gelandet. Drinnen hat der Unternehmer und Künstler Simon Jacomet seinen Rückzugsort mit Atelier eingerichtet.

Atelier Jacomet, Surrein, 1994
Bauherrschaft: Simon Jacomet, Disentis
Architektur: Werner Schmidt, Trun

gingen starke Anregungen dazu von den Disentiser Benediktinermönchen aus. So ist auch die benediktinische Prägung der Trunser Wallfahrtskirche zu verstehen. In einem feierlichen Triumphzug über dem großen Chorbogen wird Maria von zahlreichen Heiligen zum heiligen Benedikt von Nursia geführt, dem Gründer des Benediktinerordens.

Nicht in Mariens Goldkutsche, sondern zu Fuß geht es weiter auf der sanft ansteigenden Naturstraße oberhalb des Weilers Caltgadira. Auf der Höhe von Rabius verlassen wir die Straße und steigen durch den Wald über Stock und Stein nach Bardigliun hinunter. Die wildromantische Fortsetzung des Weges führt in die Val Rabius hinein und über den rauschenden Bach. Auf der gegenüberliegenden Seite ist der Einschnitt in die Val Sumvitg zu sehen, ein Paradies für Jäger und Goldgräber. Wer den Ausblick ins Tal noch länger genießen will, wählt den Weg über den Damm und steigt auf der anderen Seite des Baches über die Wiese hinauf zur Kapelle von Campieschas. Die kleine Kapelle ist dem heiligen Michael geweiht, der mit der Seelenwaage in der einen und dem Schwert in der anderen Hand den Satan bezwingt. In Campieschas stehen ihm die beiden Disentiser Klostergründer zur Seite, der fränkische Wandermönch Sigisbert und der einheimische Märtyrer Placidus.

Sigisberts Klause Anfang des 8. Jahrhunderts in der spärlich besiedelten Gegend Desertina war denn auch der Beginn der reichen, über Jahrhunderte gewachsenen »Sakrallandschaft« in der Cadi. Der im Kloster fest verankerte Glaube mit seinen zahlreichen Riten hat die Kultur und Tradition der Cadi geprägt. Und noch heute sind die unzähligen Kirchen und Kapellen nicht nur Wegmarken und Koordinaten in der Landschaft, sondern lebendiger Teil der Alltagskultur.

Von Zumthor zu Schmidt

Eine Wegkehre oberhalb der Kapelle St. Michael verlassen wir die Straße und gehen weiter über Wiesen und Felder und vorbei an alten Holzställen mit Kornhisten an ihren

Gehört zum Szenenbild jeder Prozession: »il cafunun«, die Kirchenfahne.

Südseiten. Schon bald erkennen wir in der Ferne den Holzturm von Sogn Benedetg, das jüngste Werk in der Sakrallandschaft der Cadi. Doch im Gegensatz zu den alten, weißgekalkten Kapellen und Kirchen fügt sich die Kapelle Sogn Benedetg mit einem verwitterten Schindelkleid in den Weiler aus Bauernhäusern und Ställen ein. Doch diese Kapelle ist ein Wahrzeichen: Peter Zumthor setzte damit 1988 das Zeichen des Aufbruchs der zeitgenössischen Architektur Graubündens, das weit über die Cadi hinaus leuchtete.

Nach der Rast bei der Kapelle wandern wir der Fahrstraße nach. Vor einer markanten Kurve stehen noch die Ruinen des Beginenklösterchens, dem Vorgänger von Sogn Benedetg. Wir gehen weiter zum Restaurant Miraval, dort nehmen wir den Trampelpfad, links oder rechts um den Hügel herum und steil hinunter nach Sumvitg. Bald schon taucht der imposante Kirchturm auf. Zusammen mit seinen Glocken, den größten der Cadi, ist der Sumvitger Kirchturm einer der schönsten Graubündens. Eine große Schar von Menschen rufen die Sumvitger Glocken am Fest des heiligen Mudest Mitte Juni zusammen. Die Reliquien des sizilianischen Heiligen haben Rompilger um 1700 nach Hause gebracht. Da die Reliquien danach lange Zeit in den Pilgertaschen ruhten, soll der Heilige eines Tages dem Sakristan erschienen sein und ihm gedroht haben, er werde die Sumvitger verlassen, falls sie ihn nicht mehr verehrten. Daraufhin wurde schleunigst in der nördlichen Nische der Kirche ein Reliquienaltar hergerichtet. Wer weiß, ob diese Eile der Grund für die ungewöhnliche Altararchitektur war, die aus übereinandergestapelten Reliquienvitrinen besteht. Zum Fest des heiligen Mudest werden seine Reliquien aus den Pfarrkirchen geholt und in einer großen Prozession durch das Dorf getragen, voran die Blasmusik und die Cumpagnia da mats in ihren Uniformen.

Bevor wir Sumvitg in Richtung Surrein verlassen, machen wir einen Abstecher an den westlichen Dorfrand zum Haus Bearth-Candinas (1996–1998) der Architekten Andrea Deplazes, Valentin Bearth und Daniel Ladner. Wie ein Pullover ist dem Wohnturm ein Schindelkleid übergezogen worden. Das straffe Kleid weicht die harten Kanten des Holztafelbaus an den Gebäudeecken und Fensterleibungen zu sanften Rundungen auf. Auf der Südseite des Erdgeschosses fehlt ein großer Blätz, damit die Sonne im Winter das Haus wärmen kann.

Zurück beim Kirchplatz, steigen wir durch den untern Dorfteil hangabwärts, biegen bald in den Hohlweg nach Surrein ab, den alten Verkehrsweg für Mensch und Tier zwischen den beiden Dörfern, die von jeher Fraktionen einer Gemeinde sind. Die Wegränder sind Lebensraum für unzählige Arten von Stauden und Kleintieren. Nach der kleinstädtischen Häuserdichte in Sumvitg überrascht die lockere Gebäudeanordnung in Surrein. Sie ist eine Folge des großen Dorfbrandes von 1811; die größeren Bauabstände nach dem Wiederaufbau sollten eine erneute Feuerkatastrophe verhindern. Wer aufmerksam schaut, bemerkt eine weitere Besonderheit: Surrein hat keine Straßenlaternen. Und eine Kuriosität entdeckt, wer an den östlichen Dorfrand spaziert: Dort haben der Künstler Simon Jacomet und der Architekt Werner Schmidt einen Stall in ein Atelierhaus umfunktioniert (1988–1992).

Die Prozession für Sogn Mudest zieht durch Sumvitg – auch Sogn Antoni da Padua begleitet sie.

Ein Pionierwerk der Ingenieurkunst in der Val Russein: die gedeckte Brücke von 1857.

Gewohnt wird im Stall, gearbeitet im kupfernen Durchschuss, der wie ein Blitz das Gebäude schräg durchbohrt. In dekonstruktivistischer Manier haben Jacomet und Schmidt die Logik des alten Stalls und die Grenzen seiner Funktion verschoben.

Gräben überwinden

Nach dem jähen Abstieg von Sogn Benedetg ins Tal tut der Weg auf der Straße durch das langgezogene Dorf Surrein wohl. Bei der Brücke bleiben wir auf der rechten Rheinseite und gehen dem Waldrand entlang weiter. Buschige Haselnusssträucher und ein noch fast intakter Holzzaun begrenzen hier den Weg, später ist es ein profaner Elektrozaun. Vorbei an den Weilern Falens und Pardomat Dado verlassen wir das Gemeindegebiet von Sumvitg. Wer ein Wegstück dem Rhein entlang vorzieht, biegt vor Falens Richtung Cumpadials ab und geht auf der anderen Flussseite über einen Trampelpfad weiter nach Madernal.

Bei der Überquerung des Russeiner Bachs werfen wir einen Blick hinauf auf die Eisenbahn- und Straßenbrücke,

Einst Hauptstraße, heute Wanderweg – die alte Kantonsstraße nach der Brücke über den Russeiner Bach.

die zusammen mit der im Tobel weiter hinten liegenden Holzbrücke Ingenieurgeschichte erzählen. Letztere bauten Zimmerleute 1857 als eines der ersten Mischfachwerke der Schweiz mit Druckstreben aus Holz und Zugstreben aus Eisen für die neue Oberländerstraße. Weniger Holz, dafür viel mehr Steine brauchten die Ingenieure für den Eisenbahnviadukt. 1912 fuhr der erste Zug über die vier eleganten Steinbögen, deren Stützen mehr als 100 Meter überbrücken. Die 1938 erbaute Straßenbrücke zeigt den nächsten Entwicklungsschritt. Die auf eine dünne Platte reduzierte Fahrbahn liegt auf einem schwungvollen Betonbogen, der an die Konstruktionen von Robert Maillart erinnert.

In Madernal durchzieht eine betonierte Höckerreihe die Felder wie ein monumentaler Zahnfriesschmuck. Es sind Spuren des Réduit aus der Zeit des Zweiten Weltkrieges – die Toblerone-Panzersperren. Ebenso wie der im Wald versteckte und als Holzchalet getarnte Betonbunker, an dem wir nach dem Abzweigen von der Straße in den Waldweg vorbeikommen. Aber was hier gemalte Kulisse für den Wolf im Schafspelz ist, ist in den Dörfern immer mehr eine Realität: Ferienhäuser mit geschlossenen Fensterläden.

»O du weiße Arche am Rande des Gebirges« (Niklaus Meienberg): das Kloster Disentis.

Mönch, Bauer und Lehrer

Das Rauschen des noch jungen Rheins und die Steinmännchen in den trockenen Betten der Seitenbäche begleiten uns auf dem Weg nach Disla und zur Kapelle St. Luzius von 1704. Die oktogonale, kuppelbekrönte Kapelle, ein launiger Einfall eines Barockkünstlers, bauten italienische Kapuzinermönche, die damals die verwaisten Pfarreien der Cadi betreuten. In der Gegenreformation waren sie wichtige Stützen in der Abwehr der bis über Ilanz hinaus vorgedrungenen Reformation. Die in dieser Zeit gebauten oder erneuerten Gotteshäuser – in der Cadi sind dies fast alle – sind denn auch weniger Ausdruck barocker Baufreudigkeit als vielmehr Teil der gegenreformatorischen Propaganda. Und wer in die St. Luzius Kapelle tritt, sieht, mit welcher Fantasie die Mönchsmaler mit dem himmlischen Jerusalem Reklame für den richtigen Glauben gemacht haben. In diese Zeit fiel auch der Neubau des Klosters von Disentis (1685–1704), der nach den schwierigen Zeiten von Reformation und Bündner Wirren einen Aufbruch markierte. Der Weg zum Kloster führt uns unterhalb von Disla über den Uferwall des Rheins, der sich hier malerisch durch die Auen windet.

Nach der Brücke von Brulf nehmen wir den letzten Aufstieg des ersten Tages unter die Sohlen. Hinter dem Hügel versteckt sich die bombastische Alphüttenarchitektur, dann

Der Weiler Disla mit der Kapelle St. Luzius (rechts).

fällt der Blick auf das Dorf Disentis und das darüber ruhende Kloster. Den Entwurf des behäbigen Barockbaus prägte der Vorarlberger Barockbaumeister und Einsiedler Mönch Caspar Moosbrugger. Mit dem Neubau sollte die Cadi für die Sache des Klosters gewonnen werden, nachdem das Volk ihm politische Rechte abspenstig gemacht hatte. Der barocken Prachtentfaltung in der Liturgie gab die Klosterkirche mit den wie Theaterkulissen in den Raum greifenden Wandpfeilern und der prunkvollen Ausstattung den angemessenen Rahmen. Einen Eindruck dieses Augen- und Ohrenschmauses geben heute noch die großen Kirchenfeste, allen voran das Hochfest Sankt Placi Anfang Juli. Neben der Hauptkirche lohnt sich zudem der Besuch der Marienkirche sowie des Klostermuseums.

Seit dem Mittelalter führen die Benediktiner von Disentis auch eine Schule. Nachdem sie die Schüler über Jahrhunderte hinweg innerhalb der Klostermauern unterrichtet hatten, bauten die Basler Architekten Hermann

Einst vor allem Lieferant für die Klosterküche, ist der klösterliche Bauernbetrieb in Salaplauna heute auch ein Schaubetrieb. Von einem mitten durch den Stall hindurchführenden Steg aus kann man den Kühen beim Wiederkäuen zuschauen.

Klosterhof Salaplauna, Disentis, 2009
Bauherrschaft: Benediktinerabtei Disentis
Architektur: Gion A. Caminada, Vrin

Gebaute Geborgenheit

Mädcheninternat »Unterhaus«, Disentis, 2001–2004

Bauherrschaft: Benediktinerabtei Disentis

Architektur: Gion A. Caminada, Vrin

Ingenieur: Serafin Rensch, Trun

Wettbewerb

Als um die Jahrtausendwende die Bagger mit dem Abbruch des altehrwürdigen »Unterhauses« begannen, wurde es manchem Klosterschüler schwer ums Herz. Denn es war ein Privileg der älteren Schüler, nach den Internatsjahren innerhalb der Klostermauern in das etwas außerhalb des klösterlichen Blickfeldes liegende »Unterhaus« umziehen zu dürfen.

Unaufgeregt und selbstverständlich reiht sich der neue Kubus in die Häuserzeile entlang der Hauptstraße ein. Zugleich geben die stille Größe und die schlichte Fassade die Zugehörigkeit zum Kloster preis, nicht aber die Seele des Hauses. Im Innern, hinter den dicken Mauern, entfaltet sich die äußere Einheit zu einer unerwarteten räumlichen Vielfalt. Den Anstoß dazu gibt eine begehbare Betonplastik im Zentrum des Hauses – Vertikalerschließung, Teeküche und Bücherregal in einem –, die sich auf jedem Geschoss um 90 Grad dreht. Das Herz des Betonkerns ist die an eine warme Ofenecke erinnernde, mit Messingplatten ausgekleidete Nische. Zusammen mit dem Wohnraum öffnet sie sich jedes Mal in eine andere Himmelsrichtung, was jedem der vier Stockwerke seine eigene Licht- und Raumstimmung gibt.

Das Gegenstück zur Ofennische ist die breite Fensterbank in den 31 Zimmern: ein intimer Raum im Dazwischen zum Lesen und Träumen. Der schmale, versetzt zur Sitzbank innen angeschlagene Fensterflügel liegt im schützenden Schatten der tiefen Außenleibung.

Das Haus ruht in der Balance zwischen der Möglichkeit des Rückzugs und der Geborgenheit in der Gemeinschaft. Im »Unterhaus« zu wohnen, ist auch heute noch ein Privileg.

»Kraftlinien«: im Rücken das Kloster Disentis, im Blick das Gotteshaus von Cavardiras, am Horizont der Kirchturm von Sumvitg.

und Hans Peter Baur im Norden des Klosters zwischen 1969 und 1973 ein Schulhaus. Der Beton ist modern, doch durch seine Herbheit und die dezent plastischen Formen entsteht ein Dialog mit dem Barockbau. 2001 bis 2004 baute Gion A. Caminada unterhalb des Klosters ein neues Internat für die Mädchen. Doch die Mönche sind nicht nur Lehrer, sie sind auch Bauern. Sigisbert und Placidus haben den Grundstein dazu gelegt, als sie die Einöde der Desertina rodeten. Seither liefert der klösterliche Bauernhof den Mönchen Milch, Fleisch und Gemüse. Als größter Betrieb in der Gegend war dieser Bauernhof auch immer wieder Vorreiter für die regionale Landwirtschaft. Deshalb war nach dem großen Stallbrand 2006 trotz finanzieller Sorgen bald entschieden, den Stall auf der Salaplauna wieder aufzubauen. Der 2008/09 von Gion A. Caminada erbaute Klosterhof ist Schaubetrieb für naturhungrige Touristen, eine Schule der Sinne und ein regionales Zentrum für die Landwirtschaft: ein Gegenmodell zur industrialisierten Zweckbeziehung von Mensch und Tier. Die verschiedenen Nutzungen zeichnen sich in der unterschiedlichen Behandlung von Konstruktion und Verkleidung ab. Damit einheimisches Holz verwendet werden konnte, passte der Ingenieur Walter Deplazes die Statik an die Länge der hiesigen Bäume an. Mit einem Spaziergang auf die Salaplauna und der Vorfreude auf Capuns oder Maluns endet unsere erste Tagesreise.

Cuntrada cultivada statt alpine Brache

Neben der Romanenhymne »A Trun sut igl Ischi« hat Gion Antoni Huonder mit dem Gedicht »Il pur suveran« einen zweiten Männerchorhit geliefert. Es ist ein Denkmal für den freien Bauern, der Herr über sein eigenes Reich ist. Zwar haben die Veränderungen in der Landwirtschaft den Mythos des freien Bauern arg ins Wanken gebracht, doch die Val Medel hat mit 40 Betrieben bei 500 Einwohnern immer noch eine erstaunliche Bauerndichte. Gleichzeitig finden wir hier noch vielfältige, in der Kulturlandschaft eingeschriebene Spuren der alten bäuerlichen Tradition, auch wenn längst nicht mehr Ochsen die Äcker pflügen, sondern Traktoren über die Felder rattern. Haben wir am ersten Tag einen Streifzug durch die Kirchenlandschaft Cadi gemacht, so wandern wir am zweiten Tag durch die von den Bergbauern geprägte Kulturlandschaft Val Medel. Wir können bereits in Disentis zu Fuß starten und dem alten Weg über die Kapelle Sontga Gada und den Weiler Mompé Medel entlang in die Val Medel gelangen. Oder wir fahren mit dem Postauto von Disentis nach Curaglia.

Von den Bergbauern geprägte Kulturlandschaft – die Val Medel.

Es hat den Blick von außen gebraucht – ein 2002 vom Kanton erarbeitetes Konzept für den Erhalt der Kulturlandschaft –, um den Medelsern den Reichtum ihres Tales bewusst zu machen. 2003 haben sie die Stiftung Cuntrada cultivada Val Medel gegründet. Diese soll die Pflege, aber auch die Weiterentwicklung der Kulturlandschaft unterstützen. Val Medel bietet den Verfechtern der »alpinen Brachen« also die Stirn. Und Marlene Gujan und Conrad Pally setzen diese Zuversicht in Architektur um. Mit unspektakulären, aber kraftvollen Gesten setzen sie in der Val Medel optimistische Akzente. In Curaglia bauten sie einen neuen Kindergarten, sanierten das Schulhaus und verwandelten jüngst ein altes Haus in den eleganten Palazzo Rosso. Am südlichen Dorfrand, direkt an der Lukmanierstraße, entwarfen sie 1998 einen Schafstall. Eingeklemmt zwischen Straße und Berg, schützt ein dicker Betonrücken die Tiere vor Lawinen. Nach vorne schließt ein Holzbau den Raum. Die außen sichtbaren Holzstützen geben dem Stall einen

Berglandwirtschaft hat Eigensinn und der will kulturellen Ausdruck, so diesen monumental wirkenden, aber kostengünstig errichteten Stall. Im Rücken schützt eine Betonmauer die Tiere vor Lawinen, die Front ist ein Holzbau aus Mehrschichtplatten.

Schafstall, Curaglia, 1998
Bauherrschaft: Hanspeter Bundi, Curaglia
Architektur: Marlene Gujan und Conrad Pally, Curaglia/Igis

monumentalen Ausdruck, und die Maserung der Fichtenplatten erinnert an den Marmorstuck in den Kirchen.

Die Val Medel blickt auf ihre einstigen Oberen.

Wir kehren zum Schulhaus zurück und verlassen dort die Hauptstraße in Richtung Pali. Auf der gegenüberliegenden Hangseite sind noch die Spuren der alten Ackerterrassen zu erkennen, auf denen die Medelser bis weit ins 20. Jahrhundert hinein Getreide, Flachs, Hanf und Kartoffeln anbauten. Schon bald kommen wir zur Römerbrücke über den Medelser Rhein. Als niedrigster inneralpiner Übergang war der Lukmanierpass bereits für die Römer eine bevorzugte Nord-Süd-Verbindung.

Nach Pali, einer verlassenen Gruppe von teilweise schindelbedeckten Ställen, wandern wir über der wilden Schlucht des Medelser Rheins nach Platta. Im Hauptort der Val Medel mit der Kirche Sogn Martin und dem Friedhof überqueren wir die Lukmanierstraße und steigen dem Lawinenschutzdamm entlang auf. Etwas außer Atem gelangen wir zu den ersten Maiensäßen von Peinzas Dado. Die alten Ställe aus Trockensteinmauerwerk und verwittertem Rund- oder Strickholz machen einen verlassenen Eindruck, und die Waldlichtung vergandet zusehends. Die Schweißperlen auf der Stirn wecken Verständnis, der hübsche Flecken Erde und die wunderbare Aussicht in das Hochtal indessen Be-

Holz für Kinder

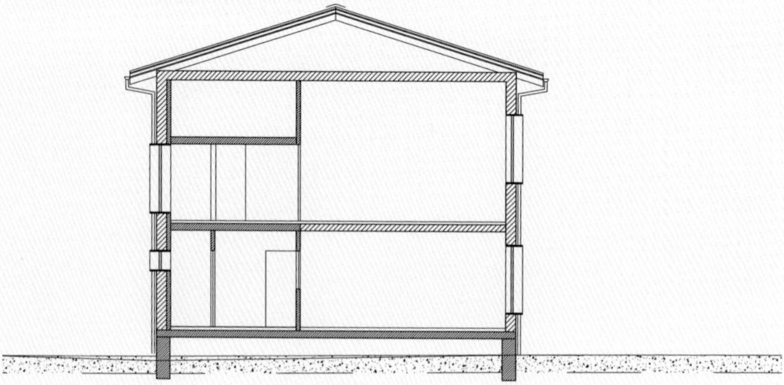

Kindergarten mit Aula, Curaglia, 2001

Schulhaus mit Mehrzweckhalle, Curaglia, Sanierung 2002

Bauherrschaft: Gemeinde Medel

Architektur: Marlene Gujan und Conrad Pally, Curaglia/Igis

Ingenieur: Plácido Pérez, Bonaduz

Direktauftrag

Für seine rund 60 Primarschüler und Kindergärtler investierte die Gemeinde Medel jüngst in ein frisches Kleid für das alte Schulhaus und in einen neuen Kindergarten. Das Schulhaus sanierten Marlene Gujan und Conrad Pally mit minimalem Aufwand. Wie Schatullen kleideten sie die Schulzimmer mit einem Futter aus Fichtenholz aus. Die Einbauten und Bodenbeläge in Rot, Blau und Grün – für jedes Stockwerk eine Farbe – geben den Schulstuben eine heitere Lichtstimmung. Wie Malvorlagen in Kinderbüchern zeichnen durchgehende Linien in der jeweiligen Etagenfarbe den Wandverlauf und die Öffnungen nach.

Ein paar Schritte davon entfernt, inmitten des neueren Dorfteils von Curaglia, steht der Kindergarten. Die Hülle ist ein zweigeschossiger Holzbau, den außen Bretterschindeln und innen Täfer verkleiden. Das Holz – zu einem großen Teil einheimisches und von der gemeindeeigenen Sägerei geliefert – ist Statik, Kleid und Möbel, wie es auch bei den traditionellen Bauten in Medel zu finden ist. An ein großes Kastenmöbel erinnert bereits der weinrot gebeizte Eingangskubus, den die Architekten vor die Ostfassade setzten. Im selben Rot leuchten die vom Dach perlenden Lettern »Scoletta« sowie die übertiefen Fensterrahmen, die als gemütliche Nischen in den Innenraum greifen. Abends wird das Gebäude zum Dorftreff. In der Aula über dem Kindergarten versammeln sich die Dorfmusik oder der Kirchenchor zu den Proben.

dauern, dass die Bauern Ställe wie diese zugunsten neuer, großer Wirtschaftsgebäude in der Nähe des Dorfes aufgegeben haben. Wir folgen dem schmalen Pfad, der uns durch Alpengestrüpp und über zwei Taleinschnitte hinwegführt, weiter nach Peinzas. Hier sind die mit Landmaschinen und Auto erreichbaren Maiensäße noch bewirtschaftet, und die Hütten von Einheimischen und Heimwehberglern als Wochenendhäuser genutzt.

Noch zwei Kehren, und schon sehen wir die Geißenalp Puzzetta signalrot leuchten. Die genügsamen und trittsicheren Ziegen waren in der kargen, steilen Landschaft der Val Medel ein verbreitetes Nutztier, und bis in die 1960er-Jahre schallten die Hörner der Geißenhirten durchs Tal. Nachdem der Bestand stark geschrumpft war, lebt durch den Neubau der Alp Puzzetta die Ziegenhaltung wieder auf. Wir genießen ein Stück frischen Geißkäse und einen fantastischen Rundblick auf die Val Medel. Danach geht es im Zickzack der Straße entlang – oder bei gemähten Wiesen querfeldein – hinunter nach Fuorns. Hier treffen wir auf eine freistehende Kornhiste, romanisch »chischners«. Darauf trockneten die Bauern das Getreide. Solche »chischners« gab es auch in Tujetsch, Cavardiras, Laus, Obersaxen, Flond und Tenna. Überall sonst in der Surselva wurde die Histe baulich in die südliche Scheunenwand integriert (romanisch »talina«).

Der Weiler Drual an der Straße zwischen Curaglia und Fuorns.

Ein Bauer treibt seine kleine Herde von Curaglia hinauf zum Weiler Pardè.

Blick über die Ziegenalp Puzzetta auf den Piz Tgietschen (3328 m) zwischen Uri und Graubünden.

Eine Hütte den Ziegen

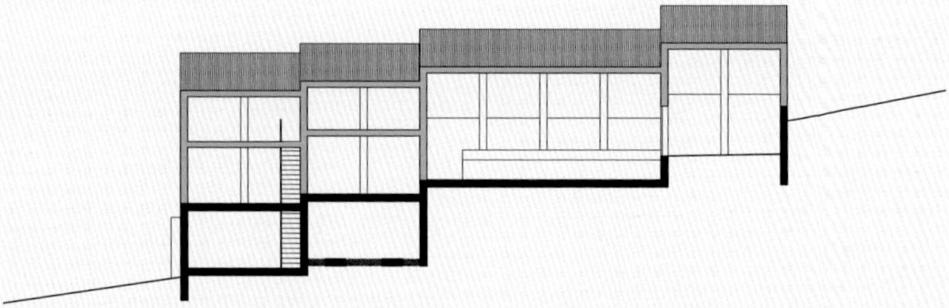

Alp Puzzetta, Fuorns, Val Medel, 2005

Bauherrschaft: Gemeinde Medel; Alpkorporation Puzzetta, Curaglia

Architektur: Marlene Gujan und Conrad Pally, Curaglia/Igis

Ingenieure: Conzett, Bronzini, Gartmann, Chur

Direktauftrag

Eigensinnig wie Zottel, rot wie Zick und etwas fremd wie Zwerg – die drei Geißen in Alois Carigiets Kindergeschichte »Zottel, Zick und Zwerg« von 1965 – steht die Alp Puzzetta am Rand der Val la Buora und mit Blick auf den Medelser Gletscher. Und doch waren Zottel, Zick und Zwerg die Lieblinge des Hirten Maurus. Auch die neue Alp Puzzetta, die Marlene Gujan und Conrad Pally anstelle der alten, baufälligen Alpbauten, ist kein rotes Tuch für die Bauern und ihre Geißen. Architekten und Bauern haben gemeinsam mit der Denkmalpflege des Kantons Graubünden und dem Bündner Heimatschutz ein neues Konzept erarbeitet. Anstelle der geplanten 300 verbringen inzwischen 350 Geißen aus Medel und der oberen Surselva hier den Sommer. Sie weiden auf dem jahrhundertealten Kulturland und liefern Milch, aus der die Sennen allerlei Delikatessen herstellen.

Der abgetreppte Bau, eine in der Surselva traditionelle Form für Alpgebäude, zeigt die Stufen der Milchverarbeitung. Zuoberst werden die Geißen fürs Melken geputzt, bevor sie eine Stufe weiter unten in den Melkstall kommen. Die Milch fließt weiter in die Käserei und geht dann in Form von Käse, Joghurt, Quark oder Ziger in den Keller unterhalb der Sennhütte. Im Nebengebäude hausen die Schweine, die die anfallende Schotte aus der Milchverarbeitung fressen. Der Holzständerbau ist rundherum mit Blech eingepackt. Die Spenglerarbeit, die rote Farbe und die silbernen Fensterrahmen veredeln das billige Industriematerial zum schicken, aber bequemen und auch robusten Hauskleid.

Kaiser- und Strompass

Eine Variante der Kornhiste ist am unteren Dorfrand von Fuorns zu sehen. Das Gestell ist in die Stallwand eingebaut, sodass das Korn im Schutz des Stalldaches trocknen kann. Der Gemeinschaftsstall sowie mehrere Wohnhäuser wurden nach 1975 gebaut, als eine Lawine den benachbarten Weiler Acla zerstörte und die heimatlos gewordenen Familien nach Fuorns zogen. Als Erinnerung an das schwere Unglück ließ man 1979 in Acla an der Stelle der alten Kapelle eine neue errichten. Der Churer Architekt Richard Brosi setzte die Kapelle auf den Hügel – ein alle Gefahren abwehrender Keil, in dessen Schutz man das Gebäude betreten kann. Und der heilige Christophorus, den der einheimische Künstler Linus Flepp 1984 auf die Nordfassade malte, sorgt als Schutzpatron der Reisenden für eine sichere Fahrt über den Lukmanier.

Sicher soll denn auch unsere Reise auf der alten Säumerstraße weitergehen. Vereinzelte Tannen sind noch zu sehen, ansonsten zeigt die Vegetation eher alpine Kargheit, deren

1975 donnerte eine Lawine den Weiler Acla, riss drei Menschen in den Tod und zerstörte die Häuser und die Kapelle. Wie ein Lawinenkeil trotzt die neue Kapelle am Hang. Einige Häuser sind wieder aufgebaut und dienen als Ferienwohnungen, denn nach der Katastrophe siedelten die Bauern um nach Fuorns.

Kapelle Acla, Val Medel, 1979
Bauherrschaft: kath. Pfarrei Medel
Architektur: Richard Brosi, Chur

Schönheiten in den unscheinbaren kleinen und kleinsten Blättern und Blüten liegen. In Sogn Gions überqueren wir den Medelser Rhein und kommen dem Talboden entlang nach Sogn Gagl. Beide Weiler waren einst Hospize für die Passreisenden. Betrieben hat sie das Kloster Disentis, das seit der Passüberquerung von Kaiser Otto I. im 10. Jahrhundert für die Sicherheit der Nordseite zuständig war und dafür von mehreren Kaisern mit Ländereien bis in die Lombardei belohnt wurde.

Die alte Steinbrücke über den Medelser Rhein bei der Alp Stgegia.

Im 20. Jahrhundert machte die Elektrizitätsindustrie den Lukmanierpass zur Alpentransversale für den Strom und setzte mit den 1948/49 erbauten Starkstrommasten der Lukmanierleitung markante Akzente in die Landschaft. Die Natur noch stärker veränderte die zwischen 1964 und 1967 erbaute Staumauer Sontga Maria. Das imposante Werk mit seiner nur aus der Technik geborenen Form und der glatten Oberfläche ist ein Kontrast zur wilden Natur. Doch eigentlich ist der Beton eine andere Form von Stein und die physikalischen Gesetze sind naturgegeben. Also doch kein Kontrast?

Die Spannung zwischen David und Goliath zeigt eher die Alp Stgegia am Fuß der Staumauer. Die Ziegenalp, die Marlene Gujan und Conrad Pally von 2001 bis 2003 saniert haben, ist gleich der Alp Puzzetta eine traditionelle Staffelanlage. Doch im Gegensatz zur Puzzetta ließen sich hier die alten Natursteinbauten erhalten. Um das Trockenmauerwerk des Nebengebäudes zu stabilisieren, gossen die Architekten es innen mit einer Misapor-Betonschale aus, die Statik und Wärmedämmung in einem ist.

Am westlichen Hang steigen wir zur Mauerkrone empor, wo wir unseren Weg mit dem Seerundgang fortsetzen. Schon bald sind am anderen Ende des Sees das Hospiz und die Kapelle zu sehen, die die Nordostschweizerischen Kraftwerke (NOK) in den 1960er-Jahren als Ersatz für die zusammen mit den Alpweiden des Klosters im Stausee versunkenen Vorgänger gebaut haben. Der Entwurf der Kapelle, die mit ihren Kanten und Ecken der rauen Gebirgswelt zu trotzen scheint, stammt von Josef Rieser, dem Chefarchitekten der NOK. Die aus der alten Kapelle übernommenen Fresken im Innern mit Darstellungen von Sigisbert und Placidus verweisen auf die Besitzer. Der Kreis schließt sich. Untrennbar ist die Cadi, die Casa Dei, seit der Ankunft von Sigisbert mit der Geschichte des Klosters verbunden.

Die Kapelle S. Gagl einsam im Spätherbst.

Stillleben vor der Staumauer des Lukmaniersees: Berglandwirtschaft und Kraftwerk.

Literatur

Ivo Bösch, »Landschaftspflege mit Ziegen und moderner Architektur. Die neue Alp Puzzetta im Val Medel«, in: *Bündner Monatsblatt,* 2/2005.

Gion A. Caminada, »Der Klosterhof in Salaplauna – Landwirtschaft für alle. Durch alte Erkenntnisse zu neuen Existenzformen«, auf: www.klosterhof-disentis.ch/landwirtschaft_d.htm, 2008.

Köbi Gantenbein (Hrsg.), *Zumthor sehen – Bilder von Hans Danuser. Nachdenken über Architektur und Fotografie*, mit einem Essay von Philip Ursprung über die Caplutta Sogn Benedetg, Edition Hochparterre bei Scheidegger & Spiess, Zürich 2009.

Marlene Gujan, »Charakter erhalten dank Sanierung nach Mass«, in: *Terra Grischuna,* 6/2002.

Bettina Schlorhaufer, »Mädcheninternat ›Unterhaus‹, Kloster Disentis«, in: Dies. (Hrsg.), *Cul zuffel e l'aura dado – Gion A. Caminada,* Quart Verlag, Luzern 2005.

Daniel Schönbächler, *Caplutta Sogn Benedetg. Gedanken und Bilder zur Architektur und Symbolik,* hrsg. vom Cussegl da fundaziun Caplutta Sogn Benedetg, Condrau, Disentis 1992.

Lindner
UNITRAC 65
GR·10036
PAUL

Lumnezia/Vals

Weltklasse in Seitentälern

Von Vella nach Vrin und von Vrin nach Vals

Dass Lumnezia sich von lateinisch *lumen* herleite, Val Lumnezia also »Tal des Lichts« bedeute, ist eine Erfindung der Touristiker. Aber hell und leicht mutet es tatsächlich an, das Tal des Glogn, das bei Ilanz vom Vorderrhein gegen Südwesten abzweigt. Und zusammen mit dem raueren Valsertal ist es ein Lichtblick, ein Haupt- und Glanzstück für alle Freunde des neuen wie des alten Bauens in den Alpen.

Von Peter Egloff

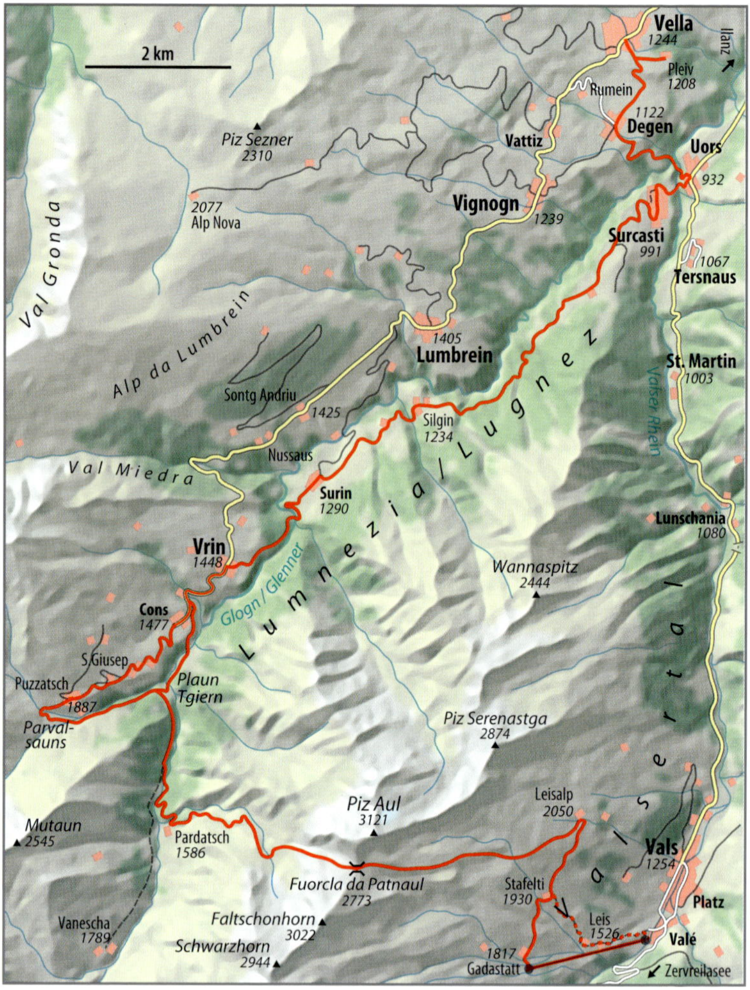

Vella–Pleif–Degen–Uors–Surcasti–Silgin–Surin–Vrin	**4 h 30**
↗ **607 m** ↘ **391 m**	
Vrin–Plaun Tgiern–Parvalsauns–Puzzatsch–Camplun–S.Giusep–Ligiaziun–Cons–Vrin	**2 h 30**
↗ **207 m** ↘ **277 m**	
Vrin–Pardatsch–Fuorcla da Patnaul–Leisalp–Stafelti–Luftseilbahn Gadastatt	**7 h 30**
↗ **1393 m** ↘ **1048 m**	
Variante: Von Stafelti über Leis direkt hinunter nach Vals	**1 h 30**
↘ **700 m**	

Charakter
Vella–Vrin und Vrin–Parvalsauns–Vrin: Abwechslungsreiche, leichte Wanderungen durch Wiesen, Weiden und Wälder, gute Wege, streckenweise Hartbelag und einzelne etwas steilere Passagen. Vrin–Fuorcla da Patnaul–Gadastatt (–Vals): Anspruchsvolle Bergwanderung auf durchgängig rot-weiß markierter Route. Nur bei guten Witterungsbedingungen und mit entsprechender Ausrüstung zu empfehlen.

Beste Jahreszeit
Später Frühling bis Herbst. Fuorcla da Patnaul: im Juni und ab Oktober unbedingt vorher Schneeverhältnisse abklären!

Verkehrsmittel
Alle Dörfer sind mit dem Postauto erschlossen. Von Ende Juni bis Ende September fährt zwischen Vrin und Puzzatsch ein Bedarfsbus mit Spezialtarif (www.sbb.ch).
Luftseilbahn Gadastatt. Betriebszeiten: In der Vorsaison nur an den Wochenenden, in der Hauptsaison (Ende Juni–Ende Okt.) an den Wochenenden stündlich 8–17 Uhr, unter der Woche täglich außer Mo 8–17 Uhr im Zweistundentakt, 081 935 14 08, www.vals.ch/sommer.75.0.html

Übernachten, essen, baden
Hotel Péz Terri, Vrin, 081 931 12 55
Gasthaus Tgamanada, Vrin/Sogn Giusep, 081 931 17 43. Die weitherum besten Bizochels – auf Vorbestellung und ab 2 Personen.
Restaurant Leisalp, geöffnet während der ganzen Alpsaison, 081 935 14 12
Vals: zahlreiche Möglichkeiten in allen Preislagen, www.vals.ch/Essen-und-Schlafen
Weitere Restaurants in Vella, Uors, Surcasti, Gadastatt.
Thermalbad Vals: Reservation ist unerlässlich und für Tagesgäste nur via Internet möglich: www.therme-vals.ch. Erwachsene 40 CHF, Kinder 26 CHF. Wer in Vals im Hotel übernachtet, bucht den Eintritt in die Therme vergünstigt via Rezeption.

Einkaufen
Läden und Bäckereien in Vella, Vrin und Vals. Ein Geheimtipp, der schon fast keiner mehr ist: die köstlichen einheimischen Trockenfleisch-Produkte der Mazleria (Metzgerei) in Vrin.

Museen, Besichtigungen
Vella: Kirche St. Vincentius, Pleif, Kirchenschlüssel beim Verkehrsverein im Demont-Schloss, 081 931 18 58
Degen: Kapelle Sogn Bistgaun, Besuch bei Familie Caduff voranmelden, 081 931 19 26
Eine kleine Reise in die Vergangenheit bietet das Heimatmuseum Gandahus in Vals.
Nur geführte Besichtigungen: Mai–Okt., Di, 14 Uhr, Mi und Fr 16 Uhr, 081 920 70 70, www.vals.ch/Museum.106.0.html

Information
Vella: Lumnezia Turissem, 081 931 18 58, www.vallumnezia.ch
Vals: Visit Vals, 081 920 70 70, www.vals.ch
Therme Vals, 081 926 80 80, www.therme-vals.ch

Karte
Landeskarte 1:50 000, Blatt 257 (Safiental). Auch als Wanderkarte 257 T erhältlich.

Kirchenweiler Pleif.

Vorab in städtischen Köpfen rumort noch immer die fixe Idee von den weltabgeschieden-ursprünglichen Alpentälern, die samt ihrer Bevölkerung unberührt vom Getriebe der urbanen Zentren naturnah und geistig selbstversorgt vor sich hinträumen. Das war schon radikal falsch, als die Welt weder Postauto noch Internet kannte.

Vals und Vrin sind zu Wallfahrtsorten geworden. Die Internationale der Architekturliebhaber findet sich hier zur Andacht ein. Das ist nun tatsächlich eine recht neue Erscheinung. Aber welthaltig und weltverbunden waren Lumnezia und Valsertal schon Jahrhunderte zuvor. Vielfältig ablesbar ist das auch an der alten Bausubstanz der beiden Talschaften.

Nicht zufällig vertreten die beiden für die Region wichtigsten Architekten eine Baukunst, die sich intensiv mit der Vergangenheit auseinandersetzt. Ehe er in die globale Spitzenliga aufstieg, war der Baselbieter Peter Zumthor als Denkmalpfleger und Siedlungsinventarisator in der Val Lumnezia tätig. Hier bekam er auch seinen ersten Bauauftrag. Der Vriner Gion A. Caminada wurde international bekannt durch virtuose Neuinterpretationen des traditionellen Material- und Konstruktionsrepertoires seines Tals.

Sowie durch einen konzeptionellen Zugang zu seinen Projekten, wie ihn vielleicht nur einer erarbeiten kann, der selber im Bergdorf geboren und aufgewachsen ist und dort auch nach wie vor sein Atelier führt.

Kontroverse um Schulhaus-Erweiterung

Und nun ziehen wir los. Das Postauto entlässt uns gleich neben dem Dorfplatz von Vella mit seinen bäuerlichen Strickbauten und den Prestige-Behausungen der Patrizierfamilie de Mont/Demont. Ein Demont-Spross, Joseph Laurent, musste als Brigadegeneral in französischem Sold 1799 seine Truppen gegen die eigene Heimat führen. Er erledigte die heikle Mission mit einiger Eleganz. Sein Name steht am Arc de Triomphe. Etwas näher betrachten wir das Demont-Schloss von 1666 schräg gegenüber der Post und stellen fest: Der Turm ist nicht Treppenhaus, sondern bloß Blickfang, architektonischer Akzent – und ein bisschen Bluff. 200 Meter westlich erblicken wir an der Hauptstraße ein Mehrfamilienhaus von 1915, das mit seinem Türmchen keck behauptet: Auch ich bin ein Schloss!

Am Weg nach Pleif kommen wir nach wenigen Schritten zum Schulhaus von Valentin Bearth, Andrea Deplazes und Partner Daniel Ladner (1995/1997). Eigentlich handelt es sich um eine Erweiterung. Vor allem die Anpassung des Altbaus aus den 1950er-Jahren an die neuen Teile (u.a. durch Kappung der Dachvorsprünge) führte im Dorf zu erbitterten Kontroversen. Die Aufregung hat sich mittlerweile gelegt, die klar konturierten, hellgrauen Kuben blicken ruhig ins Tal, und das Ener-

Standesgemäße Patrizier-Bleibe: das Demont-Schloss am Dorfplatz von Vella.

giekonzept von Andrea Rüedi gilt als Pionierleistung. Massive Steinböden und eine Rippendecke speichern die durch große Fensterflächen passiv gewonnene Sonnenwärme.

Der Kirchenweiler Pleif war im Mittelalter das geistig-religiöse Zentrum von Lumnezia und Valsertal: Alle Dörfer waren in der Talkirche St. Vincentius kirchgenössig, bevor sich nach und nach einzelne Pfarreien formierten und ablösten. Im Innern lassen wir uns ein bisschen erschlagen vom Hauen, Stechen und Schießen im Kolossalgemälde (29 Quadratmeter!) der Seeschlacht von Lepanto. Mit tatkräftiger Unterstützung der Gottesmutter brachte 1571 die Allianz von Venedig, Spanien und Papst der türkischen Flotte eine vernichtende Niederlage bei. Großmachtpolitik in der Bergkirche – und ein Demont aus Vella war auch dabei!

Von der Kirche gehts in wenigen Schritten zum Galgenhügel des einstigen Hochgerichts. Heute steht dort stattdessen ein Bildstöcklein, und wir erkennen: Missetäter starben mit Panoramablick. Auch wir genießen ihn und verstehen nun, was der Volkskundler Richard Weiss meinte, als er den Begriff der »Sakrallandschaft« prägte. Nicht weniger als 10 Kirchen und Kapellen können wir von hier aus zählen! Eine

Die riesigen Fensternischen strukturieren die Fassade und lassen den Sonnenschein herein. Drinnen wird er mittels Rippendecken und massiver Steinböden eingefangen und gespeichert.

Schulhaus, Sutvitg, Vella, 1997
Bauherrschaft: Politische Gemeinde Vella/Kreisschulverband Lumnezia
Architektur: Bearth & Deplazes, Chur

Krieg in der Kirche: die Seeschlacht von Lepanto.

von ihnen liegt uns zu Füßen und ist unser nächstes Ziel: Sogn Bistgaun, St. Sebastian, Königin der Kapellen von Val Lumnezia und Valsertal. Sie ist geschlossen und durch eine Alarmanlage gesichert. Aber Frau Caduff kann uns, wenn zuhause und rechtzeitig angefragt, Einlass gewähren. Es lohnt sich, denn die weißgetünchten Mauern des harmonisch-bescheidenen Bauwerks verbergen ein hochoriginelles Kleinod, um das es jeder Dom beneiden muss. Der Hauptaltar ist ein rauschendes Fest für die Augen, eine rundum glückliche Heirat zweier Epochen. Virtuos umjubelt barockes Akanthus-Rankenwerk die spätgotischen Figuren von Meister Ivo Strigel aus dem süddeutschen Memmingen. Aber auch der rechte Seitenaltar hats in sich – drastisch wütet da der Schwarze Tod. Was zum Sebastians-Patrozinium und zwei Figuren im Schrein des Hauptaltars passt. Sebastian und Rochus galten als Schutzheilige gegen die Pest.

Bei Vella: Galgenhügel mit froher Aussicht.

Auf dem Weg nach Degen werfen wir noch einen Blick rechts den Hang hinauf, erkennen in Rumein unschwer ein gestricktes Caminada-Haus und weiter taleinwärts, in Vattiz, das urban-elegante Oktogon der Kapelle St. Nikolaus und Valentin – 1980 bis 1982 restauriert von Peter Zumthor. Der gelbe Wegweiser in Degen zeigt nach links. Bald stehen wir erneut an einer Geländekante, jäh bricht der weiche blaue Bündner Schiefer gegen den Fluss ab. Der Blick fällt auf ein gutes Stück unseres weiteren Weges und bei Surcasti auf ein Ensemble, das einen Bogen über acht Jahrhunderte schlägt: Die filigrane Betonbrücke von Christian Menn von 1962 und die Laurentius-Kirche, wo ein Wehrturm aus dem 12. Jahrhundert zum Glockenturm geworden ist.

Die Kapelle, ein Bilderbuch

Der Abstieg zum Glogn führt zwischen Sanddorn, Berberitze, rotem Holunder und Königskerzen einen Trockenhang hinunter. Zwischendurch werfen wir noch einen Blick nach

Einst stand sie allein und verträumt auf der grünen Wiese. Heute sind da auch noch ein Meliorations-Stall und ein Fußballplatz, und während des Open Air Lumnezia verschwindet sie für ein paar Tage hinter Konzertbühne und Lautsprechertürmen.

Sogn Bistgaun, die Kapellen-Königin der Val Lumnezia.

Tersnaus hinüber. Das Dorf hat nicht wie alle anderen in der Lumnezia eine gewachsene Struktur, sondern ein rechtwinkliges Straßennetz mit einheitlichen Bauparzellen. Alle Giebel schauen in dieselbe Richtung. Der Grund: Am 18. Juli 1900 brannte Tersnaus bis auf ein einziges Haus und die Kirche vollständig nieder. 31 Familien verloren alles. Der Wiederaufbau erfolgte nach den streng rationalen Prinzipien, die noch heute augenfällig sind. So wie die roten Ziegeldächer, die damals von den Zürcher Ziegeleien gespendet worden sind.

Hauptaltar der Kapelle St. Sebastian bei Degen.

Bald stehen wir am Zusammenfluss von Glogn und Valser Rhein. Nach dem steilen Aufstieg nach Uors (die Kapelle des Dörfchens, Sogn Carli, dem Gegenreformator Karl Borromäus geweiht, ist ein wahres Bilderbuch) und dem Gang über Menns Brücke können wir ermessen, wie

Hier wurden Jahrhunderte verknüpft, Christian Menns Brücke von 1962, dahinter die Kirche S. Luregn, angebaut an einem Wehrturm aus dem 12. Jahrhundert.

Brücke, Surcasti, 1962
Bauherrschaft:
Tiefbauamt
Ingenieur:
Christian Menn

sehr diese das Leben in Surcasti erleichtert haben muss. Von dort macht uns für eine gute halbe Stunde die asphaltierte Meliorationsstraße das Wanderleben schwer. Dann gehts wieder direkt auf Mutter Erde durch Wald und Feld, und nach einem weiteren Stündchen sind wir in Silgin. Wer immer noch Lust auf Kapellen hat, kommt hier abermals auf die Rechnung und kann mit dem rustikalen Barock der Deckenbilder von St. Sebastian – schon wieder er! – in Gedanken abheben und beim Indianerbarock mexikanischer Kirchen landen.

Gegenüber, hoch am Hang, thront Lumbrein und schaut auf die schattenseitigen Weiler, romanisch »ils hofs«, herab. Sie waren ursprünglich von Walsern besiedelt. Auch wenn man hier längst romanisch spricht: die Familiennamen deutscher Herkunft wie Alig, Gartmann oder Tenz sind geblieben. Am untern Dorfrand von Lumbrein ist von hier aus auch ein Wehrturm aus dem 13. Jahrhundert auszumachen. Er wurde 1969/70 restauriert und zur privaten Ferienresidenz umgebaut: Peter Zumthors erster Architekturauftrag.

Der Wohnturm der Herren von Lumerins ist eine solide Sache: Mauerstärken von 1 bis 1,4 Metern, lagerhaftes, stark ausgezwicktes Mauerwerk aus Bruchsteinen und Moränenschutt, in die Kante geschlagene Ecksteine mit vereinzelten Bossen, Schmalscharten und Rundbogenfenster mit Tuffgewänden.

Wohnturm »Chisti«, Lumbrein, 1316
Bauherrschaft: Herren von Lumerins
Bauherrschaft Renovation 1970: Duri & Clara Capaul-Hunkeler
Architektur: Peter Zumthor, Haldenstein

Er dominiert die Val Lumnezia klar: der Péz Terri (3149 m), Lieblingsberg des berühmten Geologen Albert Heim. Links im Bild der Weiler Surin.

Von Silgin führt ein schöner Fußweg ohne Höhenverlust durch das Tobel zu den Höfen von Pruastg. Hier hat uns der Asphalt wieder, und nach einer knappen halben Stunde sind wir im Weiler Surin. Hier gibts – richtig – eine Kapelle, und rechts vom gekiesten Fahrsträßchen nach Vrin den Hügel von Crestaulta mit der bronzezeitlichen Siedlung samt ausführlicher Orientierungstafel. Bald gehts über den Fluss und bergauf zum heutigen Tagesziel.

Vrin und seine Weiler

Auch international gefeierte Schönheiten haben einen Verdauungstrakt. Das erste, was wir von Vrin aus der Nähe sehen, ist die Kläranlage. Aber gleich darauf liegt Bündens bekanntestes Bauerndorf – der Begriff trifft momentan noch zu etwa 35 Prozent zu – in seiner ganzen stillen Harmonie vor uns. Die Mehrzweckhalle, das »Neuquartier« mit Metzgerei und zwei Stallscheunen, die Zimmerei, mehrere Wohnhäuser – alles trägt die Handschrift von Gion A. Caminada, und seine Totenstube von 2002 steht so selbstverständlich neben der Kirche von 1694, wie wenn die beiden seit eh und je ein glückliches Paar wären. Diese Kirche mit dem abgesetzten Campanile kommt uns ziemlich italienisch vor. Damit liegen wir nicht ganz falsch – Barock-Baumeister Antonio Berogio kam immerhin aus Roveredo. Aber Vrins »Italian Connection« reicht weiter: Lange Jahre unterhielt das Dorf enge Beziehungen nach Mailand, wohin man auf Arbeitssuche jeweils für die Wintersaison, teils auch definitiv auswanderte. Noch in den ersten Jahrzehnten des 20. Jahrhunderts soll der Mailänder Dialekt im Romanisch von Vrin deutlich hörbar gewesen sein.

Die Fäden ins Ausland lassen sich auch weiterspinnen. Zum Beispiel bis Prag, wo 1672 ein romanisches Passional des rührigen Vriner Pfarrers Balzer Alig gedruckt wurde. Gesponsert von Gion de Capaul aus Lumbrein, der damals als königlicher Ingenieur am Hradschin baute und damit offenbar gut verdiente.

Der Weiler Cons, im Hintergrund Vrin.

Vrin und seine Weiler sind einen Tagesaufenthalt und eine leichte Wanderung wert. Aber leicht soll sie sein, denn wir wollen Kräfte sparen für den folgenden Tag. Bei der Dorfsäge noch vor Cons zweigen wir links von der Talstraße ab, überqueren zweimal den Glogn und erreichen nun, parallel zum Diesrut-Bach durch den Wald Höhe gewinnend, die Weiden der Alp Parvalsauns und nach der Brücke deren Wirtschaftsgebäude, den Geißenstall und das Hirten-Wohnhaus von 1992/93. Diese Bauten machten Gion A. Caminada erstmals über die Region hinaus bekannt und wurden von den Bündner Fachverbänden als »Guter Bau 1994« ausgezeichnet.

Von hier gehts auf dem Sträßchen talauswärts hinauf nach Puzzatsch. Einige größere, alte Strickhäuser verraten, dass dies nicht immer eine Maiensäßsiedlung war. Puzzatsch wurde noch im 19. Jahrhundert ganzjährig bewohnt. Die Kapelle ist den Heiligen Valentin und Bartholomäus geweiht und wurde 1984 bis 1987 vom Atelier Zumthor restauriert. Valentin ist Schutzpatron der Reisenden: Wir stehen an der für Vrin einst so wichtigen Greina-Route. Auf

Erfolgreiches Wirtschaften im Berggebiet heißt auch: Rohstoffe, die das Tal produziert, sollen wertschöpfend im Tal weiterverarbeitet werden. Zum Beispiel hier im Schreinerei- und Zimmereibetrieb von Vrin.

Anbau Schreinerei/ Zimmerei, Vrin, 1995
Bauherrschaft: Alig & Co.
Architektur: Gion A. Caminada, Vrin

Das Wunder von Vrin

Vrin und seine Weiler

Bauherrschaft: Gemeinde Vrin und diverse Privatpersonen

Architektur: Gion A. Caminada, Vrin

Direktaufträge

In Vrin wird Orts- und Heimatschutz betrieben, aber er beschränkt sich nicht auf die Erhaltung von Fassaden. Man schützt die Heimat, indem man ihre vitalen Funktionen pflegt. »Ich glaube, dass das Soziale, das Ökonomische und das Ästhetische viel näher zusammenrücken müssen. Erst dann entsteht ein Nutzen durch Architektur«, sagt Gion A. Caminada. Die Menschen sollen in der Gemeinde bleiben. Dafür muss man ihnen die Möglichkeit zum Wohnen und Arbeiten geben, Infrastrukturen pflegen und ausbauen, eigene Ressourcen am Ort nutzen. Caminada hat erkannt: Lokale Wertschöpfung ist einer der wichtigsten Aspekte des Bauens im Berggebiet. Das ist der erste Punkt.

Der zweite: Alle seine Bauten binden sich ohne Anbiederung eng an den gewachsenen Habitus von Dorf und Landschaft – und erzielen gerade in dieser Zurückhaltung ihre starke Wirkung. Darum hat Vrin heute das interessanteste alt-neue Ortsbild von Graubünden. Und als eine der Voraussetzungen dafür auch ein Baugesetz, das Bauberatung verbindlich erklärt und im Siedlungsgebiet zum Beispiel Zement-Verbundsteine, aufgeschüttete Gartensitzplätze, Zyklopenmauern oder die Umzäunung von Eigenheim-Parzellen untersagt. Das zeugt von mindestens ebenso viel politisch-diplomatischem wie konzeptionell-gestalterischem Geschick. Denn was immer man den Menschen von Vrin an Eigenschaften nachsagen mag – im Ruf besonderer Nachgiebigkeit stehen sie nicht!

dem Hochaltar entdecken wir oben rechts auch den heiligen Theodul, welcher den Satan zwang, ihm eine Glocke von Rom nach Sitten zu tragen. Ein Hinweis darauf, dass auch die Gegend von Vrin ursprünglich mindestens zum Teil von Walsern besiedelt wurde, denen dieser Heilige besonders lieb und teuer war.

Gleich nach Puzzatsch können wir linker Hand an der Stallscheune des Knospe-Bauernbetriebs von Pius und Anna Caminada studieren, wie Gion A. Caminada das traditionelle Prinzip der »aufgetrölten«, verschalten Rundholz-Konstruktion mit ecküberkreuzten, spanplattenversteiften Rahmenelementen weiterentwickelt hat. Von da geht es gemächlich teils auf dem Sträßchen, teils auf dem parallelen, markierten Wanderweg nach Camplun und Sogn Giusep.

Sommerresidenz für 157 Ziegen: die Geißenalp Parvalsauns am Aufstieg zur Greina. Das Wohnhaus für die Hirten beherbergt auch Käserei und Keller. Der Stall mit Pultdach ist zweistufig dem Gelände angepasst, die Naturstein-Füllungen in den Betonsockeln lieferte der nahe Bach.

Alpgebäude Parvalsauns, Vrin, 1992
Bauherrschaft: Gemeinde Vrin
Architektur: Gion A. Caminada, Vrin

Dort gibts im Restaurant Tgamanada bei Frau Caminada die weitherum besten Bizochels – aber nur ab 2 Personen und auf Vorbestellung.

Auf der ganzen Strecke von Ligiaziun über Cons bis Vrin haben wir nun weiter Gelegenheit, unseren Blick für die Entwicklung, die Eigenheiten und die Qualitäten von Caminadas Architektur zu schärfen und festzustellen, dass er als Ortsplaner ebenso bedeutend ist wie als Architekt. Bei der berühmtesten Telefonzelle der Schweiz gleich neben Vrins Post kommt allerdings leichte Verlegenheit auf. Das Ding stand von Anfang an unter Manierismus-Verdacht und zeugt nun nach ein paar Jahren nicht gerade von einem nachhaltig-sachgerechten Umgang mit dem Werkstoff Holz.

Eine Gemeinde, die eine Schule hat, hat eine Zukunft. Eine Gemeinde mit aktiven Vereinen hat eine lebendige Gegenwart. Das wird in Vrin gewürdigt: Schule und Mehrzweckhalle stehen am schönsten Ort im Dorf. Die Halle ist ein raffiniert-subtiler Pas de deux von Konstruktion und Architektur.

Mehrzweckhalle, Vrin, 1995/96
Bauherrschaft: Gemeinde Vrin
Architektur: Gion A. Caminada, Vrin

Am Weg zum Schulhaus und zu Caminadas Mehrzweckhalle mit der raffinierten Dachkonstruktion aus unterspannten Trägern (1995/96, Ingenieur Jürg Conzett) stoßen wir auch auf ein Zumthorsches Frühwerk: die Bäckerei von 1982. Leider wurde nur die Grundstruktur nach seinen Plänen ausgeführt. Der Qualität von Dante Caminadas Hausbrot und Nussgipfeln tut das zum Glück keinen Abbruch.

Rabiat bergauf

Caminadas Telefonhäuschen.

»Baul sin ils cuolms, tard en l'uiara« – Früh auf die Berge, spät in den Krieg, sagen die Romanen, und wir folgen dem weisen Rat. Wir haben heute viel vor, in der Morgenkühle wandert es sich angenehmer, zudem wollen wir ennet dem Berg das letzte Bähnchen nicht verpassen und ins Bad steigen. Das erste Wegstück bis zum Zusammenfluss von Glogn und Diesrut-Bach kennen wir bereits von gestern. Aber diesmal schlagen wir das Waldsträßchen links durch die Schetga ein und überqueren den Glogn bei Schareida. Wie lange Glogn und Aua da Diesrut noch rauschen und raunen werden, ist ungewiss. Ihre »Verstromung« wird gegenwärtig in den Büros der Manager der Kraftwerke Zervreila AG kalkuliert. Am Energieproblem würde sich damit nichts ändern – am Vriner Finanzhaushalt allerdings schon. Beim Seitenbach wenige Meter vor dem Maiensäß Pardatsch zweigt links der schmale, aber durchwegs gut markierte Pfad ab, der uns zur Schafalp Patnaul und über die gleichnamige Fuorcla nach Vals bringen wird.

Vriner Holz, gestrickt.

Wacht über das Dorf wie eine Glucke: Vrins Barockkirche von 1694.

Die Route führt rabiat bergauf, ist aber ungemein attraktiv angelegt, weil wir uns meist auf einem schmalen Geländerücken zwischen zwei fröhlichen Bächen bewegen. Bald genießen wir einen prächtigen Blick auf den Péz Terri. Der Berg beeindruckte den berühmten Geologen Albert Heim dermaßen, dass er 1891 in einem ansonsten nüchternen Grundlagenwerk zur Geologie der Schweiz die wissenschaftliche Contenance verlor: »Einen so unnahbaren, düsteren, kühn und scharf geschnittenen Gesellen konnten nur die steil aufgerichteten Bündner Schiefer liefern. Man begreift die Schauersagen, welche die Bevölkerung an ihn knüpft.«

Bei der unteren Hütte von Patnaul sind wir vermutlich reif für eine kurze Rast. Zur oberen Hütte aufsteigend, entdecken wir in der steilen Weide unter uns vier lange, leicht gewellte Bänder aus angehäuften Steinen. Nein, keine Kunst, kein »project« von Richard Long, zu viel der Mühsal selbst für den englischen »land art«-Papst. Sondern Kampf ums karge Dasein, Landgewinnung, Weidesäuberung durch verflossene Bergler-Generationen. Bald nach der oberen Schäferhütte setzen wir links über den Bach zu einem blockdurchsetzten Rasenrücken, auf dem der Pfad nochmals steiler genau auf die nun gut sichtbare Fuorcla zielt. Schließlich stehen wir aufatmend oben und damit auch an einer Sprachgrenze. Ganz unproblematisch ist sie nicht: Dass sich die Valser Gemeindeversammlung 1998 auf Antrag der Schulbehörde für Italienisch und nicht Romanisch als Früh-Fremdsprache entschied, wurde in der Lumnezia nicht überall goutiert.

Die überwundenen 1400 Höhenmeter sind spürbar, aber der gelbe Wegweiser spendet Trost: Leisalp 1 h 15, Vals 3 h. Von Südwesten grüßt das Rheinwaldhorn, und bereits nach einem Stündchen gerät rechts unten die Luftseilbahn von Gadastatt in den Blick. Das zaubert neues Leben in Beine und Gemüt. Und es kommt noch besser: Gleich darauf erreichen wir das Restaurant Leisalp, das während der ganzen Alpsaison geöffnet ist und sich anheischig macht, uns mit Speck, Wurst, Kaiserschmarrn und hausgemachtem Joghurt zu laben. Weiter oben haben wir uns vielleicht schon über ein paar imposante, geschwungene Erdwälle gewundert: Lawinendämme! Jetzt, auf dem Alpsträßchen nach Stafelti, kommen wir an markant in die Landschaft gesetzten eisernen Riesenrechen vorbei. Sie könnten uns dazu verleiten, wie schon auf der Alp Patnaul an zeitgenössische Kunst zu denken. Ältere Valserinnen und Valser haben andere Assoziationen. In der Nacht des 20./21. Januar 1951 starben in der Gemeinde 19 Menschen den Weißen Tod, davon 14 Kinder. Ganze Familien wurden ausgelöscht.

In Stafelti müssen wir uns entscheiden. Extrem motivierte und durchtrainierte Freunde des neuen Bauens in den Alpen schwenken talwärts ab und erreichen auf steilem Pfad den 400 Meter tiefer gelegenen Weiler Leis, wo 2008 zwei Wohnhäuser – Strickbauten, diesmal aber von Peter Zumthor – entstanden sind. Aber aufgepasst: Von da bis hinunter nach Vals sind dann nochmals fast 300 Höhenmeter zu vernichten! Die verlockende Alternative ist darum ein Wiesenweglein, das von Stafelti in südwestlicher Richtung sanft durch eine herrliche Flora zur Luftseilbahn von Gadastatt führt. Orchideen und Glockenblumen, Arnika, Horn-

Das Maiensäß Pardatsch und der Aufstieg gegen die Fuorcla da Patnaul.

Alpine Eleganz

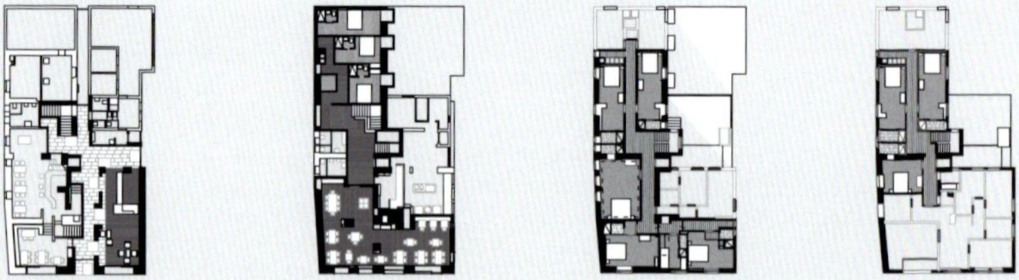

Hotel Alpina, Dorfplatz, Vals, 2006

Bauherrschaft: Karl Kühne-Schnider, Vals

Architektur: Gion A. Caminada, Vrin

Ingenieur: Alex Kilchmann, Schluein

Direktauftrag

Zuerst, um 1900, war das Alpina ein kleines Grandhotel im Heimatstil. Ende der 60er-Jahre wurde daraus eine schlichte Herberge mit Geranienbalkon. Dann, 2001, kam der Architekt von Vrin nach Vals. Wer heute mit dem Ziegenstall von Parvalsauns im Kopf in die Lobby des Alpina tritt, hat das perfekte Kontrasterlebnis. Und spürt doch gleich, dass hier derselbe Geist am Wirken war.

Das Spiel mit Raumtiefen ist eins der gestalterischen Lieblingsthemen von Gion A. Caminada. Dazu bot ihm die Situation des Alpina überreich Gelegenheit:

Der Bau ist doppelt so tief wie breit. Im Erdgeschoss finden sich Lobby, Bar und ein kleines Restaurant, in der ersten Etage der Speisesaal und drei Gästezimmer, im zweiten und dritten Stock neun weitere Gästezimmer. Zuoberst wohnt der Wirt.
Caminada hat sein Berufsleben als Schreiner begonnen. Das sieht und spürt man im ganzen Haus. Er hat das lokale Tischler-Unternehmen zu Höchstleistungen angespornt. Eiche dominiert. Alle Möbel sind von ihm entworfen. Man schläft in Schmuckschatullen und duscht – wie sonst? – in Valser Gneis. »Der Treppenaufgang wirkt wie ein begehbares Kunstwerk«, schwärmt die Kunsthistorikerin Bettina Schlorhaufer. Vielleicht ist er eins?

Lawinendamm auf der Alp Leis.

klee, Muttern, Klappertopf, Pippau, Steinbrech, Hauswurz, Thymian & Co. vermitteln uns eine Vorahnung vom Blumenbad, das in der Therme auf uns wartet. Und vielleicht erdröhnt das Tal einmal von einem Sprengschuss aus den Steinbrüchen von Pius Truffer, der sich erfolgreich gegen die Billig-Konkurrenz aus China behauptet und nicht nur den Fortbestand der harmonisch hellgrauen Valser Dachlandschaft garantiert, sondern auch das Material für Peter Zumthors Bad und den Berner Bundesplatz geliefert hat und den Valser Gneis bis nach London, Philadelphia und Sydney exportiert.

In Gadastatt dürfen wir nach unserer Tagesleistung guten Gewissens ins Bähnchen steigen, das uns die letzten 545 Höhenmeter abnimmt. Später, wohlig vom warmen Wasser gewiegt, werden wir realisieren: Der einzig wahre Weg zum vollkommenen Genuss von Peter Zumthors Felsentherme führt über die Fuorcla da Patnaul!

Vorerst aber gehts noch von der Talstation Valé nach Vals Platz und zur – mit Vorteil reservierten – Unterkunft unserer

Wahl. Unterwegs entdecken wir rechter Hand ein Caminada-Wohnhaus. Den Dorfplatz dominieren die Kirche und einige mächtige historische Holzbauten. Ihre großen, sonnendunklen Gesichter strahlen Würde aus und sagen: Wir haben viel gesehen! Hinten rechts aber schaut uns ein ungestrickter Caminada diskret-einladend an und verbreitet eine dezent urbane Note: das Hotel Alpina.

Leis, auf dem Weg von Gadastatt nach Vals.

Zur Therme führt führt linker Hand die neue Valserrheinbrücke von Jürg Conzett. Die tragenden Wände der Trogbrücke sind – richtig! – aus Valser Stein, der mit dem Beton durch Nocken, Zinken, Versatze und Keile verzahnt

Im Weiler Leis oberhalb von Vals stehen zwei kleine Holzhäuser. Peter Zumthor hat hier den Strickbau weiterentwickelt. Die Stöße ragen über die Ecken, umschließen Außen- und erweiterten Innenraum. Auf einen gemauerten Sockel muss das Haus verzichten, dafür hat es ein kaltes Dach, gedeckt von zwei filigran wirkenden Flügeln. Die Häuser von Leis sind Brüderchen des Hauses Luzi in Jenaz (siehe Seite 118).

Holzhaus, Vals-Leis, 2009
Bauherrschaft: Annalisa Zumthor
Architektur: Peter Zumthor

Eine Höhle für die Sinne

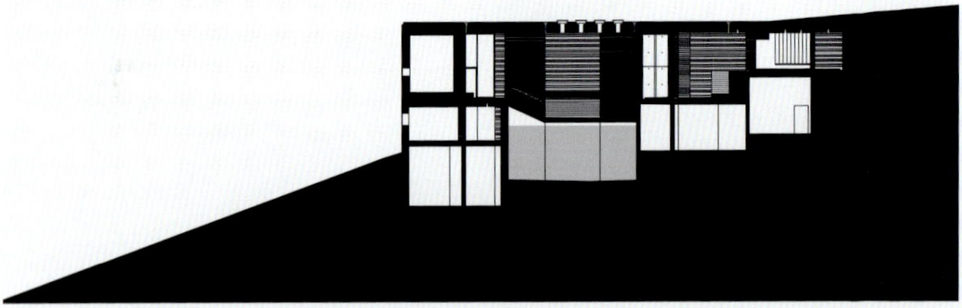

Therme Vals, 1996

Bauherrschaft: Hotel und Thermalbad Vals

Architektur: Peter Zumthor, Haldenstein

Ingenieure: Jürg Buchli, Haldenstein; Casanova und Blumenthal, Ilanz

Wettbewerb

Der Zugang zur Therme Vals ist ein unterirdischer Stollen, der im danebenstehenden Hotel beginnt. Sie war international berühmt, noch bevor sie fertig war. Aber ohne den mutigen Bauentscheid der Gemeinde Vals hätte es sie nie gegeben.

Leitgedanke des Entwurfs war das Aushöhlen. Riesige rechteckige Blöcke sind zwar aus unzähligen Valser Gneisplatten geschichtet, wirken aber wie Monolithe. Zwischen ihnen liegt die Abfolge der Hohlräume. Sie bergen verschiedene Nutzungen: Man kann schwimmen, duschen, schwitzen, frieren, in

Blüten baden, Klängen nachhorchen oder sich massieren lassen. Ganz sparsam dringt von oben etwas Tageslicht herein, wie in einen alten Dom. Und die filigranen Deckenleuchten sind dieselben wie in der Kapelle von Sogn Benedetg, mit der Peter Zumthor seinen internationalen Ruhm begründet hat. Nur zur Talseite hin öffnet sich die Badehöhle mit großen Fenstern, hinter denen man im Liegestuhl die Valser Landschaft wie ein monumentales Gemälde betrachten kann.

ist. Die betonierte Fahrbahnplatte ist längs vorgespannt und nimmt als Zugband den Horizontalschub der Wände auf, die als Bogen wirken. Hier ist auch der Ort, um einen Blick in den Valser Rhein und auf die ausgedehnten Dammbauten zu werfen (gestalterische Beratung: Peter Zumthor).

Der Gebirgsfluss ist der Gemeinde Segen und Fluch zugleich. Segen, weil die Wasserzinsen des Zervreila-Stausees den wirtschaftlichen Aufschwung von Vals begründet haben. Fluch, weil er bis heute und trotz Stausee unberechenbar geblieben ist. Nicht umsonst steht in der Pfarrkirche ein barocker Altar mit dem heiligen Johannes von Nepomuk. Der Prager Märtyrer wurde 1393 in der Moldau ertränkt. Damit verbindet sich – in einer etwas komplizierten Logik – seine Reputation als Beschützer gegen die Wassernot. Aber anno 1868 war auch er überfordert. Die Wasser wüteten damals so verheerend, dass hölzerne Grabkreuze aus dem überschwemmten Vals im Bodensee trieben und die Gemeinde zeitweilig eine Total-Auswanderung nach Amerika erwog. Nicht nur Vrin hatte seine Prager Connection, auch in den *leida, rucha Bärga* von Vals reichten schon früher viele Fäden in die weite Welt hinaus.

Literatur und Film

Duri Capaul, Lucia Degonda, Peter Egloff, *Lumnezia und Valsertal,* Schweizer Heimatbücher, Band 131, Verlag Paul Haupt, Bern/Stuttgart 1988.

Leza Dosch, »Architektur«, in: Duri Blumenthal, Armin Caduff, Curdin Casaulta, Peter Schmid (Hrsg.), *Kulturführer Val Lumnezia und Vals,* Fundaziun da Cultura Val Lumnezia, 2000.

Bettina Schlorhaufer (Hrsg.), *Cul zuffel e l'aura dado – Gion A.Caminada,* Quart Verlag, Luzern 2005.

Peter Zumthor, Sigrid Hauser, *Therme Vals,* Verlag Scheidegger & Spiess, Zürich 2007.

Christoph Schaub, »Ort, Funktion und Form. Die Architektur von Gion A. Caminada und Peter Zumthor», *Televisiun Rumantscha,* Chur 1996.

Christoph Schaub, »Das Projekt Vrin«, *Televisiun Rumantscha,* Chur 2000.

Anhang

Autorinnen und Autoren

Peter Egloff, 1950, wurde in Zürich geboren und lebt in Sumvitg. Er hat Volkskunde und Soziologie studiert, war IKRK-Delegierter, Redaktor bei Schweizer Radio DRS, Programmleiter der Televisiun Rumantscha. Seit 2002 ist er freiberuflich tätig als Journalist und Mitglied des Schweizerischen Expertenpools für zivile Friedensförderung. Er ist Autor des Bandes *Lumnezia und Valsertal* aus der Reihe »Schweizer Heimatbücher«.

Ralph Feiner, 1961, ist in Malix aufgewachsen, wohnt und arbeitet in Malans mit seiner Partnerin Evelina & Tochter Meret. Er ist freischaffender Fotograf und beschäftigt sich vor allem mit Architektur- und Landschaftsfotografie.

Köbi Gantenbein, 1956, ist Chefredaktor von *Hochparterre*, der Zeitschrift für Architektur und Design. Er wohnt und arbeitet in Zürich und Fläsch. Er ist verantwortlich für die drei Bände *Bauen in Graubünden*, die in den Jahren 1996, 2001 und 2006 im Hochparterre Verlag in Zürich erschienen sind.

Marco Guetg, 1949, ist in Savognin geboren. Er hat Germanistik und Geschichte studiert, lebt in Zürich und arbeitet als Kulturredaktor bei der *Mittelland Zeitung/Sonntag* und als freier Journalist.

René Hornung, 1948, ist freier Journalist im Pressebüro St. Gallen, Produzent bei *Hochparterre* und Redaktionsleiter von *piz – Magazin für das Engadin und die Bündner Südtäler.*

Peter Jann, 1966, hat Biologie, Umweltmanagement und Wirtschaft studiert. Nach verschiedenen Arbeitsstationen in Verwaltung und Privatwirtschaft leitet er jetzt das Life Science Learning Center der ETH und der Universität Zürich. Er ist in Übersee (USA) geboren und wandert seit 15 Jahren mit Monika Suter auf dem gemeinsamen Lebensweg. Für den Moment lebt er in der Agglomeration von Zürich.

Benedikt Loderer, 1945, lernte Bauzeichner, studierte Architektur, wurde Schreiber, war der Gründer und ist heute Redaktor und Stadtwanderer bei *Hochparterre* in Zürich. Seine Dissertation von 1981 trägt den Titel *Der Innenraum des Aussenraums ist Aussenraum des Innenraums.*

Carmelia Maissen, 1977, ist in Sevgein in der Surselva aufgewachsen. Sie hat an der ETH Zürich Architektur studiert und schreibt zurzeit eine Dissertation zur Bündner Baukultur der 1960er- und 70er-Jahre. Außerdem engagiert sie sich publizistisch und politisch für ihren Heimatkanton. Gemeinsam mit Köbi Gantenbein verantwortet sie das *Hochparterre*-Sonderheft »Der Kanton Graubünden baut: eine Jahrhundertreise« (1, 2007).

Jano Felice Pajarola, 1973, ist in Thal (SG) geboren und lebt seit 1980 in Cazis. Er ist als Regionalredaktor der *Südostschweiz*, Ausgabe Graubünden, für den Raum Surselva und Mittelbünden zuständig.

Jürg Ragettli, 1961, ist in Chur aufgewachsen und lebt in Chur. Er studierte Architektur an der ETH Zürich und ist selbständiger Architekt und Publizist sowie Präsident des Bündner Heimatschutzes. Er hat zusammen mit Conradin Clavuot das Buch *Die Kraftwerkbauten im Kanton Graubünden* (Chur 1992) publiziert und ist Co-Autor des Bandes *Bauen in Graubünden. Ein Führer zur zeitgenössischen Architektur* (Zürich 2006).

Ursula Riederer, 1945, ist in Zürich aufgewachsen und lebt in Thusis. Sie ist Journalistin und Buchautorin. Unter anderem: *Rudolf Olgiati: Bauen mit den Sinnen*, Chur 2004. Sie schreibt regelmäßig für Fachzeitschriften.

Prisca Roth, 1975, ist in Winterthur geboren und in Soglio aufgewachsen. Sie studierte Geschichte und Geografie an der Universität Zürich, ist Mutter von drei Kindern und lebt und arbeitet als freischaffende Historikerin in Haldenstein. Sie ist Mitherausgeberin des Bandes *Bruno Giacometti, Architekt* (Beiheft *Bündner Monatsblatt*, Chur 2008).

Cordula Seger, 1970, ist in Chur aufgewachsen und lebt und arbeitet in St. Moritz. Sie studierte Germanistik und Kunstgeschichte in Zürich und Berlin. Ihre Dissertation erschien in Buchform unter dem Titel *Grand Hotel – Schauplatz der Literatur* (Wien/Köln/Weimar 2005). Seit 1999 ist sie als freie Publizistin und Kuratorin in den Bereichen Literatur, Kulturgeschichte und Architektur tätig.

Monika Suter, 1970, kommt aus Muttenz (BL) und wohnt in Dübendorf. Sie hat Geografie und Immobilienmanagement studiert, arbeitet beim Schweizer Heimatschutz im Bereich Bildung und Öffentlichkeitsarbeit und leitet als Geschäftsführerin die Stiftung Ferien im Baudenkmal. Von ihr ist u.a. der Band *Die schönsten Gärten und Parks der Schweiz* (Zürich 2008) erschienen, den sie gemeinsam mit Peter Egli herausgegeben hat.

Reto Westermann, 1970, ist in Davos geboren und aufgewachsen. Er ist dipl. arch. ETH, lebt in Winterthur und ist Mitinhaber des Medienunternehmens Alpha Media AG in Winterthur. Er arbeitet als Journalist und Autor u.a. für *Hochparterre*, *Tages-Anzeiger* und den *Beobachter*. Er ist Mitautor des Buches *Architektur erwandern – Touren zu moderner Schweizer Architektur in den Alpen und Voralpen* (Zürich 2007) sowie Mitherausgeber von *Waiting Lands – Strategien für Industriebrachen* (Sulgen 2007).

Bildnachweis

Alle Fotografien Ralph Feiner außer folgenden Fotos:

S. 81 Architekturbüro Martin Heim
S. 93 Monika Suter, Peter Jann
S. 96 Hotel Tschuggen
S. 125 Tom Kawara
S. 143 Davos Tourismus
S. 144 Solaria
S. 145 Küenzli Holzbau
S. 189 Galerie Sperone
S. 321 Hotel Bodenhaus
S. 325 Staatsarchiv Graubünden
S. 355 Museum für Kommunikation Bern
S. 356 Andy Mettler
S. 360 Ignacio Martinez
S. 362 Sammlung Peter Pfeiffer Untersiggenthal, *Aus den Anfängen der Rhätischen Bahn*, AS Verlag, Zürich 2003
S. 404 Atelier Jacomet

Dank

Die Herausgeber danken folgenden Personen herzlich für ihre Unterstützung:

Urezza Famos, Sent
Diego Giovanoli, Malans
Christof Rösch, Sent
Urs Padrun, Guarda

Barbara Thomann, Davos-Platz
Cornelia Lindner, Davos-Platz
Monica Glombik, Davos-Clavadel
Othmar Brügger, Davos-Platz
Timothy Nelson, Davos-Platz

Agnese Iseppi, Li Curt
Prospero Gianoli, Chur/Poschiavo
Mario A. Tempini, Poschiavo
Roland Frischknecht, Zürich

Abt Daniel Schönbächler OSB, Kloster Disentis
Anastasia Simonet-Lutz, Curaglia
Gion A. Caminada, Vrin
Conrad Pally, Curaglia

Markus Dünner, Chur/Bonaduz
Christophe Sambalé, Scharans

Gion Rudolf Caprez, Chur
Peider Härtli, Chur
Christoph Jaag, Fajauna

Ausserdem danken wir allen Architektinnen und Ingenieuren, allen Architekten und Planern, die uns mit Rat und Tat, mit Plänen und Informationen unterstützt haben.

Namensregister

Architektinnen, Architekten, Ingenieure und Planer des zeitgenössischen Bauens in Graubünden